국내 최초 공연예술의 총체적 길잡이

한국 공연예술 개론 1

서연호 지음

연극과인간

머리말

공연예술이라는 말 가운데는 개별 작품으로서 공연과 양식적인 체계로서 예술론이 포함돼 있다. 두 말할 필요 없이 현장을 통해 작품을 체험하고 이해하는 것이 선결과제이다. 어떤 작품이든 현장에서 짧은 시간에만 살아있는 유기체이고, 이런 특성은 배우나 관객 즉 참여자들에게 강한 충격과 감동을 주는 반면에 재빨리 사라지는 아쉬움과 낭비를 동반한다. 아울러 이런 특성으로 참여자가 아니고서는 작품을 논의하기 어렵고 시간이 지나면 기록 평가조차 난감해지기 일쑤이다.

이제껏 우리는 개별 양식별로 작품을 논의해왔고 양식별로 전문가 행세를 해왔다. 전통음악, 서양고전음악, 대중음악, 전통기악, 서양기악, 가곡, 민요, 오페라, 뮤지컬 등의 구분이 그것이다. 전문성에 치중하다 보면 자연 패거리가 갈리게 마련이다. 그러나 21세기에 들어와서 작품 성향이 빠르게 달라지고 크게 변하고 있다. 지금까지의 영역을 뛰어 넘는가 하면 양식과 양식의 혼합과 새로운 양식들이 나타나고 있는 것이다.

21세기를 융복합의 콘텐츠시대라 하는 것도 이런 까닭으로 여겨진다. 새롭게 융복합되는 공연들을 무엇이라 부를 것인가. 새로운 양식들은 내용과 성격이 복잡하고 방법도 제 각각이다. 지난날처럼 어느 한 양식에 국한시키기도 곤란하고 그렇다고 해서 새로운 양식의 개념이 성립된 것도 아니다. 말 그대로 과도기의 혼잡스러운 양상을 보이고 있다. 이러한 중요한 전환기에 필자는 공연예술이라는 새 양식개념으로 오늘날의 현상을 정리해 보고자 한다.

이 책에서는 먼저 공연예술의 전반적인 이해에 접근하는 원론적인 검토를 하고, 이어서 우리의 잃어버린 공연예술의 흔적을 찾아보려 한다. 본론에서는 성악양식, 기악양식, 음악극양식 등 여러 가지 양식들을 살펴보려 한다. 이 책의 성악양식에서는 판소리, 배뱅이굿놀음, 장대장 네굿놀음, 아리랑에 주목했다. 기악양식에서는 가야금산조, 농악, 현대국악관현악에 주목했다. 음악극양식에서는 창극, 악극, 여성국극, 오페라, 뮤지컬(현대국악극 및 현대뮤지컬)에 주목했다. 이런 전통을 기반으로 이미 새로운 공연예술이 등장하고 있으며 또한 미래의 가능성이 충분히 예상된다.

지난 45년 동안 필자는 공연 작품에 대해 이런 저런 연구를 해왔다. 이제 시대의 변화와 함께 공연예술에 대한 새로운 관찰을 시작하려 한다. 문득, 고등학생 때 읽었던 앙드레 지드의 『한 알의 밀알이 죽지 않으면』(1926)이 떠오른다. 지드의 관점과는 달리, 필자에게 한 알의 밀알은 전통문화에 비유된다. 우리가 전통문화를 올바르게 인식하고 그것으로부터 미래를 위한 지혜와 대안을 찾아낸다면 당면한 사회적 혼란과 부패, 비합리성을 극복할 수 있을 것으로 전망되는 까닭이다.

이 책을 내 준 도서출판 연극과인간의 박성복 사장에 대한 고마움을 잊을 수 없다.

2015.3. 저자

목 차

6

1. 공연예술의 이해

1.1. 인류의 생존과 공연예술

지구상의 인류는 오랜 수렵채집시대를 거쳐 생존해왔다. 동물의 일종으로 들짐승과 같은 생활을 했으므로 언제나 먹거리가 가장 중요한 문제였다. 먹거리로 생명을 유지했으므로 그것은 가장 친숙한 대상이면서 동시에 먹거리를 얻기 위해 때로는 몸을 다치거나 죽음에 직면하게 되었다. 그것은 분명 즐거움과 행복의 대상이었지만 공포의 대상이기도 했다. 이러한 먹거리와의 관계 속에서 자연스럽게 이루어진 것이 토테미즘이었다. '우리는 서로 친숙한 관계, 공포의 관계, 불가피한 관계'라는 의미였다.[1)]

죽음은 또한 두려움과 불안의 대상이었다. 불의의 사고, 알 수 없는 병으로 죽는 경우는 말할 것도 없고 늙어서 죽는 것조차도 두려웠다.

---

1) 래드 클리프 브라운, 김용환 역, 원시사회의 구조와 기능, 종로서적, 1985, pp.115-132 참조

  Radcliffe-Brown, A. R., *Structure and Function in Primitive Society(totemism)*, Free Press, Glencoe, 1952 참조

누구나 장수하기를 바랐고, 심지어는 죽은 이후에도 영혼이 있어 영생하기를 기대했다. 아이를 낳는 것은 새로운 기쁨이고 삶에 대한 희망을 제공했다. 죽음과 탄생, 성장과 노쇠는 인생의 순환구조를 이루면서 개인들은 다시 자연의 일부로 사라졌지만 인류는 오늘날까지 지속되었다. 사람들은 어떤 절대자가 있어 인간의 부족하고 무지한 능력을 뒷받침해 주기를 간절히 소망했다. 이러한 두려움과 소망 사이에서 원시적인 종교가 형성되었다.2)

농경시대에 들어오면서 가장 필요한 것은 빗물과 수자원이었다. 일상적인 식수로서 물은 요긴했지만 곡식을 기르기 위한 물은 사계절 다량이 필요했다. 인구가 늘어나고 식량의 수요가 증대될수록 농사를 위한 물은 더욱 절실해졌다. 장기간의 가뭄으로 인한 고통, 물로 인한 이웃 간의 싸움, 강과 하천의 효율적 관리, 물을 얻기 위한 집단적인 분투, 항구적인 수자원 확보 등 여러 가지 문명적인 갈등과 이에 대한 문화적 대안이 새롭게 대두되었다.

개인이든 집단이든 사람의 삶은 풍요와 행복을 위한 끊임없는 노력으로 이루어진다. 풍요는 외면적인 것이고 행복은 내면적인 것이다. 아무리 노력해도 풍요와 행복의 성취에는 한계가 있게 마련이다. 아울러 사람의 욕망이 증가하는 만큼 풍요와 행복의 눈높이도 증가하게 마련이다. 이런 원리에서 사람의 소망과 갈등은 삶의 본질이라 할 수 있다.

두려움과 소망, 갈등과 해소의 소용돌이 속에서 노동문화와 놀이문화가 생겼고 놀이문화의 일종으로 공연문화가 생겼다. 여기서는 공연예술에 국한해 말하기로 한다. 토테미즘과 모든 대상에 영혼이 깃들여 있다는 애니미즘을 바탕으로 시작된 것이 원시제의와 종교였다. 원시제의로부터 공연예술이 발달했다는 해리슨(J.E. Harrison), 콘포드(F.M. Cornford),

---

2) 정진홍, 종교학서설, 전망사, 1980, pp.31-42 참조.

커비(E.T. Kirby) 등의 견해, 사회의식의 일종으로 공연예술이 발달했다는 터너(V. Turner), 생물학적이며 문화적인 행위로서 공연예술이 발달했다는 바르바(E. Barba), 그리고 인간의 사회적 행위 전체를 공연으로 인식하는 셰크너(R. Schechner) 등의 견해는 우리 사회와 공연예술에도 구현되고 있다.3)

제의와 공연의 차이는 주술과 예술로 나타난다. 민간 주술의 대상은 눈에는 보이지 않는 신(귀신)이고, 주술을 직업으로 하는 사람이 샤먼이었다. 샤머니즘은 주술종교의 총칭이다. 예컨대 중국에서 사용하는 한자인 축제(祝祭)를 살펴보기로 하자. 신을 위한 제사에 사용하는 그릇 위에 제물을 올려놓은 것이 시(示)자이다. 곁에 붙은 형(兄)자는 신과 말(口)을 하는 사람(人)의 모양이다. 제(祭)자는 집 속에 제사용 그릇들이 놓여 있는 모습이다. 즉 축제는 고대의 제관이나 샤먼들이 신을 위해 제사를 올리는 곳 또는 그러한 행위에서 비롯되었다는 말이다.

사람들은 위험을 물리치기 위해 자신의 몸에 문신을 새겼다. 이러한 주술이 통과의례에 차용되면서 성스러운 의식으로 전환되었다. 아이가 태어나면 손바닥 무늬를 보고 그의 이름을 지어 주었다. 주술과 의식에 사용하던 무늬에서 글자(文)가 만들어졌다. 신(信)은 사람이 신과 대화를 나누는 것, 언(言)은 신에게 공격적으로 하는 말(욕설, 협박), 어(語)는 신에게 방어적(五는 도구의 일종)으로 하는 말(설득, 기원), 영(令)은 신에게 제사하는 사람이 예관을 쓴 채로 무릎을 꿇고 있는 모습을 모방한 글자들이었다.

죽은이의 시신에 문신을 한 것은 산 사람의 영혼이 떠나고 죽은이에게 새로운 영혼이 들어오기 전까지 일시적인 공백기에 사악한 영이 시신에 달라붙지 못하게 하기 위한 주술이었다. 윤(尹)은 성스러운 지팡이

---

3) 이미원, 연극과 인류학, 연극과인간, 2005 참조. 애니미즘(animism)

를 가진 성직자, 군(君)은 성직자로서 신과 대화(口)를 나누는 매개자를 지칭했다. 이 군이 내린 말씀이 명령(命令)이 된 것은 '신의 뜻을 담은 말씀'이었기 때문이다. 이 군이 후일 정치가와 동일시되기에 이른 것이다. 이러한 글자들은 사회적인 문자로 사용되기 이전에 주술의 도구로서 신과 소통하기 위한 상징적 징표들이었다. 글자에도 영혼이 깃들어 있다고 그들은 믿었다.4)

가무(歌舞)는 공연예술의 시작이었다. 먼저 가(歌)에서, 가(可)는 샤먼이 혼자 신의 허가를 구하는 것, 가(哥)는 여러 샤먼이 신의 허가를 구하는 것, 흠(欠)은 입을 벌리고 노래하는 모양으로서 신의 허가를 위해 노래한다는 의미로 정착되었다. 무(舞)는 무(無)에서 시작된 글자였다. 무(無)는 양쪽 소매에 깃털 등 주술적인 장식을 달고 춤을 추는 사람의 모습이다. 여기에 두 발을 나타내는 천(舛)을 더하여 무(舞)가 만들어졌다. 여름철에 하는 제사를 무우(舞雩)라 했는데 그것은 기우제였고, 샤먼의 춤이 중심이 되는 의식을 뜻했다. 앞서 지적한 토테미즘과 주술, 농경의식에서 가무, 즉 공연예술이 발전한 것을 미루어 알 수 있다.5)

제의가 공연으로 발전하는 모습은 그리스 연극에서 찾을 수 있다. 마음의 소망과 갈등을 등장인물의 행위를 통해 표현하고, 다른 사람들과의 교감을 통해 그 문제를 반복적으로 환기시키는 형식이 연극으로 시작된 것이다. 따라서 연극을 비롯한 노래, 춤, 곡예 같은 것들은 집단적이고 상상적이고 문화적인 매체로서 전승되었다.6)

오시리스(Osiris)는 이집트의 신이자 왕이다. 나일강의 상류에 있는 아비도스(Abydos)에서는 기원전 2500년부터 오시리스 축제가 이어졌다.

---

4) 白川靜, 漢字の世界, 平凡社, 1976 참조
   고인덕 역, 한자의 세계, 솔출판사, 2008 제1부 참조
5) 白川靜, 전게서, 제6장 가무의 기원, pp.294-305 참조
6) 아리스토텔레스, 손명현 역, 박영사, 1960; 재판, 고려대학교 출판부, 2008 참조
   소망(thought, theme), 갈등(agon, conflict)

이 축제에 관한 내용은 기원전 1887년부터 1849 사이에 축제에 참가한 이크헤르노프레트(Ikhernofret)의 단편적인 기록이 전부이다. 기록은 그곳에서 발굴된 비문에 전한다. 축제에서 매년 오시리스를 추모하는 대규모의 공연이 헌정되었다고 하는데, 구체적인 공연양식은 학자들의 여러 가지 해석을 낳고 있다. 이른바 민중의 노래와 춤이 결합된 축제극으로 여겨진다.

오시리스는 땅의 신 겝(Geb)과 하늘의 신 누트(Nut)의 후손이다. 부왕에 이어 이집트의 왕이 되었고 누이 이시스(Isis)를 왕비로 맞았다. 그의 아우 세트(Set)는 권력에 대한 질투로 어느 날 형을 살해하고 시신을 여러 조각으로 나누어 곳곳에 매장한 후 권좌를 빼앗았다. 이를 계기로 오시리스의 아들이자 세트의 조카인 호루스(horus)와 삼촌 세트 사이에 암투가 시작되었다.

한편, 이시스는 남편의 시신을 찾기 위해 갖은 노력을 기울였다. 수소문 끝에 여러 곳에서 시신을 발견한 그녀는 아누비스(Anubis) 신의 도움으로 남편을 부활시키는 데 성공했다. 아누비스는 자칼 모양으로 생겼다. 미이라는 만드는 신 즉 부활의 신이었다. 고대부터 이집트에서 미이라를 만든 것은 사후의 부활을 위한 관행이었다. 오시리스의 영혼은 부활했지만 현세에서 남아 있을 수 없기에 그는 '죽은 이들의 재판관'이 되었다. 그리고 호루스는 투쟁 끝에 아버지의 왕국을 되찾았다.[7]

오늘날에도 나일강 주변의 여러 신전에서 오시리스 신의 존재가 확인된다. 이 오시리스의 신화에는 권좌를 둘러싼 형제간의 갈등, 권력을 위한 근친결혼, 육체의 죽음과 영혼의 부활, 죽은 이들에 대한 재판, 조각낸 시신의 살포, 삼촌과 조카의 암투 등, 원형적인 화소(話素)들이 풍부하다. 오시리스는 국가를 통치하는 동안 빵과 포도주 만드는 방법을

---

7) Arthur Cotterell and Rachel Storm, The Ultimate Encyclopedia of Mythology, Hermes House, 1999 참조

널리 가르쳤다. 이렇게 그가 선신(善神)이자 성군이라는 점을 고려하면, 그의 시신을 여러 조각으로 나누어 여러 지역에 살포한 행위는 일종의 '신의 혜택이자 풍요의 축복'임을 알 수 있다. 바로 이런 관념이 축제극의 원동력이 된 것으로 해석된다.

　지중해 연안 지역, 이를테면 그리스 아테네에서 터키의 이스탄불과 에페소, 이집트의 카이로, 튀니지의 튀니스 같은 주변 도시들을 다니다 보면 부서진 흔적만 남은 디오니소스(Dionysus) 신전들을 만날 수 있다. 그리스 연극의 기원이 되었다고 하는 그 신을 모셨던 곳이다. 애초에 디오니소스를 모셨지만 후대에 다른 신전으로 바뀐 곳도 있다. 디오니소스는 어떤 신이었을까.[8]

　디오니소스는 하늘의 신 제우스(Zeus)와 테베왕국의 공주 세멜레(Semele) 사이에 낳은 아들이다. 바람둥이인 제우스가 아내 헬라(Hera) 여신 몰래 세멜레를 유혹하여 잉태한 것이다. 의심이 많았던 헬라는 남편을 시험해 바람을 피운 사실을 확인하게 되었다. 그녀의 흉계로 세멜레는 죽고, 디오니소스는 추방되었다. 오랜 방랑 뒤에 디오니소스가 고향인 테베 가까이 오자 국왕 펜테우스(Pentheus)는 토착 신앙을 헤친다고 해서 그의 귀향을 저지하려 했다. 그의 흉계 또한 모후(母后) 아가브(Agave)의 눈을 멀게 하고, 스스로 죽음을 자초하게 만들었다. 그 후 디오니소스는 포도의 신(농신)으로 추앙되었다. 보통은 한겨울에 '시골 디오니시아 축제'가 열렸고, 새해를 맞으며 레나이아(Lenaea) 축제가 열렸으며, 3월 말, 4월 초에 아테네에서 '도시 디오니시아 축제'가 열렸다. 일년 농사의 끝과 시작에 포도주를 마시며 디오니소스 신을 경배했던 축제들이다. 이 축제에서 매년 새로 지은 신찬가인 디튀람브스가 코러스에 의해 불려졌고, 이 코러스가 다시 연극으로 발전된 것은 널리 알

---

8) 서연호, 이집트·그리스 현지답사, 2010,12,17-2011,1,5.

려진 사실들이다.9)

 인도의 갠지스강은 중부 히말라야산맥에서 발원해 대륙을 2500킬로나 가로질러 벵골만으로 흘러든다. 주류인 갠지스강과 야무나강이 만나는 지점에 바라나시가 있다. 이 도시에서 기원전 3000년부터 시작되었다는 축제가 열린다. 그러나 이 축제에 대한 구체적인 자료를 찾기는 어렵다. 한편, 바라타(Bharata)가 지은 『나티야사스트라』는 산스크리트어로 기록된 인도 최고의 공연예술서이다. 기술연대는 1세기 또는 4, 5세기라고도 하는데 정설이 없다. 인도 고대극을 산스크리트극이라 하는 것은 이 책의 기록에 근거한다. 이 책은 제의, 극장, 희곡, 연기, 춤, 무예, 마임, 의상, 분장, 음악, 극단, 관객 등 여러 분야에 관해 기록했다. 특히 언어로 듣는 연극이 아니라 눈으로 보는 시각적이고 상징적인 연극을 중시했으며, 극적인 짜임새와 등장인물의 성격 추구보다는 서사적인 내용과 인간의 윤리성을 추구하는 데 치중했다. 오늘날에도 동남아 지역에 널리 전승되는 〈라마야나〉 〈마하바라타〉 같은 작품들의 내용과 공연방법이 모두 이 책에 기록된 원리에서 비롯되었음을 고려할 때, 바라나시의 축제와 같은 여러 가지 공연예술에서 고대의 연극이 발전된 것을 짐작할 수 있다.10)

 중국에는 샤먼(shaman)의 의례에서 연극이 기원된 증거가 일부 남아있다. 고대 중국 하(夏), 은(殷), 주(周) 시대의 기록에 벌써 샤먼이 나타

---

 9) Arthur Cotterell and Rachel Storm, 전게서 참조
   Oscar G. Brockett, History of the Theatre, Allyn and Bacon, 1999 참조
   전준택·홍창수 역, 연극의 역사, 연극과인간, 2005 참조
   디튀람브스(dithyrambus), 코러스(chorus)
   Richard and Helen Leacroft, Theatre and Playhouse, Methuen, 1985 참조
10) 고승길, 동양연극연구, 중앙대학교 출판부, 1993 참조
   나티야사스트라(Natyasastra), 라마야나(Ramayana), 마라바라타(Mahabarata)
   Gavin D. Flood, An Introduction to Hinduism, Cambridge University Press, 1996 참조
   이기연 역, 힌두교, 산지니, 2008 참조

난다. 주나라 때에는 농사일이 끝나는 12월에 사방의 여덟 신에게 그해의 수확을 감사하는 대규모의 축제를 올렸고, 이것을 샤먼이 주도했다. 사람들 가운데서 총명하고 엄숙하고 경건한 이들에게 신이 내렸는데, 여자를 무(巫)라 하고, 남자를 격(覡)이라 했다. 샤먼과 함께 축제를 주도한 시동(尸童)을 빼놓을 수 없다. 유교식 제례에서 시동은 신위(神位) 대신에 제단에 앉히던 어린아이를 일컫는다. 죽은이의 영혼은 살아있는 후손인 어린아이의 정신으로 계승되고 있다는 사생관에서 비롯된 제의였다. 시동은 유교식에 한정되지 않았다. 무격과 시동을 신(神) 또는 신보(神保), 영(靈) 또는 영보(靈保)라 했고, '신으로 분장한 사람을 통칭하기도 했다. 그러니까 제사나 축제에서 샤먼은 신으로 분장한 시동이나 무격(巫覡)과 대화를 나누었던 것이다. 이런 현상은 축제에서 축제극이 발생하고, 축제극이 후대에 배우극으로 발전하는 모습을 웅변한다.

초나라의 굴원(屈原 B.C.340-278)이 지은 〈구가〉(九歌)에는 신을 모시는 무격과 신으로 분장한 신령(神靈) 사이에 대화가 기록되어 있다. 당시의 굿놀이를 투시할 수 있는 자료이다. 섣달 그믐날에 했던 나례(儺禮)는 귀신을 쫓아내고 새해의 복을 빌던 종교 의식이다. 곰 가죽을 몸에 걸치고 눈이 네 개인 가면을 쓴 방상씨(方相氏)가 짐승으로 분장한 12인과 여러 아이들을 이끌고서 연행했다. 이러한 나례는 오늘날 중국 각지에 나희(儺戱)라는 민간의 공연으로 전승된다. 관나(官儺)가 민나(民儺)로, 종교 의식이 주민들의 가면극으로 전이된 것이다.[11]

1988년 중국 양자강 중류지역 동정호의 서쪽에 있는 팽두산(彭頭山) 유적에서 약 9천 년 전의 도시가 발견되었다. 이 유적의 발견도 놀랍지만 당시 벼농사가 시작되었던 증거를 찾은 것은 더욱 우리를 놀라게 한

---

11) 王國維, 宋元戱曲史, 上海 商務印書館, 1930 참조.
　　권용호 역, 송원희곡사, 학고방, 2001 참조.

다. 공연예술이 본격적으로 발전하게 된 계기를 만든 것이 아시아에서
벼농사인데, 기원전 7천년에 이미 그런 사태가 벌어졌던 것이다.12)

한국의 단군기원은 기원전 2333년이고, 기원전 2천 년경 신석기시대
말기에 벼농사가 시작된 증거가 발견되었다. 인도의 바라나시축제는 기
원전 3000년경, 이집트의 오시리스축제는 기원전 2500년경, 그리스의
디오니소스축제는 기원전 1200년경에 각각 시작되었다. 이렇게 지역마
다 공연예술의 성립에는 시차가 있을지라도, 인류사에서 일찍부터 원시
적인 공연예술이 성립되고 오늘날까지 줄기차게 발전되어 온 사실들을
확인할 수 있다.

1.2. 공연과 공연예술

리차드 셰크너(R. Schechner)는 인간의 사회적 행위 전체를 공연으로
인식하고 있다고 앞서 밝혔다. 그는 퍼포먼스를 부채살형과 거미줄형으
로 분류했다. 퍼포먼스의 유형을 설명한 부채살형으로는 퍼포먼스를 정
점으로 하여 각종 의례들, 기념식들, 굿과 무속, 위기의 분출과 해결 행
위들, 일상생활과 스포츠와 오락에 나타나는 행위들, 연극, 예술창작 과
정들, 의식화(儀式化) 과정들을 사례로 들었다.

서로 연계성을 지닌 거미줄형으로는 9개의 퍼포먼스군(群)을 들었다.
즉, ① 선사시대의 샤머니즘과 의례들, ② 역사시대의 샤머니즘과 의례
들, ③ 세계 연극의 기원, ④ 유럽연극의 기원, ⑤ 현대 환경연극, ⑥ 대
화와 몸짓을 통한 심리치료, ⑦ 의식(儀式)에 대한 인성적 습득, ⑧ 일상
생활의 행위들, ⑨ 연극과 위기에 관한 행위들이 그것이다. 이런 행위들
은 역사적으로 영향을 주고받으면서 발전해 왔다는 것이다.13)

---

12) 白川靜・梅原猛 對談, 呪の思想, 平凡社, 2000 참조.
　　이경덕 역, 주술의 사상, 사계절, 2008, p.35, p.90 참조.

셰크너는 관객참여에 중점을 두는 환경연극의 창시자, 탈근대로서의 현대문화론, 인류학 및 사회학과 연계된 공연학의 이론가로서 주목할 만한 인물이다. 그는 게임, 놀이, 스포츠, 제의를 연극과 나란히 놓고 비교함으로써 공연학의 새로운 지평을 열었다. 공연예술은 실제보다 덜 현실적인 것이 아니라 다르게 현실적인 것이며, 핵심은 현실에 대한 모방이 아니라 놀기와 관련된 변환이라는 것이 그의 지론이다.

그는 공연예술을 구술(口述)적, 전통적, 근대적, 포스트모던의 네 범주로 나누고, 아슬아슬한 안정성과 다중성을 중시하는 포스트모던 시대인 현대에는 네 범주의 공연이 공존한다고 했다. 그러므로 포스트모던한 서양극은 동양극과 많은 공통점을 지니고 있다고 했다. 그는 행위의 복원을 공연학의 핵심개념으로 파악했다. 복원된 행위는 그 행위를 실행하는 공연자들과 분리된다는 가정하에서 축적, 전승, 중첩, 전달된다고 할 수 있다. 공연자들은 의식적, 무의식적으로 이 행위의 단편들과 접촉하고, 그것을 복원하고 기억하고 개선하며 재창조하기도 한다. 특히 숙련자들로부터 초심자에게로의 행위전승, 즉 트레이닝, 워크숍, 리허설을 하는 과정을 통해 복원된다는 것이다.[14]

현대예술은 전통적인 장르개념으로는 이해하기 어렵다. 예술이 줄기차게 발전, 변모해 온 것처럼 그에 대한 인식방법도 당연히 새로워져야 하는데, 우리에게 아직 그런 준비가 이루어지지 못한 까닭일 것이다. 가령 뮤지컬을 생각해 보기로 하자. 성악, 기악, 무용, 연극이 하나의 예술

---

13) Richard Schechner, Performance Theory(Introduction), Routledge Classics, 2003 pp.16-19 참조

14) 김방옥, 퍼포먼스론, 한국연극학 13호, 1999, pp.268-282 참조
Schechner Richard, By Means of Performance, Cambridge University Press, 1990 참조
Schechner Richard, Performance Theory, Routledge Classics, 2003 참조
환경연극(environmental theatre), 현대문화론(postmodernim), 공연학(The Performance Studies), 변환(transformation)

을 이룬 것이 뮤지컬이라 할 수 있다. 그러나 뮤지컬의 내부를 들여다 보면 뮤지컬 코미디, 쇼 뮤지컬, 북 뮤지컬, 재즈 뮤지컬, 록 뮤지컬, 댄스 뮤지컬 등 복잡한 구조로 얽혀 있으며, 쇼 뮤지컬 하나만을 이해하려고 해도 서양의 코미디 역사를 모조리 알지 못하고는 실체를 파악하기 어렵다.

한 걸음 나아가 뮤지컬은 음악극의 한 분야라고 말한다. 고금 동서에서 발달해 온 음악극의 일종이라는 의미이다. 그러니까 뮤지컬의 실체를 온당하게 파악하려면 고금 동서의 모든 음악극들이 지닌 차이점을 총체적으로 이해하지 않고서는 불가능하다는 논리가 성립된다. 미국식 뮤지컬 플레이와 유럽식 뮤직 드라마는 성향이 다르다고 말하는 사람들도 있다. 한 마디로 너무 번잡하고 어렵고 벅찬 일이다.

날이 갈수록 우리 주변에서 공연과 공연예술이 늘어나고 있다. 지난날 공연은 주로 공연예술을 가리켰다. 오늘날 공연은 예술만이 아니라 행사, 축제, 이벤트, 발표회, 퍼레이드 같은 것을 지칭하기도 한다. 공연의 종류와 의미 역시 날이 갈수록 넓어지고 있는 것이다. 이제 공연은 예술가들만의 영역이 아니라 공연에 관계하는 모든 사람들, 즉 기획자, 제작자, 공연장운영자와 관리자, 홍보담당자, 매표담당자, 영상관계자 등, 여러 전문가들이 종사하고 참여하는 분야가 되었다.

공연예술을 잘 이해하려면 개별 작품인 공연(The Performance)과 양식개념인 공연예술(The Performing Arts)을 일단 나누어 생각하는 것이 바람직하다. 공연을 뜻하는 퍼포먼스는 오늘날 연기, 동작, 연주, 실연, 상연이라는 의미와 함께 사용되며 넓게는 기량, 성능, 성과와 같은 의미로 활용되기도 한다. 물론, 공연예술의 논의에서는 이런 공연의 개념을 동시에 전제로 한다. 모든 공연은 구조적으로 현장성·연극성·유희성·양식성·창조성을 갖는다.

일정한 장소에서 일정한 시간에 일정한 관중을 대상으로 현재진행형으로 연행되는 것이 현장성이다. 단일한 시간 이내에 일정한 내용을 효과적으로 전달하고 감동적으로 표현하기 위해 긴장감 있게 전개시키는 것이 연극성이다. 재능을 발휘하는 공연자는 물론이고, 모든 참여자와 관중에게 즐거움과 기쁨을 주는 것이 놀이적인 유희성이다. 모든 공연은 같은 방식으로 다양하지 않고, 같은 차원에서 다양하지도 않다. 또한 관객은 다층적이다. 그러나 공연마다 전통적이고 개별적인 형태를 갖는 것이 양식성이다. 이상과 같은 특성을 조화시키면서 풍부한 지성과 상상력을 바탕으로 순간순간 의미 있는 변화를 추구하는 것이 창조성이다.15)

공연과 공연예술은 폭넓은 사회성을 지닌다. 집단성·의식성(儀式性)·상황성·중층성(重層性) 등이 그것이다. 공연은 집단적인 창작에 의해 만들어진다. 마술이나 모노드라마(mono drama)나 독창이나 독주와 같이 혼자서 하는 공연으로 보이는 경우에도 그러한 공연을 가능하게 하는 창작가 집단이 무대 뒤에 존재하고 있다는 사실을 간과할 수 없다. 의식성은 제의성·축제성·원형성·공의성(公儀性) 같은 개념과 상통한다. 공연은 자연과 인간의 갈등을 주술적으로 해결하려는 원시적 공연으로부터 인간과 인간의 갈등, 인간과 사회의 갈등, 인간과 신의 갈등 또는 인간의 내면적 갈등을 표현하는 공연으로 차원을 달리하게 된 것이다.

공연의 상황성은 동시대성·지역성·민중성·정치성 같은 개념과 상통한다. 상황은 경제적 상황이기도 하고, 정치적 상황이기도 하며, 윤리적 상황이기도 하다. 또는 정신적 상황, 가족적 상황이기도 하다. 우리의 삶을 만들어내게 하고 동시에 선택하고 결정짓게 하는 그런 전체적인 문화적 상황을 의미한다. 공연의 중층성은 공연의 역사성·적층성(積層性)·복합성·구조성 등을 포괄하는 개념이다. 오랜 세월 전승돼오는 동안에 다양한 양식과 복잡한 의미내용들이 층층이 쌓이고 또는

---

15) 서연호·김현철, 한국연희의 원리와 방법, 연극과인간, 2006, pp.25-27 참조

겹겹이 싸여서 뒤섞이고 압축되고 정제된 것이 바로 공연, 공연예술이라고 할 수 있다.[16)

공연과 공연예술의 사회적 관계에 대해서도 지나칠 수 없다. 공연과 교육, 공연과 매스 미디어, 공연과 콘텐츠, 공연과 이벤트, 공연과 문화관광 등은 상호 밀접한 관계이다. 공연은 청소년들의 학교수업 보충교육으로서, 나아가서는 일반인들의 사회교육으로서 가장 효과적인 문화 프로그램이 되고 있다. 아울러 이런 프로그램은 공연의 발전에 기여한다. 공연은 매스 미디어를 통해 널리 알려지고 보급되며, 매스 미디어는 공연을 통해 풍부한 내용과 가치를 발휘한다. TV, DMB, CD, DVD 같은 매스 미디어가 방영하는 작품들을 상기해 보기 바란다.

모든 공연은 콘텐츠 개발의 원형이자 원동력이며, 콘텐츠는 공연을 통해 새로운 내용을 충족시킨다. 만화, 캐릭터, 애니메이션, 게임, 디자인 같은 것이 그 사례다. 현대 음악가 존 케이지(John Cage 1912-1992)가 '특별한 공연'이라는 의미로 사용했던 이벤트는, 현재 문화산업적인 축제를 일컫는 의미로 자주 사용된다. 이벤트에서는 기존의 공연양식에 얽매이지 않는 실험적이고 즉흥적인 공연들이 다반사로 나타난다. 해프닝(돌발적인 행위, Happening)이라는 개념은 이렇게 이벤트와 더불어 시작되었다.[17)

공연은 현장에서 연행되고 현장에서 소멸되는 일회적(一回的)인 행위이다. 동일한 작품을 동일한 배우들이 연행하는 경우에도 그때그때의 현장에 따라서 공연의 성과나 반응이 다르게 나타나는 까닭은 이러한 현장성에서 비롯된다. 공연은 만들어져 있는 기성품이 아니라 언제나

16) 서연호·김현철, 전게서, pp.28-30 참조
17) Ricard Kostelanetz ed., John Cage, Praeger, 1970 참조
   Ricard Kostelanetz ed., 안미자 역, 케이지와의 대화, 이화여자대학교출판부, 1996.
   칼빈 톰킨스, 송숙자 역, 아방가르드 예술의 다섯 대가들, 현대미학사, 2000, pp.73-139 참조

현장을 통해서 새롭게 만들어나가고 현장에서만 살아 있는 표현적인 창작품이다. 공연시간·공간(놀이판)·가변성·일회성 등은 모두 현장성과 관련된 개념들이다. 공연에서 벌어지는 일체의 행위는 관중의 눈앞에서 살아 있는 행위로써 전개된다. 이런 점에서 공연원리는 현장성을 기초로 탐구되어야 한다. 공연의 이러한 원리는 생물학적인 용어로 공연생리, 공연생태라 할 수도 있다.

인간이 자신의 몸과 말을 통해서, 또는 악기나 기구나 가장(假裝)을 이용해서, 일상적인 삶의 행위가 아닌, 어떤 상상적이고 모험적이고 창조적인 행위를 다른 사람들 앞에서 표현하는 것을 통칭 공연이라고 한다. 무언극은 배우, 무용은 무용가의 몸짓만으로 표현되고, 문학은 말하기나 낭독으로 전달되며, 일반적인 연극은 몸짓이나 말로써 제시된다. 음악극은 연주와 노래와 몸짓으로 전달되고, 가면이나 인형이나 소도구나 분장은 필요에 따라 어떤 공연에서나 활용할 수 있다. 이러한 모든 요소를 총체화시킨 공연이 만들어지기도 한다. 한국은 공연문화로서 많은 전통연희를 전승하고 있다. 한국뿐만 아니라 동양의 연희는 음악이 기본이 되고 노래와 춤과 재담과 연기로써 표현된다.[18]

개인적인 창의성을 중시하는 공연분야에서는 우선 실제가 중요하다. 실제와 이론이지, 이론과 실제가 아닌 것이다. 공연원리는 실제를 통해서 귀납되고 발전된다. 작품에 대한 가치평가를 우선시하는 평론에서는 어떤 원론적, 이론적 기준이 중시된다. 그러나 그 이론도 실제에 바탕을 둔 이론이다. 예술교육에서 체험과 실제를 도외시하고 먼저 이론을 주입시키는 교육은 상상력과 창의성을 제한하는 결과를 초래한다. 그러므로 작품에 대하여, '언어문법'이나 '의미문법'에 먼저 집착하기보다는 먼저 '공연문법' '행동문법'을 폭넓게 이해하고 다각도로 분석해 본 다음,

---

18) 김학주, 중국 고대의 가무희, 민음사, 1994, pp.13-36 참조

작품 창작이나 이해에 도달해야 할 것이다. 필자는 이 책에서 이른바 '발로 쓴 공연예술의 기록'을 선결 과제로 삼으려 한다.

넓은 의미에서 퍼포먼스는 공연예술이지만, 좁게 보면 공연성(公演性) 특히 행위성(行爲性)을 중시하는 현대적인 의미로 사용된다. 기존의 퍼포밍 아츠가 동시대성을 중시한 행위예술로 새로운 변화와 인식을 가져온 것도 이런 까닭이다. 지난날의 편협한 극장 및 무대인식과 공연은 인생의 모방이자 재현이라는 관념에서 과감히 벗어나, 시간과 공간과 행위와 의식(意識)을 개방하고 전환시킴으로써, 행위의 원형성과 영역성을 보다 넓게 한 것이 오늘날의 퍼포먼스라고 할 수 있다. 이런 혁명적인 변화를 일으키게 한 인물로는 앙토넹 아르토(A. Artaud), 예르지 그로토우스키(J. Grotowski), 피터 브룩(P. Brook), 쥴리앙 베크(J. Beck), 쥬디스 마리나(J. Malina), 리차드 셰크너 등을 대표적으로 지적할 수 있다.

공연의 창조성은 작품의 진보와 같은 범주에서 논의될 수 있다. 작품의 진보는 두 말할 필요 없이 예술가의 탁월한 정신과 노력을 통해서만 얻을 수 있는 역사적 산물이다. 역사적 진보 역시 동시대를 사는 시민들의 새로운 사회와 문화를 향한 창조적 투혼의 결집이다. 고전이 중시되는 것은 이런 까닭이다. 고전이야말로 예술적 진보의 결정이자 창조적 전통의 길잡이, 실제라 할 수 있다.

전통은 역사적으로 생성된 살아 있는 과거이지만, 그것은 과거를 위해서가 아니라 도리어 현실의 가치관과 미래의 전망을 위해서만 의의가 있는 것이다. 1940년에 작고한 발터 벤야민(Walter Benjamin)은 기술복제시대라는 문화개념을 부각시켰다. 원작(original)이 지금 여기에 존재한다는 사실이 원작의 진품성이라는 개념을 이루며, 이 진품성의 대상이 오늘날까지 '그것 자체이자 다른 어떤 것일 수 없다'는 정체성을 면면히 전해준다는 것이다. 진품은 손으로 이루어진 복제에 대하여 위조품이라는 낙인을 찍음으로써 고유한 미학(가치 및 아우라)을 유지할 수 있었다. 그런데 사진영상에 의한 기술복제는 원작에 대한 수공적(手工的) 복제보다 더 큰 독자성을 이루었고, 수용자의 요구에 부응하게 되었다.19)

이런 기술복제시대에 전통은 과연 의미가 있는 것일까. 새로운 복제기술의 첨단적 발달에도 불구하고, 전통은 미래를 향한 가치창조의 방법과 내용과 비전을 끊임없이 제공해 줄 수 있는 소중한 유산이다. 한마디로 '자기의 존재성을 표현하고 이해시킬 수 있는 현실적인 행동체계가 전통에 값한다'고 필자는 생각한다. 오늘날 영상분야의 눈부신 발전에도 불구하고 공연과 공연예술은 영상에 대응하여 종래보다 더욱 새로운 행동방식과 양식, 주제를 심화시키며 독창적으로 발전을 거듭하고 있다.

19세기 독일의 야코프 부르크하르트(Jacob Burckhardt)는 '정신사의 탐구'로서 문화예술사를 선구적으로 개척했다.20) 필자 역시 공연예술사가 단순한 양식사 및 예능사가 아니라 역사적인 정신사의 일부라는 관점에서 이 책을 서술하고자 한다.

1.3. 토박이말에 나타난 공연예술

'일하다'와 짝을 이루는 '놀다'는 우리 역사에서 언제나 서러운 푸대접을 받았다. 소수의 지배층은 그들의 지배권과 경제력을 유지하기 위해 다수의 피지배층에게 일을 강요했고 노는 것을 부도덕한 짓이라 하며 막았다. 명절과 농한기에만 잠시 쉬고 놀도록 했는데, 특히 왕이나 지배층 및 정치체제를 대상으로 비판하는 놀음은 '금지된 놀이'였다.

---

19) 발터 벤야민, 최성만 역, 기술복제시대의 예술작품, 도서출판 길, 2009, pp.45-46 참조
20) 야코프 부르크하르트, 이상신 역, 세계사적 성찰, 신서원, 2010 참조

'놀이'는 혼자서 하는 것에서부터 여럿이 하는 것까지 넓은 뜻으로 사용되었다. 『놀이하는 사람』(Homo Ludens 1938)의 저자 호이징가(J. Huizinga 1872-1945)는 놀이는 무엇보다 자유로운 행위로서 남이 시켜서 하는 것은 놀이가 아니고, 독자적인 성격을 지닌 행위로서 허구적인 세계를 이루기도 한다. 또한 놀이는 일상적인 생활에 필요한 욕구나 만족을 위한 행위에서 벗어난 다른 세계에서의 즐거움이고, 문화형식 또는 양식으로 전승된다고 했다.[21] 우리 조상은 '대동(大同)놀이'를 축제와 동일한 의미로 인식해왔다.

'놀음'은 '놀이'가 좀 더 가다듬어지고 갈라진 것이다. 맑고 밝고 깨끗하여 사람과 삶을 씻겨 주는 '놀이'가 그런 본디의 몫을 지니면서 더욱 갈고 닦이면 '놀음'이 된다. '놀이'가 '놀음'으로 갈고 닦이고 가다듬어지면 저절로 여러 가지로 갈래가 나누어지게 마련이다. 이를테면 '탈놀이'는 탈을 쓰고 노는 온갖 놀이를 싸잡아 쓰는 말이라 두루 쓰이지만, '탈놀음'에 이르면 〈하회별신굿탈놀음〉〈동래들놀음〉〈진주오광대탈놀음〉 같이 틀을 갖추어 가다듬어진 탈놀이의 하나를 이루게 되는 것이다. '놀음'은 '놀이'를 훨씬 빛나고 아름답고 값진 것으로 끌어올린 것임은 틀림없다.[22]

놀이에서 비롯된 말들이 놀이꾼, 놀이노래, 놀이마당, 놀이판이고, 놀음에서 비롯된 말들이 놀음놀이, 놀음놀이판, 놀음바치, 놀음판이다. 이러한 토박이말들이 한자어로 변하고 시대의 변화에 따라 여러 가지 용어로 부르게 되었다. 놀이꾼과 놀음바치는 배우(俳優), 우인(優人), 재인(才人) 등으로 불리게 되었다. 얼굴이 넓은 사람 즉 광대(廣大)는 본래 토박이 말이었는데, 한자를 붙임으로써 마치 중국에서 온 것처럼 여기게 되었다. 중국에서 이 용어는 보이지 않는다.[23]

---

21) 靑柳まちこ, 遊びの文化人類學, 講談社, 1977 참조 놀이하는 사람(Homo Ludens)
22) 김수업, 우리말은 서럽다, (주)휴머니스트, 2012, pp.59-60 참조

'마당'은 어떤 행위가 벌어지는 곳, 어떤 행위가 벌어지는 상황, 그리고 탈춤이나 판소리(열두 마당)의 단락을 세는 단위를 뜻한다. 마당굿, 마당극, 마당놀이, 마당돌기(마당밟이), 마당돌이, 마당생기(진도 씻김굿을 달리 이르는 말), 마당씻이(남사당패 탈놀음의 첫째 마당), 마당춤(허튼춤) 등으로 쓰인다.

'판'은 행위가 벌어진 자리 또는 그 장면, 어떤 처지·판국·형편, 승부를 겨루는 행위를 세는 단위 등으로 쓰인다. 마당이 물리적인 장소인 데 비해 판은 순간순간의 형편이나 분위기를 드러내는 점에서 차이가 있다.24)

'굿'은 여러 사람이 모여 떠들썩하거나 신명나는 구경거리, 또는 무당이 음식을 차려 놓고 노래를 하고 춤을 추며 귀신에게 인간의 길흉화복을 조절하여 달라고 비는 의식을 일컫는다. 굿거리, 굿거리장단, 굿당, 굿북(鼓), 굿상(床), 굿옷(巫服), 굿자리(굿마당), 굿춤(巫舞), 굿판, 굿패 등으로 쓰인다.

이상과 같은 토박이말과 한자 용어에 대해 뒤에서도 다시 논의하겠지만 용어들의 혼용으로 인한 뜻의 혼돈 역시 적지 않게 심하다. 관련 분야의 공용어에 대한 논의마저도 이루어지지 않고 있다. 필자는 이 책에서 바람직하게 여겨지는 말을 골라 학술용어로 삼고자 한다.

1.4. 공연예술의 용어

연희·예술·예능·공연예술은 학술적인 개념으로 사용된다. 고대 동양에서 예술은 개개인의 특수한 재능 또는 기술을 의미했다. 예능과

---

23) 최남선, 조선상식문답속편, 판소리 광대소리, 동명사, 1947, pp.246-248 참조
24) 서연호, 놀이마당의 과거·현재·미래, 한국 전승연희의 현장연구, 집문당, 1997, pp.249-262 참조

구분 없이 동일한 개념으로 사용되었다. 남이 쉽게 추종하기 어려운 능력이나 재능을 예(藝)라 하고, 그 예라는 의미에 보다 구체적인 기능, 기술을 기(伎, 技)라고 했다. 가령, 예술(藝術)이나 예능(藝能)은 말할 것도 없고, 예도(藝道), 예기(藝妓), 예명(藝名), 또는 육예(六藝), 도예(陶藝), 수예(手藝) 등이 그러하다. 기인(伎人), 기악(伎樂), 기예(技藝)라는 용어도 사용했다.

예는 기원전 2천 년대 중국의 고문헌에 용례가 보일 정도로 오랜 역사를 지니고 있다. 『사기』『후한서』의 기록은 이를 뒷받침한다. 본래는 무속적인 주술과 점술, 예언, 농경적인 기술과 풍농기원의례, 그리고 질병퇴치행위 등과 관련된 신성한 능력을 의미했다.[25]

제사와 행정이 점차 분화되는 중국 주나라 이후부터 예는 학문과 지식을 포함하는 여러 종류의 우수한 기술이나 뛰어난 재능, 또는 예술적인 능력이나 무기를 다루는 솜씨 등을 가리키는 일반적인 의미로 바뀌게 되었다. 기예, 무예, 재예, 서예, 유예, 육예, 예문, 연예, 공예, 경기, 자수, 회화, 음악, 강담, 잡기, 백희 등을 지칭하는 용어로 오랜 세월 널리 사용되어 왔다. 인격 완성을 위해 필요한 교양종목을 육예(六藝)라 하였는데, 예(의례작법), 악(음악, 가무), 사(궁술), 어(승마술), 서(학문), 수(산수), 또는 시(문예), 서, 예, 악, 역(음양학), 춘추(역사) 등을 중시하였다. 이상과 같은 중국의 영향을 일찍부터 받기 시작한 한국과 일본에서도 예능에 관한 인식과 제도는 유사한 방향으로 전개되었다.[26]

20세기 초부터 서구적인 예술이 수용되면서 점차 예술과 예능을 구분하는 인식이 나타나기 시작했다. 개인적 창의성과 자유로운 실험성을 존중하는 서양의 예를 예술이라는 개념으로 규정하고, 전통성을 중시하

---

25) 後漢書, 安帝紀, 卜祝筮匠技 참조
26) 蘇英哲, 藝能の中國原義について, 연극학 25호, 早稻田大學演劇學會, 1984, pp. 409-433 참조

는 동양의 예는 예능으로 통칭하기 시작하였다. 서양에서도 새로운 예술개념이 정립되기 전까지는 기술과 예술의 구분이 애매했다. 고대 그리스에서 예는 테크네(techne), 라틴어에서는 아르스(ars)였다. 이것을 어원으로 하여 영어의 'art' 'technique' 또는 독일어 'kunst'(어원 können, 할 수 있다)라는 개념이 성립되었다.

서양의 예술과 동양의 예능은 다른 것인가. 서양에서 오늘날과 같은 예술의 개념이 성립된 것은 18세기부터였다. 어떤 목적을 위한 수단으로서 도구의 역할이 아닌, 그 자체만으로도 가치를 인정받는 창조적인 작품을 본격적인 예술, 순수 예술로 규정하기 시작한 것이다. 이렇게 근현대 서양의 진보적인 문예활동이 유파적인 전수성과 보수적인 표현방법을 여전히 존중하는 동양의 예능에 일면 대응하는 것은 사실이다. 특히 익명성(匿名性)이 짙은 동양에 비해, 서양에서는 창작자 개인의 능력이나 독창성, 역사적인 의의를 선호하고 높이 평가하는 측면에서 차이가 심하다.27)

그러나 동서양 사이에 창작의 인식과 방법의 차이는 물론 있었지만, 현재 동양에서도 예능과 예술을 완전히 상반된 개념으로 볼 수는 없다. 동양과 서양의 문화 양식과 발전 과정은 동일하지 않았다. 동양의 예능에는 나름대로 창의성과 실험성이 내재해 있고, 한편 서양의 예술에도 전수성과 보수성이 적지 않게 작용하고 있었다. 따라서 서양의 것을 예술로서, 동양의 것을 예능으로서 구별하는 것은 이치에 맞지 않는다. 20세기 후반기에 들어와서 정보과학의 발달로 인한 대중적인 개방, 참여, 공유의 영역이 급속히 확장되었다. 그리고 이러한 변화는 동서양 예술의 차이를 좁히고 상호 융합의 새로운 패러다임을 만들어내고 있다.

예능학(藝能學) 연구가 발전된 나라는 일본이다. 일반적으로 일본에

---

27) 래리 쉬너, 예술의 탄생, 도서출판 들녘, 2007 참조

서 예능은 연극, 무용, 음악, 가요, 영화, 연예, 민속예능 등을 총칭하는 것이지만, 예능학에서 다루는 내용은 현대예술분야와 구분해 전승예능 분야를 주범주로 삼는다. 전승예능은 과거의 연희와 예술분야뿐만 아니라 중국적 개념인 육예를 모두 지칭한다. 심지어는 차를 끓여서 함께 마시는 예식[茶道], 꽃을 아름답게 꽂는 꽃꽂이의 예식[花道], 향을 피워 놓고 향기를 함께 맡는 예식[香道]까지도 예능에 포함시키고 있다. 그러나 예능사 연구에서 회화, 조각, 공예, 건축 같은 분야는 미술사로 독립시켜 다룬다.28)

국립국어연구원에서 발간한 『표준국어사전』에, 연희는 "말과 동작으로 여러 사람 앞에서 재주를 부리는 것"이라 정의했다. 연희(演戲)는 시청중을 대상으로 하여 공연되는 모든 행위를 지칭한다. 고대의 신성의식에서 연희가 발전했음은 재론의 여지가 없다. 인간이 자신의 몸과 말을 통해서, 또는 악기나 기구나 가장(假裝)을 이용해서, 일상적인 삶의 행위가 아닌, 어떤 상상적이고 모험적이고 창조적인 행위를 다른 사람들 앞에서 표현하는 것을 통칭 연희라고 한다. 조선시대에 판소리의 공연을 설명하는 대목(제비가 물어다 준 박씨 이야기)에서 연희라는 용어를 쓴 것과도 동일하다.29)

연희는 역사적이고 전통적인 전승연희가 주범주를 이룬다. 한국뿐만 아니라 동양의 연희는 음악이 기본이 되고 노래와 춤과 재담과 연기로써 표현된다.30) 연희는 오늘날의 공연예술처럼 장르로 분화된 예술이 아니라 기악, 성악, 무용, 연극, 각종 기예, 즉 악가무희기(樂歌舞戲技)

---

28) 藝能史研究會編, 日本藝能史(一卷), 法政大學出版局, 1982 참조
   이토 요시히데, 일본 예능학의 전개와 방법, 한국 공연예술의 새로운 미래, 연극과 인간, 2006 참조
29) 신위(1769-1847), 신위전집, 오선징조, 余於二十年前, 遇一倡夫, 曰吳善徵, 本以 良家子, 誤落戲臺中, 演戲燕子逑, 妙節一世.
30) 김학주, 중국 고대의 가무희, pp.13-36 참조

30

가 총체화된 예술이었다. 서양보다 훨씬 뒤늦게 장르 분화(分化)가 이루
어졌다.

　김부식(金富軾)의 『삼국사기』는 한가위놀이를 소개하는 대목에서,
신라의 부녀자들이 노래와 춤과 온갖 짓을 다했다는 기록이 전하는데,
그것을 가무백희(歌舞百戱)라고 했다.31) 『고려사』에서도 궁전이나 거
리에서 온갖 연희가 베풀어지는 것을 백희, 잡희(雜戱)라고 하고, 매년
왕가와 나라의 액운을 물리치는 행사를 나례희(儺禮戱)라고 했다.32)

　『조선왕조실록』에는 산대(山臺)에 관한 기록이 나온다. 신선이 산다
는 산(오산, 봉래산, 침향산)을 연상해 높은 조형물을 만들고, 그 산에
온갖 진귀한 인물상이나 보물을 장치한 것을 산대라고 했다. 이 산대를
배경으로 그 앞에서 온갖 연희를 공연했고, 이를 통칭 산대희라 했다.
또한 연희를 잡희, 백희, 잡기(雜技)라 부르기도 했다.33) 『목은집』에서
는 고려시대 잡극이라는 연희를 소개하고, 『증보문헌비고』에서는 백여
명의 총명한 소년들을 뽑아서 기예를 가르쳤다는 기록이 전한다. 『경도
잡지』에서는 산희(山戱)와 야희(野戱)를 총칭하여 연극이라 했다. 이상
에 나타난 가무백희, 백희, 나례희, 산대희, 잡희, 잡기, 잡극, 기예, 산희,
야희, 연극 등은 모두 전승연희를 지칭한 것이다.34)

　중국에서는 춘추전국시대에 잡기가 성립되었다. 당시 잡기는 힘겨루
기(솥 들어올리기, 씨름, 활쏘기, 던지기), 형체기교(몸 뒤집기), 손놀이
(공중에 던지고 받기), 마희(말을 이용한 기교), 환술(사람의 눈을 속이는
기술), 골계희(희학적인 놀이) 등이 있었다.35) 한나라시대의 잡기에는

---

31) 삼국사기, 권1, 신라본기, 유리이사금 9년(32) 8월 15일 참조
32) 고려사, 권64 지18 예6, 계동대나의 참조
33) 조선왕조실록, 광해군일기 12년(1620) 9월 3일 참조
34) 유득공, 경도잡지, 권1 성기조 참조
35) 안상복, 중국의 전통잡기, 서울대학교 출판부, 2008 참조

이상의 6종류 이외에 공중묘기, 동물변장, 기술무(집단춤) 등이 있었다. 그런데 위진시대부터 잡기라는 용어와 산악백희 또는 산악잡희라는 말이 함께 쓰였다. 수당시대에 이르러 국내 연희의 발달과 외래의 영향으로 종류는 더욱 늘어났다. 산(散)은 널리 흩어져 있다는 의미이고 백(百)과 잡(雜)은 많다는 의미이다. 여기에 기(技), 악(樂), 희(戲)라는 연희를 지칭하는 의미를 붙여 사용한 것이다. 특히 당나라의 산악은 한국과 일본에 영향을 끼쳐, 두 나라에서도 백희, 잡희, 산악이라는 말이 그대로 쓰이기 시작했다.[36)]

한국에서 전승연희의 명칭은 한자어와 고유어로 양분화 된 채 사용된다. 과거 지식계층은 한자를 도구로 기록을 담당했기에 연희에 관한 모든 명칭을 한자어로 표기했다. 앞서의 문헌적 표기들은 모두 한자어로 돼 있다. 서민계층은 실제 연희를 담당했지만, 정상적인 교육을 받지 못해, 한자이든, 한글이든 자신들의 행위를 기록할 수 없었다. 그래서 그들은 일상 사용하는 고유어로 연희의 명칭을 사용했다. '굿'과 '놀이' 또는 '놀음'이란 말이 그것이다. 개인적이든, 집단적이든 모든 제의, 유희, 공연, 행위 등을 굿이니, 놀이니, 놀음이니 하는 말로 불렀다. 그만큼 개념적인 포괄성이 넓다. 이 책에서는 이러한 양분화된 명칭들을 그대로 사용하기로 한다. 다만 연희의 양식적인 체계에 따라서 학술적인 개념으로 새롭게 부각시키고자 한다. 오늘날 전승연희는 민속연희, 민속예능, 민속예술, 민속놀이, 민속공연, 전통연희, 전통예능, 전통예술, 전통공연, 연행, 마당놀이, 마당굿, 연예 등과 혼용된다.

공연예술은 연희에 대한 현대적인 개념이고, 연행은 연희의 행동성에 치중한 개념이며, 마당은 야외공연장을 지칭한다. 한국에서 굿은 무당의 의례로부터 시작되어 여러 가지 공연양식을 지칭하는 다의성을

---

36) 강춘애, 산악백희 명칭의 원류, 희곡문학 제21호, 2004.2, pp.228-249 참조

32

지닌다. 마당굿은 마당과 굿의 복합적이고도 총체적인 양식을 통칭하므로 여러 종류로 세분될 수 있다. 연예는 전승예능과 예술 및 연희를 포함하고 동시에 현대의 모든 공연예술을 범칭한다.

미카엘 빌링톤(Michael Billington)은 『공연예술』에서 서양의 공연예술을 종합적으로 해설해 놓았다. 연극과 오페라를 비롯하여, 연주회, 발레, 댄스, 마임, 뮤지컬, 버라이어티, 뮤직홀, 카바레, 요술, 서커스, 인형극, 팬터마임, 재즈, 팝, 대담한 묘기, 거리 연주와 연기, 혼자서 하는 쇼, 시낭독, 해프닝(happening), 이벤트(event) 등을 연희종목으로 분류하였다. 각종 공연예술의 실상과 감상 안내서를 겸한 이 책은 고대로부터 현대에 이르는 발달과정, 공연장, 공연원리와 방법, 작품의 제작방법, 유통과정, 관련 인물 등을 폭넓게 서술하였다. 전통공연예술뿐만 아니라 현대공연예술이 함께 기술되어 있는 점이 특징이다.[37]

실제로 현재 서구에서 발행되는 유명한 언론지상의 문예란에는 '퍼포먼스'라는 항목이 별도로 설정되어 있음을 주목하게 된다. 이는 별항으로 취급해야 할 만큼 현대공연예술이 눈부시게 발전되었고, 다른 예술과 병행하여 관중의 호응이 높은, 살아 있는 공연문화임을 입증해 준다고 할 수 있다. 예술사의 한 범주로서 '퍼포밍 아츠'는 전통공연예술과 현대공연예술을 모두 포괄한다. 한국의 연희, 놀이, 놀음에 해당하는 개념이다.

그러나 통상 서구에서 퍼포먼스라고 하면 살아 있는 공연예술, 주로 창작된 퍼포먼스를 지칭하는 개념이다. 그러므로 그것은 전통공연예술에 대한 비판과 저항과 새로운 대안으로서 일어나는 하나의 예술운동이자 표현행위로서 의의를 갖는다. 예술 기호와 매체의 총체적인 표현으로서 새로운 도전이자 실험인 것이다. 가장 자유롭고 개성적이고 창의력에 충만되어야 할 예술이 어떤 기성화된 사상이나 이념, 전형화(典

---

37) Michael Billington(ed), Performing Arts, A QED Book, London, 1988 참조.

型化) 된 방법에 얽매이고 구속되어 있는 데 반기를 들고 1960년대 초부터 폭발적으로 집단적으로 일어나기 시작한 것이 바로 현대의 퍼포먼스라고 할 수 있다.

1940년대의 퍼포먼스라고 할 수 있는 뮤지컬이나 재즈는 이미 전통공연예술에 포함될 만큼 고전적 의미를 갖게 되었다. 앞서도 지적한 대로 이러한 현대적인 퍼포먼스 즉 현대공연예술이 아직도 활발하지 못한 동양에서는 공연 범주가 주로 전승연희에 국한 되는 것은 불가피한 현상이다. 아울러 최근 동양에서도 민주화운동을 전제로 해서 정치적인 행위로서의 공연예술이 점차 증가하고 있다. 한국에서 70년대 이후부터 일어난 마당극이나 최근의 노동극이 기성극에 대응하는 새로운 퍼포먼스로 발전할 가능성이 있는지는 주목을 요한다.38)

공연예술학에서 다루는 행위에 대한 연구목적은 궁극적으로 새로운 공연예술의 창작원리를 개발하기 위해서이다. 공연학은 공연창작, 공연실험과 무관하게 독자적으로 존재할 수 없다. 따라서 공연학의 관심은 공연행위를 통해 관객의 내부에 있는 일상성을 깨고, 어떻게 이들을 공연의 세계로 흡입시키느냐에 집중된다. 행위에 대한 연구가 근간이지만 변화를 연구하는 학문이라는 표현도 적절하다.39)

서구식의 연극학이나 음악학, 무용학 같은 것은 대학의 전공학과 또는 교과목으로 널리 채택되고 있고, 아울러 서구식 공연예술학도 이제 조금씩 대학강의로 대두되고 있다. 그런데 한국연희학은 이 밝은 천지

---

38) 서연호, 정치극의 위상과 전망, 예술과 비평, 1989. 12, pp.269-283 참조
   Bim Mason, Street Theatre and other outdoor Perfofmance, Routledge, 1992 참조
   Baz kershaw, The Politics of Performance, Routledge, 1992 참조.

39) 김석만, 공연개념으로 연극 이해, 교수신문, 1995.2.1 참조 공연예술학(The Performing Arts Studies)
   서연호, 한국연희연구의 현실과 미래, 한국사시민강좌 제45호, 일조각, pp.254-271 참조

에서 어디에도 살 땅이 없다. 서구식 학문이 수용되어야 하는 것은 당연한 일이지만, 다른 한편으로 한국에서 한국예술활동을 해야 하는 젊은이들에게 한국연희학을 전혀 가르치지 않는 현실은 참으로 비문화적이고 참담한 미래상을 암시해 줄 뿐이다. 외국인들의 관점에서도 전혀 이해할 수 없는 심각한 모순이 아닐 수 없다. 문화부가 설립한 한국예술종합학교 전통원에는 연희과가 있지만 학문적인 체계화는 요원한 실정이다. 공연예술의 발전과 세계화를 위해 전통연희의 공연과 그에 대한 연구활동이 절실하게 필요한 시점에 놓여 있다.

1.5. 공연예술의 양식

공연예술의 양식분류는 그 많은 공연예술을 이해하는 지름길이다. 학자와 전공자에게는 분류 자체가 학문적 목적이 될 수 있지만 일반인들에게는 그것이 하나의 개념이 되어 예술을 이해하는 길잡이가 되는 까닭이다. 어느 이유이든 양식은 하나의 개념이자 개념정리의 연구이다. 어떤 학자는 기존 개념을 보완하는 일을 한다. 그러나 어떤 학자는 새로운 분류를 시도한다. 두 말할 필요 없이 이 작업은 둘 다 중요하다.
필자는 이 책에서 새로운 분류를 시도한다. 새로운 시도야말로 공연예술을 새롭게 파악하고자 하는 실증적인 작업이다. 분류 자체가 하나의 도전이라는 전제이다. 예술 자체가 끊임없이 변화하는 생명체임을 새삼 되새겨야 한다. 예술양식들은 접합, 복합, 혼잡, 융합, 중층(重層)의 형식들이 많다. 그러나 그렇다고 해서 시도 자체를 포기할 필요는 없을 것이다. 끊임없이 시도하고 보완하고 다시 모색하며 가능한 대로 작품을 온당하게 이해하는 것이 가장 중요한 과제이다.
공연예술을 역사적으로 조망하고자 할 때 가장 적절한 대안은 양식(樣式, style)을 이해하는 일이다. 양식은 예술 작품의 전체적인 통일상으로서 객관적인 분석의 대상이 될 수 있기 때문이다. 여러 시대를 관통하면서 겹겹으로 생명력을 이어왔고, 현재의 관객들과도 소통의 질서 및 체계를 유지하고 있는 것은 양식이다. 이해하고자 하는 사람의 관점에 따라, 양식은 다의적이고 다층적이다. 시대양식(그리스극, 로마극), 민족양식(한국식, 프랑스식), 언어양식(언어극, 비언어극), 개인양식(개성, 스타일리스트), 장르양식(비극, 희극) 유파양식(브레히트식, 아르토식) 등으로 나눌 수 있다. 작가와 독자의 관계에서 표현론과 효용론, 작품과 세계의 관계에서 구조론과 모방론으로 분류될 수도 있다.[40]

양식에 대하여, 형식(form)은 개별 작품의 구조에 치중된 용어이다. 형식은 예술작품의 개별적 요소들을 단일한 전체로 조직하는 원리이다. 개별적으로 무의미하게 보이는 재료들을 의미 있는 하나로 뭉쳐 놓는 창조적인 힘이다.[41] 장르(genre)는 프랑스어에서 종류를 의미하는데, 이제는 세계 공통어가 되었다. 문학과 예술의 잡다한 현상을 이해하기 위해서 분류는 대단히 중요하다. 분류는 반드시 분류의 원칙을 전제한다. 장르는 양식과 형식과 함께 총체적으로 이해해야 한다.[42]

양식(장르)을 기준으로 한 연구는 이미 상당한 저술을 남겼다. 송석하(宋錫夏 1904-1948)는 민속연구라는 관점에서 양식을 고찰했는데, 인형극(1929)을 시작으로 가면극, 정극(신극), 봉산탈춤, 민요와 무용, 동래야류, 전승음악, 처용무, 나례, 산대극, 사자춤, 창극조, 강령탈춤 등이 그것이다.[43] 이능화(李能和 1869-1943)는 『조선무속고』를 통해 무당과 굿

---

40) 佐佐木健一, 美學辭典, 東京大學出版部, 1995, 形 참조.
　　민주식 역, 미학사전, 동문선, 2002, pp.190-202 참조.
　　Paul Herna, Beyond Genre, Cornell University Press, 1972 참조.
　　김준오 역, 장르론, 도서출판 문장, 1985 참조.
41) 이상섭, 문학비평용어사전, 민음사, 1976, pp.294-297 참조.
　　민주식 역, 전게서, pp.165-176 참조.
42) 이상섭, 전게서, pp.247-249 참조.

에 대한 자료를 집대성했다.44) 안확(安廓 1886-1946)은 1930년부터 전통음악 연구논문을 발표하기 시작해 모두 18편에 이르렀다. 외래음악의 수용과 자국 음악의 발전을 특수성과 보편성의 차원에서 본 견해가 주목된다. 1932년에 발표한 「산대희와 처용무와 나」에서는 연희에 대한 상관성을 고찰했다.45)

경성제국대학을 졸업한 김재철(金在喆 1907-1933)은 그가 작고한 해에 『조선연극사』를 출간했다. 가면극과 인형극, 구극과 신극이라는 양식으로 역사를 약술한 것이다. 주로 일본에서 얻은 자료들을 통해 우리 양식과의 비교연구를 시도한 것이 돋보인다.46) 정노식(鄭魯湜)은 1940년 조선일보사출판부에서 『조선창극사』를 집대성했다. 당시 판소리 명창들의 간략한 일대기와 더늠을 소개하면서 이를 창극조(唱劇調)라 했다. 판소리가 창극으로 자주 가창되던 1930년대 상황에서 영향을 받은 것으로 볼 수 있다.47) 최남선(崔南善 1890-1957)은 『살만교차기』(薩滿教箚記)와 『조선상식문답속편』을 통해 무속을 비롯한 문학, 시가, 음악, 연극에 대한 해설을 발표했다. 그의 해박한 지식을 바탕으로 기술한 해설이므로 연희에 대한 관점이 주목된다.48)

1953년 이혜구(李惠求 1909-2010)는 「산대극과 기악」을 발표함으로써 전후 공연학의 길을 열었다.49) 이두현(李杜鉉 1924-2013)은 1966년

43) 송석하, 석남 송석하(상, 하), 국립민속박물관, 2004 참조
44) 이능화, 이재곤 역, 조선해어화사, 동문선, 1992 참조
　　이능화, 이재곤 역, 조선무속고, 동문선, 1991 참조
45) 안확, 한국음악의 연구, 한국음악자료총서 한국음악학회, 1980 참조
　　안확, 서연호 역, 산대희와 처용무와 나, 서낭굿탈놀이, 열화당, 1991 참조
46) 김재철, 조선연극사(복간), 동문선, 2003 참조
47) 정노식, 조선창극사(복간), 동문선, 1994 참조
48) 최남선, 전성곤 역, 살만교차기, 경인문화사, 2013 참조
　　최남선, 조선상식문답속편, 동명사, 1947 참조
49) 이혜구, 한국음악연구, 국민음악연구회, 1957 참조

『한국신극사연구』로부터 『한국가면극』 『한국연극사』 등을 잇달아 출간했다. 아울러 1996년에 출간한 『한국무속과 연희』에서 연희의 개념을 응용해 몇 편의 논문을 발표했다. 즉 장례와 연희고, 경기도당굿의 연희적 측면, 영광농악잡색놀이, 한국의 전통목우(木偶), 무애희와 공야염불(空也念佛), 연극의 한일교류, 중국 화남지방의 나희답사기, 한국축제의 방향 등이 그것이다.50)

윤광봉(尹光鳳)은 연희시(演戲詩)라는 범주로부터 연희연구를 시작했다. 1985년에 발표한 『한국연희시연구』에서 시대별로 연희시들을 검토하고 송만재(宋晩載 1788-1851)의 관우희(觀優戱) 50수와 신위(申緯 1769-1847)의 관희절구(觀戲絶句) 12수를 분석했다.51) 그의 『한국의 연희』에서는 가무백희와 연희(고대연희), 연희의 변이양상(신라의 다섯놀이, 무애희, 검무희, 기악, 처용가무), 고려시대의 연희(고려시대의 연희, 궁중행사로서의 종합예술), 조선시대의 연희(성현의 연희시, 춘향가와 판소리, 속악유희, 추천희, 곡예의 전승과정), 북한이 본 우리 연희(민속극에 대한 서술양상), 중국의 연희(중국의 연희) 등으로 서술했다.52) 또한 『조선후기의 연희』에서는 가무악의 발전, 남과 북의 연희, 민속극에 대한 인식, 유랑예인의 기여, 공연자와 감상자, 설화와 연희, 놀이의 순환원리 등으로 개념을 나누어 서술했다.53)

서연호(徐淵昊)는 1987년부터 산대탈놀이를 비롯한 전국의 탈놀이에 대한 5권의 시리즈를 완간한 뒤, 1997년에 『한국전승연희의 현장연구』 『한국전승연희의 원리와 방법』 『한국전승연희학 개론』을 이어서 출간

50) 이두현, 한국무속과 연희, 서울대학교출판부, 1996 참조.
51) 윤광봉, 한국연희시연구, 이우출판사, 1985(개정 한국연희시연구, 도서출판 박이정, 1997) 참조.
52) 윤광봉, 한국의 연희, 반도출판사, 1992 참조.
53) 윤광봉, 조선후기의 연희, 도서출판 박이정, 1998 참조.

38

했다. 2006년에 『한국전승연희의 원리와 방법』을 보완한 『한국연희의
원리와 방법』을 김현철(金鉉哲)과 공저로 출간했다. 『한국의 전통연희
와 동아시아』 『한국공연예술의 원리와 역사』 등도 출간했다. 서연호는
이상의 저서에서 공연예술의 갈래를 몇 가지로 나누었다. 즉 건국신화
와 축제문화, 불교기악과 탈춤문화, 샤먼 배우와 굿의 연출, 악귀를 물
리치는 처용무와 나희, 서민극 탈춤, 축제와 이벤트, 인형극 꼭두각시놀
음, 판소리와 창극, 불교 승려들의 공연과 연등회, 광대의 익살극, 죽음
의례와 연희, 두레와 풍물놀이, 정재춤과 민속춤, 대동놀이, 유랑광대놀
이 등이다.54)

　전경욱(田耕旭)은 1998년 『한국가면극-그 역사와 원리』를 출간한 뒤
에 『한국의 전통연희』를 내놓았다. 이 책의 제1부 전통연희의 역사적
전개에서는 전통연희를 보는 시각, 전통연희와 서역·중국 연희의 관련
성, 상고시대의 전통연희, 삼국시대의 전통연희, 통일신라시대의 전통
연희, 고려시대의 전통연희, 조선시대의 전통연희를 기술했다. 제2부 전
통연희의 새로운 양상에서는 가면극의 성립과 발전, 판소리의 성립과
발전, 인형극의 성립과 발전, 무극(巫劇)의 성립과 발전, 조선후기의 다
양한 유랑예인 집단에 대해 기술했다.55) 2014년에 그가 편저한 국내 최
초의 『한국전통연희사전』(민속원)이 출간되었다.

---

54) 서연호, 한국가면극의 현장전승연구(전5권), 열화당, 1991 참조
　　서연호, 한국전승연희의 현장연구, 집문당, 1997 참조
　　서연호, 한국전승연희의 원리와 방법, 집문당, 1997 참조
　　서연호, 한국전승연희학 개론, 연극과인간, 2004 참조
　　서연호·김현철 공저, 한국연희의 원리와 방법, 연극과인간, 2006 참조
　　서연호, 한국의 전통연희와 동아시아, 동문선, 2010 참조
　　서연호, 한국공연예술의 원리와 역사, 연극과인간, 2011 참조
55) 전경욱, 한국가면극, 열화당, 1998 참조
　　전경욱, 한국의 전통연희, 학고재, 2004 참조

사진실(史眞實)은 『한국연극사연구』와 『공연문화의 전통』을 출간했다. 연극이라는 개념을 썼지만 서술 내용은 공연예술에 해당한다. 북청 사자놀이, 소학지희(笑謔之戱), 나례, 18·19세기의 재담, 조선시대 공연 상황, 공연 공간, 공연문화, 정재, 선유락, 진연(進宴), 산희와 야희, 탈춤, 판소리 등에 관한 논문들을 묶은 논저이다. 연극사 서술을 위한 양식과 시대구분을 전제로 한 연구이다.56)

1997년 서울에서 개최된 국제극예술협회(ITI)를 계기로 출판된 것이 『한국공연예술의 흐름』이다. 이두현을 비롯한 13인의 학자들이 논문을 발표했다. 이 논문집에는 한국연극사(이두현, 여석기, 한상철, 김기란), 한국무용사(정병호, 김채현, 김태원), 한국음악극사(송방송, 이상만, 문호근, 나진환), 기타 논문(김태원, 서연호, 김방옥, 안치운)들이 수록되었다. 지금까지 찾아보기 어려웠던 음악극에 관한 연구가 돋보이고, 개별 양식으로만 논의되던 공연들이 공연예술이라는 새로운 개념으로 통합된 것이 주목된다.57)

황경숙은 2000년 『한국의 벽사의례와 연희문화』를 출간했다. 모두 4장으로 구성된 이 책은 한국의 벽사의례와 연희문화, 이무기설화와 기우제, 산상의례와 〈구지가〉의 성격, 옥녀봉설화의 형성과 희생제의 등을 내용으로 한다.58) 국사편찬위원회는 한국문화사(06)의 일부로서 『연희, 신명과 축원의 한마당』이라는 논집을 출간했다. 모두 6장으로 된 이 책에는 전통연희의 전반적 성격(전경욱), 궁정 연희의 전통과 정재의 역사적 전개(사진실), 판소리의 전개와 변모(유영대), 전통연희 집단의 계통과 활동(박전열), 인형극의 역사적 전개 양상(허용호), 가면극의 역사

---

56) 사진실, 한국연극사연구, 태학사, 1997 참조.
   사진실, 공연문화의 전통, 태학사, 2002 참조.
57) 이두현(외), 한국공연예술의 흐름, 국제극예술협회, 현대미학사, 1999(개정증보판 2013) 참조.
58) 황경숙, 한국의 벽사의례와 연희문화, 월인, 2000 참조.

적 전개 양상(전경욱)이 수록되었다.[59]

서대석(徐大錫)·손태도(孫泰度)·정충권(鄭忠權)의 논문을 엮은 것이『전통 구비문학과 근대공연예술』이다. 이 책에서 서대석은 전통재담과 근대 공연재담의 상관관계, 손태도는 근대 초창기 공연집단의 계통에 관한 연구 및 근대 초창기 잡가의 정체와 그 시가사적 의의, 정충권()은 1900~1910년대 극장무대 전통 공연물의 공연양상 연구 및 초기 창극의 공연형태 등을 발표했다.[60] 최근 손태도(2013)가 저술한『한국의 전통극』은 민속연희라는 관점에서 연희양식을 고찰한 연구서이다. 그가 설정한 양식은 화극(話劇), 가면극, 재담소리, 판소리 등이다. 조선시대 소학지희라 한 궁정의 광대놀음을 그는 화극이라 정의했다. 화극에 대해 '재치 있게 하는 재미있거나 우스운 노래'를 재담소리로 정의했다.[61]

김익두(金益斗)의『한국희곡/연극이론 연구』는 우리 공연예술을 통시적, 공시적 관점에서 해석한 이론서로서 좁은 의미의 희곡 및 연극이 아니라 폭넓은 연희의 이론 연구에 해당한다. 통시적 관점에서 신화시대, 부족국가시대, 삼국시대, 남북국시대, 고려시대, 조선시대, 개화기시대, 일제강점기, 해방기, 남북분단시대로 나누어 고찰했다. 공시적 관점에서는 희곡과 연극을 영역별로 나누어 고찰했다.[62]

이상에서 간략히 살펴본 대로, 지금까지 우리 학계는 전통적인 양식 갈래에 따라 연극 또는 연희라는 범주로 공연예술을 연구해왔다. 이 책에서는 종래의 방법에서 벗어나 공연예술의 형성원리에 따른 새로운 양식 갈래를 설정하고자 한다.

---

59) 국사편찬위원회, 연희, 신명과 축원의 한마당, 두산동아, 2006 참조.
60) 서대석(외), 전통 구비문학과 근대 공연예술, 서울대학교출판부, 2006 참조.
61) 손태도, 한국의 전통극, 집문당, 2013 참조.
62) 김익두, 한국희곡/연극이론 연구, 지식산업사, 2008 참조.

2. 잃어버린 공연예술을 찾아서

2.1. 건국신화에 투영된 공연

『삼국유사』「고조선」에 건국신화가 기록되었다. "환웅이 3천명의 무리를 거느리고 하늘에서 지상으로 내려왔다. 커다란 신목[神壇樹] 주변에 마을을 이루었는데, 그곳을 신시(神市)라고 했다. 환웅은 바람과 비와 구름을 점치는 일기예보사[風伯, 雨師, 雲師]를 거느리고, 농사, 생명, 질병, 형벌, 선악 등 360여 가지 일을 주재하며 세상을 다스렸다. 웅녀(熊女)는 아기를 갖고 싶다고 신목 아래에서 빌었다. 환웅이 잠시 변신하여 그녀의 남성이 되어 주었고, 웅녀는 아이를 낳았다. 이 아이가 후일의 단군왕검이다"라는 내용이다.[1]

『삼국사기』와 『삼국유사』는 우리 대표적인 역사서이다. 『삼국사기』는 1145년에 고려 인종의 명을 받아 김부식(金富軾 1075-1151)이 10인의 보조자들과 더불어 편찬한 것이다. 말 그대로 삼국의 역사에 국한된 기록이므로 단군신화가 나타나지 않는다.

---

1) 삼국유사, 단군신화, 고조선 참조

『삼국유사』는 『삼국사기』로부터 136년 뒤인 1281년, 고려 충렬왕 때 일연(一然 1206-1289) 스님이 오랜 노력 끝에 편찬한 것으로 왕력, 기이, 홍법, 탑상, 의해, 신주, 감통, 피은, 효선이라는 편목으로 구성된 책이다. 이처럼 다양한 관점에서 당대까지 전승되던 자료를 모은 것은 다른 문헌에서 찾아보기 어렵다. 뿐만 아니라, 서술 내용 가운데서, 예컨대 훌륭하다고 생각되는 스님을 기록한 부분에서는 '찬왈(讚曰)'이라는 편찬자의 7언 절구를 삽입해 놓은 문체가 특이롭다.

삼국시대의 역사를 기술한 책으로 이 두 역사서는 다시 없이 귀중하고, 아울러 여러 종류의 번역본도 나와서 손쉽게 구해 볼 수 있다. 그런데 이 두 책을 읽기로 하고 첫 장을 넘기는 순간부터 사람들은 당황하게 된다. 도저히 사실이라고 믿기 어려운 이야기들이 겹겹이 뒤따라 등장하기 때문이다. 도대체 무엇이 어떻게 되었다는 말인가. 그렇게 써 놓고 우리에게 그대로 믿으라는 말인가.

역사의 서술방법으로 가장 중하게 여겨 온 술이부작과 춘추필법을 김부식과 일연은 몰랐다는 말인가.[2] 아니면 애초부터 무시했다는 말인가. 술이부작(述而不作)은 옛부터 기록이나 말로 전하는 내용에 자기가 거기에 덧붙이지 아니하는 짓, 춘추필법(春秋筆法)은 그 내용이 엄정하고 대의 명분에 어긋나지 않는 기술방법을 말한다.

문학양식으로서 설화는 신화, 전설, 민담을 일컫는다. 여러 학자들이 신화구조 연구라는 개념으로 이 세 가지 양식을 통칭하기도 했다.[3] 신화는 신이 주인공으로 등장하는 이야기다. 전설은 어떤 증거물을 지닌 이야기다. 민담은 일반인들 사이에서 널리 전승되어 온 이야기다. 이야기 구조라는 점에 모두 공통성이 있다. 오늘날 소설의 원천을 설화라 하는 것은 이런 까닭이다. 바로 이런 설화들이 『삼국사기』와 『삼국유사』

---

2) 논어, 술이편/공자, 춘추 참조
3) The Structual Study of Myth.

에 상당량 기록되었고, 특히 『삼국유사』는 설화집이라 이를 정도로 책 속에 들어 있는 사실까지도 의심하게 한다.

현실, 사실(寫實), 사실(事實), 사실(史實), 진실의 영역은 어디까지일 까. 현실은 실재하는 사실이나 존재를 말한다. 현실은 시간과 공간과 분 리될 수 없으므로 개인으로서는 현실에 놓여 있어도 모든 주변의 현실 을 동시에 체험할 수 없다. 우리는 다만 현실에 살고 있기에 동(同)시간 또는 동시대의 현실을 안다고 관념적으로 인식하고 있을 뿐이다. 사실 (寫實)은 사물을 있는 그대로 그려내는 것이다. 그러나 무한대로 그릴 수 없기에 어차피 선택적으로 할 수밖에 없다. 사실(事實)은 실제로 있 었던 일이나 현재에 있는 일이다. 보통은 사건으로 인지된다. 그러나 현 실의 경우와 같이 관념적인 요소가 짙다. 사실(史實)은 역사에 실제로 수록된 사실을 말하지만 역사를 기술하기 위해 선택된 사실(事實)일 뿐 이다.

이렇게 따지다 보면, 역사적 사실(史實)은 사실(事實)을 충실하게 기 술한[實寫한] 것이라 쉽게 믿기 어려우며, 더구나 진실이라 하기에는 허점투성이일 수밖에 없다. 통시적으로 과거를 파악하는 데는 선택적이 고 관념적인 한계를 선명하게 벗어나기 어렵기 때문이다. 사료의 채택 과 사료의 해석에 대하여 역사가가 최대한 객관적 입장을 지킨다고 해 도 편견에서 완전히 벗어나기는 어렵다는 말이다. 다른 사람들과 마찬 가지로 현실을 살아가는 역사가는 현재를 기준으로 과거사를 이해할 수밖에 없으므로 어쩔 수 없이 편견이 생겨나게 마련이다. 이론적으로 볼 때, '씌어진 역사'를 역사가의 작품, 역사가의 개인적인 해석의 구조 물이라고 하는 것은 이런 이유일 것이다. '씌어진 역사'보다 '씌어지지 않은 역사'가 존재할 수 있다는 가능성은 언제가 열어 두어야 한다는 말이다.4)

고조선시대가 아닌, 13세기 후반에 기록된 단군신화는 그때까지 우리 민족이 이상적으로 그려 온 사실(事實)과 꿈이 설화로 축약된 셈이다. 신화에서 가장 주목되는 대목은 "웅녀(熊女)는 아기를 갖고 싶다고 신목 아래에서 빌었다"는 내용이다. 고조선시대에 신시의 신목 밑에서 웅녀는 임신을 위해 기도했는데, 어떤 의식으로 했다는 내용은 누락되었다.

이 의식은 어떻게 진행되었을까. 혼자서 했을까, 아니면 여럿이 했을까. 말로만 했을까, 노래와 춤을 함께 했을까. 어떻게 했다고 해도 주술적인 기도로 이루어졌고, 여럿이 했다면 당시의 무녀와 함께 이루어졌을 가능성을 또한 배제할 수 없다.

우리가 밭농사를 시작한 것은 기원전 2천년 전후이고, 논농사를 시작한 것은 기원전 1천년 전후부터이다. 단군기원은 기원전 2333년을 기준으로 하고 있는데, 이처럼 일기예보사를 두고 농사를 짓던 시기라면 늦어도 청동기시대 초기에는 고조선이 건국된 것으로 보인다. 당시 360여 가지의 일을 주재하였다면 농경국가로서의 체제를 갖추었다는 의미다. 또한 이 시대가 샤머니즘시대였다는 것은 상식이다.

신목은 하늘과 지상을 왕래하는 통로, 천신과 인간의 뜻을 소통하는 상징적 매체였다. 사람들은 신목의 주변에 모여 살았다. 신의 뜻이 실현되는 마을과 나라를 만들려고 언제나 신목 앞에서 기도했다. 지금도 국내의 여러 마을 주변에는 성스러운 장소인 신목과 서낭당이 잔존하고 있음을 상기할 필요가 있다. 단군신화에는 고대 북방 민족들의 천신개념과 샤머니즘이 내포되어 있다. 신목 앞에서 샤먼과 마을 사람들이 모여 제의와 공연을 올린 것을 미루어 짐작할 수도 있다.[5]

---

4) 서연호, 역사적 사실과 혼재된 신라설화의 의미, 공연과리뷰, 2011 봄호, pp.55-72 참조

5) 박원길, 북방민족의 샤머니즘과 제사습속, 국립민속박물관, 1998, pp.452-477 참조

단군신화에서 곰이 금기(禁忌)를 지킨 지 21일 만에 웅녀가 되는 과정은 한 편의 신화극(神話劇)으로 해석된다. 웅녀만이 아니라 사람들에게는 신의 뜻을 지속적으로 실현할 수 있는 자식이 필요했고, 농사 역시 사람의 일이자 신의 뜻이었다. 웅녀의 존재는 고조선을 세운 부족이 곰토템족이었음을 말해준다. 한국인들이 자주 사용한 '곰네'라는 말은 곰과 같이 견실한 여자를 의미한 것으로 웅녀에서 비롯된 것으로 보인다.

북방 민족들에는 곰과 호랑이 축제 또는 신화가 적지 않게 남아 있음을 상기하게 된다. 일본 북해도의 아이누족은 이요만테라는 곰축제를 한다. 곰고기를 먹어 온 그들은 곰신이 자신들을 위해 몸을 제공하고 떠나는 것을 희생이라고 감사히 여기며, 신을 보내는 제의인 이요만테를 반복해왔다.6)

고구려국을 세운 주몽신화는 고대 부여국의 이야기로부터 시작된다. 부여는 오늘날 한반도의 북쪽 중국의 흑룡강성, 요녕성, 길림성 등 동북 3성의 광활한 지역을 차지하고 있었다. 부여는 494년에 고구려에 멸망할 때까지 약 7백 년 동안 존속된 나라이다. 그 지역에서 최근 부여와 고구려에 관련된 많은 유물과 유적이 발견됨으로써 실체가 점차 분명해지고 있다.

주몽은 천제의 아들이자 북부여의 왕인 해모수와 물의 신인 하백의 딸 유화 사이에서 태어났다. 어느 화창한 날 나들이를 갔던 유화는 자신도 모르게 해모수의 유혹에 빠져 웅신산(熊神山) 아래에서 그와 정을 통해 잉태하게 되었다. 웅신산은 그들이 곰토템족이었음을 말해준다. 주몽은 신라를 건국한 혁거세처럼 알에서 사람으로 태어났다.7) 동물이나 식물의 씨알은 근원의 종자이므로 당시 건국의 왕이 씨알신으로 상징된 것을 알 수 있다.

---

6) 諏訪春雄, 日本の祭りと藝能, 吉川弘文館, 1998, p.24 참조.
7) 삼국유사, 고구려 참조.

주몽이 죽은 뒤에 사람들은 두 개의 신묘(神廟)를 만들어 제사했다. 신묘에는 나무로 신상을 만들어 세웠는데, 하나는 부여신상(夫餘神像)이고, 다른 하나는 고등신상(高登神像)이었다. 전자는 유화부인을 모시고, 후자는 그 아들인 주몽을 모신 것으로서 그가 건국의 대업을 마치고 하늘로 올라갔기에 고등신이라는 명칭이 생긴 것이다. 이 신묘는 나라의 관리가 직접 수호했다.[8]

신묘에서 벌어지는 제의와 더불어 축제가 벌어진 기록도 남아있다. "해마다 정월초에 패수(浿水) 위에 사람들이 모여서 놀이를 하는데, 왕은 가마를 타고 의장을 갖추고 이를 구경했다. 이 놀이가 끝나면 왕이 입고 있던 옷을 물속에 넣는다. 사람들은 좌우로 나뉘어 물속에 있는 돌을 가지고 서로 던지며, 떠들고 쫓아다니기를 몇 번이나 했다."[9]

이 기록은 부여계의 후예인 주몽이 고구려를 세웠으므로 그를 추모하는 축제가 해마다 열렸음을 말해준다. 왕이 군중 속에 나아가 옷을 벗어 차가운 강물에 넣은 것은 지난날 주몽이 엄수(淹水)를 건너 죽음의 고비를 넘겼고, 졸본 주민들의 신임을 얻어 나라를 건국한 수난사를 재현하는 일종의 의식이었다. 이어서 청년들은 용맹을 과시하는 석전(石戰)을 벌렸음을 알 수 있다.

또한 이런 기록도 전한다. "궁중의 정전(正殿) 곁에 동신성모당(東神聖母堂)이 붙어 있다. 장막으로 둘러쳐 있어 사람들은 볼 수 없다. 신상은 나무로 만든 여인상이라고 한다. 또는 부여의 여자인 물의 여신이라고도 한다. 고구려의 시조인 주몽을 낳았기에 그 여신에게 제사를 드린다고 한다." 이것은 12세기 초에 송나라 사절단의 한 사람인 서긍(徐兢)이 고려의 궁전을 견문하고 남긴 글의 일부이다. 고구려를 계승한 고려에서는 그때까지 유화부인의 제사를 국가적으로 지속해온 것을 말

8) 북사, 고구려 참조
9) 수서, 고구려 참조

해준다.10)

　우리가 청순한 여자를 지칭해 온 '버들아기'라는 말은 유화신(柳花神)에서 비롯된 것으로 보인다. 물의 신 하백을 숭배했던 부여족이 그 딸인 유화부인을 부족신으로 동일시한 것은 당연한 이치이다. 봄을 가장 먼저 알리는 신, 생명을 탄생시키는 신으로서 고대 부여와 고구려 지역에는 유수천모(柳樹天母)의 신화가 널리 퍼져 있었고, 그와 관련되는 제의도 전승된다.

　이 유화를 그 지역의 말로는 창조신인 아부카허허(阿布卡赫赫)라 부른다. 일반적으로는 물거품에서 생명을 탄생시킨 우주대여신(宇宙大女神)을 의미하지만, 어원적으로는 여자의 음부, 버드나무에서 비롯된 어휘로서 생명의 여신을 지칭한다. 즉 지모신(地母神)이라고 할 수 있다. 물과 여성과 생명의 상관성을 상징하는 버드나무인 것이다.11) 몽골에서도 버드나무를 어머니와 땅의 신, 또는 그 신체로서 숭배해 왔다.12)

　또 남성신인 아부카언두리(阿布卡恩都里) 신화도 전한다. 아부카언두리는 어린 샤먼에게 먹이기 위해 흰 물새에게 동해에 가서 푸른 버들가지를 가져오도록 명령했다. 그러나 흰 물새는 푸른 버들 대신에 누런 버들을 잘못 가져왔다. 아부카언두리가 이를 모르고 어린 샤먼에게 먹였더니 그녀는 악한 무당이 되고 말았다는 것이다. 착한 무당이든 악한 무당이든, 버들잎을 먹고 성질이 결정된 것은 버들이 만물의 기원이고, 또한 샤먼이야말로 유화신으로서 신성을 지니고 있다는 의미다.

　아부카언두리의 분신과 버들가지가 결합하여 아이를 낳은 신화도 있다. 어느 해 바닷물이 넘쳐 온 세상을 덮어 버렸다. 이 범람으로 아부카

10) 서긍, 선화봉사고려도경, 동신성모당 참조
11) 주몽신화에 등장하는 수혈(또는 隧穴神)은 여자의 음부 또는 여성으로 해석할 수 있다.
12) 이안나, 몽골인의 생활과 풍속, 울란바타르대학 한국학연구소, 2005, pp.208-220 참조

언두리가 몸에 묻었던 진흙으로 만든 남자 하나만이 살아남았다. 그마저 파도에 휩쓸려 떠내려가는 순간에 마침 물 위에 떠 있던 버들가지 하나를 간신히 붙잡고 살아날 수 있었다. 그런데 그 버들가지는 그 사람을 근처의 바위굴로 이끌어 갔다. 굴속에 당도하자 버들가지는 아름다운 여자로 변신하였다. 두 사람 사이에서 아이가 태어났다.[13]

이런 사실들을 종합하면, 주몽신화는 고대인들의 수신사상(水神思想), 식물토템과 건국의 수난사가 결합된 것을 알 수 있다. 아부카허허 즉 유화신(柳花神) 또는 유수신(柳樹神)을 창조의 신으로 널리 숭배하는 정신적 기반 위에서 매년 제사를 올렸다. 또한 주몽의 고난사를 수중모의(水中模擬) 축제로써 기념했던 것이다. 문화영웅인 어머니와 아들에 대한 숭모와 그들의 창업정신을 계승하기 위한 고대축제였다. 아울러 축제의 내용이 언제나 공연예술이었음은 두 말할 필요가 없는 사실이다.

가야국을 세운 수로왕신화는 이렇게 시작된다. 서기 42년 3월 화창한 날에 북쪽의 구지봉(龜旨峰)에서 누구인가 부르는 소리가 들렸다. 마을에서 2, 3백여 사람이 그곳으로 모여들었다. 사람의 형상은 보이지 않지만 "여기 사람이 있는가?"라고 물었다. 사람들은 "여기는 우리들이 사는 구지봉"이라고 대답했다. 또 목소리가 들렸다. "천황께서 내게 여기에 새 나라를 열고 군주가 되라고 한다. 너희 들은 모름지기 봉우리 정상을 파면서, 거북아, 거북아, 머리를 내밀어라, 내밀지 않으면 구워서 먹겠다, 라고 노래해라. 그리고 춤을 추어라." 사람들은 신탁 그대로 춤추고 노래했다.[14] 얼마 후에 바라보니 자색 줄이 하늘에서 드리워 땅으로 닿았고, 줄 끝에 금빛상자가 달려 있었다. 상자를 열어보니 황금빛 알 6개가 들어 있었다.

---

13) 이종주, 동북아시아의 성모 유화, 구비문학연구 4집, 1966, pp.35-70 참조
14) 가락국기에 나오는 이 노래를 세칭 〈구지가〉라 한다.

이튿날 아침에 6개의 알은 모두 사내아이로 변해 있었고 용모가 훌륭했다. 아이들은 날마다 자라서 청년이 되었다. 그 중 한 청년이 금관가야[김해가야]의 왕으로 추대되었으니 이름을 김수로라고 했다. 수로왕은 즉위 3년 만에 도시를 세우고 궁궐을 지어 정착했다.[15]

사람들은 수로가 왕비를 맞도록 권했다. 수로는 신하들에게 배와 말을 준비하고 망산도에 가서 기다리게 했다. 서남쪽 바다에서 붉은빛 돛을 단 배가 깃발을 날리며 북쪽으로 다가오고 있었다. 배는 육지에 당도했다. 그 배에는 허황옥(許黃玉)과 여인 20명이 타고 있었고 금은보화가 가득했다. 신하들은 그녀를 궁궐로 모시려고 했으나 경솔히 따르지 않았다. 미리 소식을 들은 수로는 대궐에서 떨어진 산기슭에 임시 숙소를 차리고 기다렸다. 그녀는 산으로 올라와 먼저 비단치마를 벗어 산신에게 제물로 바쳤다. 수로와 그녀는 그곳에서 첫날밤을 보냈다.

"제 나이는 16세, 아유타국(阿踰陁國)의 공주입니다. 제 아비와 어미가 꿈에 천제를 만나고 나서 저를 이곳으로 오도록 했습니다. 천제의 말씀이 수로는 하늘에서 내려보낸 왕으로서 아직 배필을 정하지 못하였으니 모름지기 공주를 보내어 짝을 짓도록 하라고 했답니다." 수로가 답했다. "공주가 올 것을 미리 알고 있었소 그래서 신하들이 왕비를 드리라는 지난날의 청을 거절해 왔던 것이오."

수로와 허비의 만남은 신비스럽고 기이하다. 그녀는 남서쪽의 먼 바다에서 온 외국인이다. 그녀는 수로와 첫날밤을 맞기 전에 산신에게 속옷을 벗어 기원한다. 먼저 신과 관계함으로써 육신을 성체(聖體)로 변이시킨 것이다. 일종의 세례의식이었다. 이처럼 수로의 탄생과 수로의 결혼은 풍요와 다산의 동일한 이미지를 내포하고 있음을 간파할 수 있다. 왕후의 도래에 대하여 다음과 같은 해석이 제기되었다.

---

15) 삼국유사, 가락국기 참조

　왕비의 출신지인 아유타국은 인도 갠지스강 중류에 있는 아요디아(Ayodhya)라는 옛날 도시국가이고, 쌍어문(雙魚紋)이 그곳의 문장(紋章)이다. 허비의 시호는 보주태후(普州太后)이다. 보주는 중국 사천성(泗川省) 안악(安岳)의 옛날 지명이다. 고대 아유타국의 문화가 사천에 전파되었음을 말해주고, 아울러 허비의 부모가 인도에서 중국으로 들어왔음을 알 수 있다. 보주가 한(漢)의 지배에 있었을 때, 아요디아 사람들이 무리한 세제(稅制)에 불만을 품고 서기 47년, 101년, 두 차례나 반란을 일으켰다. 첫 번째 반란 당시 그곳의 허씨 일족이 황해를 건너 가야국에 들어오게 된 것이 다름아닌 허황옥의 일행이다. 김해에 있는 허비의 무덤에 남아 있는 쌍어문은 바로 이런 내력을 전해준다는 것이다.16)

　또한 다른 해석도 제기되었다. 왕비가 도래할 때 중국계 물건을 가져온 점, 중국계 관직을 말하고 있는 점, 황옥이라는 이름이 중국 황제와 관련이 있는 점 등을 감안해 볼 때, 허황옥의 등장은 북방 유이민(流移民) 집단과 직접 관련이 있는 것으로 추정된다. 즉 위만조선의 멸망과 한사군 설치 이후 가야지역과 북방지역과의 인적, 물적 교류의 산물로 볼 수 있다. 가야의 대외 교역상의 유리한 입지 조건이 허황후를 통해 보여주는 선진 유물의 상징인 선박, 선박신앙과 결합된 것이라는 해석이다.17)

　"매년 7월 29일이면 이곳 지방민과 관리들은 수로왕께서 허황옥이 오는 것을 바라보던 승점(乘岾)에 올라가 장막을 쳐놓고 멀리 바다를 살핀다. 사람들은 그곳에 여러 시간 머물며 먹고 마시고 환호한다. 한편, 건장한 청장년들은 두 편으로 나누어 망산도로부터 세차게 말을 몰아 뭍으로 달린다. 또한 바다로 배를 밀고나와 북쪽으로 고포(古浦)를

---

16) 김병모, 고대한국과 서역 관계, 한국학논집 14집, 한양대학, 1988, pp.5-21 참조.
17) 백승충, 수로왕은 하늘에서, 허황후는 바다에서, 가야사정책연구위원회, 가야, 빛나는 이름 빛나는 유산, 혜안, 2004, pp.41-49 참조.

향하여 다투어 내닫는다. 이것은 옛적에 유천(留天)과 신귀(神鬼)가 허황옥 일행을 맞이하던 사건을 재현하는 의식이다."[18]

이것은 13세기 말기까지 수로왕의 결혼축제가 전승되었음을 말해주는 기사이다. 승마경주와 조정(漕艇)경주가 주축이었다. 두 사람의 결혼은 내국인끼리의 결합이 아니라 벌써 국제결혼이었다는 점에서 우리를 더욱 놀라게 한다. 2천 년 전의 사건임을 고려하면 당시 사람들의 경이로움과 신비감이 얼마나 충격적이었는지는 짐작하고도 남음이 있다.

마을 사람들이 〈구지가〉를 부르며 수로를 맞이하고, 그가 알에서 깨어나 왕이 되었으며, 멀리서 찾아 온 허황옥이 산제를 올리고나서 김수로와 결혼하는 모든 과정이 마치 한 바탕의 축제를 하듯이 전개된다. 또한 후대까지 왕후를 기념하는 축제가 전승된 것을 여실히 보여준다. 이러한 축제들이야말로 고대 공연예술의 풍성한 모습이라 할 수 있다.

2.2. 고대 유물과 유적에 표상된 공연

한반도에는 50, 60만 년 전의 유물과 유적이 남아 있다. 고대인들의 생활 도구는 주로 뗀석기[打製石器]였다. 이렇게 뗀석기를 사용하면서 수렵·채집경제를 기반으로 전개된 문화를 구석기시대라 한다. 이 문화는 기원전 6천년 경부터 지역적인 특색을 지니면서 신석기시대로 발전되었다. 신석기 중반까지는 해안이나 강가에서 기술적인 채집경제를 유지하다가 기원전 2천년 경 신석기말기에 농경이 시작되었다. 다시 기원전 1천년에 이르면 쌀을 중심으로 하는 청동기시대가 시작되어 기원전 4백년까지 지속되었다. 기원전 3백년부터 철기의 도입이 이루어지지만 본격적인 철기문화는 서력기원 시작의 전후를 분기로 하여 성립되므로

---

18) 삼국유사, 권2, 기이, 가락국기, 승점은 수로가 허황옥이 오는 것을 바라보던 곳이다.

52

이 시기를 초기철기시대라고 할 수 있다.[19]

  그동안 발견된 고대유물과 유적에 반영된 공연 관계 자료들을 간략
히 살펴보기로 한다. 충북 청원군 가덕면 두루봉 구석기시대 유적에서
는 동물뼈에 새긴 남자 5인의 얼굴상이 발견되었다. 사슴과 호랑이의
긴 뼈들을 재료로 삼은 까닭은 이들이 모두 신성한 짐승이었기 때문일
것이다. 뒷다리뼈, 정강이뼈, 앞다리뼈의 볼록한 면에 남자의 얼굴을 표
시하는 수법으로 만들어졌다. 산굴 벽쪽의 은밀한 곳에 모셔진 상태에
서 발견된 점으로 미루어 종교적인 의식과 연관된 유물로 보인다. 이런
얼굴상을 모셔 두고, 고대인들은 훌륭한 인물들을 기리는 주술, 노래,
춤을 연행한 것으로 해석된다.[20]

  강원도 양구 상무용리에서 발견된 석제인면상(石製人面像)도 구석기
시대 예술품으로 추정된다. 석영자갈에 새겨진 인면상은 어른 손바닥
크기로 두 눈과 입모양이 선명하게 음각돼 있다.[21] 신석기시대의 자료
로는 부산 영도의 동삼동 유적, 강원도 양양군 오산리 유적, 함북 웅기
군 서포항 유적에서 발견된 탈(가면)과 인형을 들 수 있다.

  부산 동삼동 조개무지[貝塚]에서 출토된 탈은 가리비조개 위에 두 눈
과 입을 파서 만든 것으로 어린아이 얼굴 만하다. 양양 오산리 출토 탈
은 점토 덩어리로 얼굴 형태를 만든 다음, 두 눈과 입은 손가락으로 깊
게 눌러 표현했다. 어린아이 손바닥 만한 크기다. 청진 서포항 출토 인
형은 머리핀 모양의 뼈에 새긴 여성 입상(立像)이다. 두 눈과 코, 양볼과
입술은 선명하게 조각하고, 팔과 다리는 아예 생략되었다. 같은 유적에
서는 짐승뼈로 만든 얼굴 조각도 발견되었다.[22] 이러한 인면상 탈들은

19) 임효재, 한국고대문화의 흐름, 집문당, 1994, pp.43-69 참조
20) 이융조, 청원 두루봉 제2굴 구석기문화 중간보고서, 충북대박물관, 1981, pp.37-60
    참조
21) 기사, 강원도 석기시대 유적, 강원일보, 1982, 11, 24 참조

고대인들의 신앙의식 대상이거나 호신용 부적으로 사용되었던 것으로 볼 수 있다.[23]

고대의 토우, 토용, 인형들도 발견되었다. 한국의 고분은 도굴당한 것이 많아서 유물 연구에 애로가 많다. 고분유물 가운데서 유명한 것이 흙으로 빚은 인형들, 즉 토우(土偶)와 토용(土俑)이다. 죽은이의 영화와 저승에서의 행복을 위해서 그와 더불어 묻힌 인형들인 것이다. 일반적으로 토우는 흙인형들을 범칭하고, 토용은 무덤에 넣기 위해 빚은 인형을 말한다. 신라시대 무덤에서 발견된 토우 가운데는 악기를 연주하는 인물상이 몇 점 들어 있다. 이것은 당대 음악의 발전된 양상을 모작한 것이다.[24] 조선시대에는 무덤에 넣는 토우와 토용을 명기(明器)라고 했다. 인형들은 악기를 연주하는 사람, 노래하는 사람, 말탄 사람 등 여러 형상이다.[25]

일찍이 낙랑(樂浪) 고분에서 발견된 유물들은 고대 인형의 모습을 전한다.[26] 무덤에서 발굴되는 토우들은 장식용이 많아서 흔히 장식토우라고 부른다. 토우와 토용에는 남자와 여자를 비롯한 각종 인물상이 많다. 그들은 신분과 직분, 나이와 성별, 의상과 몸치장, 표정과 몸짓, 환경과 생활방식에 따라서 매우 다양한 모습을 드러낸다. 이런 인형들을 통해서 우리는 고대인의 현실성과 상상력을 투시할 수 있다. 또한 무덤에서는 숱한 상형토기(象形土器)들이 발견되었다. 상형토기에는 각종 인물형토기, 동물형토기, 기물형(器物形)토기들이 들어 있다. 이런 토기들은

---

22) 임효재, 전게서, pp.115-116 참조
 임효재, 강원도 오산리 유적발굴진전보고, 한국고고학년보 9, 서울대박물관, 1982, 12 참조
23) 김정학, 한국상고사 연구, 범우사, 1991, pp.108-109 참조
24) 이난영, 토우, 대원사, 1998, p.45/ p.59/ p.103 참조
25) 이난영, 전게서, pp.37-47 참조
26) 駒井和愛, 樂浪(漢文化の殘像), 中公新書 308, 中央公論社, pp.74-98 참조

앞서의 토우, 토용과 더불어 고대인의 모습과 생활환경 및 생활방식을
폭넓게 시사해준다.[27]

신라와 백제의 고분에서는 상당량의 토우가 발견되었다. 부여 현내
면 능산리(縣內面 陵山里) 고분군과 나성(羅城) 사이에서는 5인의 악사
상(樂士像), 수렵인물(狩獵人物), 동물상 등이 조각된 금동제향로(金銅
製香爐)가 발굴되었다. 용(龍)으로 조각된 대좌 위에 놓인 향로에는 연
화문판(蓮花紋瓣)을 삼중으로 둘렀으며, 연판에는 각종 물고기와 새, 물
고기를 잡아먹는 물개, 인물들이 조각돼 있다. 향로뚜껑은 다섯 겹을 이
루면서 들쭉날쭉하게 변화무쌍한 입체적 형태의 30여 산악 봉우리로
조각되었다. 가장 윗부분은 다섯 봉우리로 마무리 되었는데, 봉우리마
다 기러기가 앉아 있고, 그 사이사이에 악기를 연주하는 5인의 악사상
이 앉아 있다.

악사들은 피리, 소(簫), 북, 거문고, 월금(月琴)을 연주한다. 30여 봉의
산악에는 동자(童子)를 태운 코끼리, 말을 달리면서 활시위를 당기는 수
렵자, 지팡이를 든 승려들, 멧돼지, 귀면(鬼面), 말 탄 사람, 호랑이, 원숭
이, 사슴 등 수많은 인물상과 동물상이 정교하게 조각돼 있다. 뚜껑 정
상에는 주작(朱雀)이 막 날아오를 듯한 자세로 앉아 있다. 백제시대의
연희에서 연주된 악기들을 모작한 귀중한 악사상(樂士像)이다.[28]

경주 천북면 용강동 고분에서는 청동으로 만든 십이지상(十二支像),
채색된 흙인형, 흙으로 만든 말 등이 다수 발견되었다. 인형들은 무덤의
주인공이 높은 신분의 인물이었음을 나타내며 아울러 무덤을 지키는
수호신으로서의 상징성도 지닌다. 신라 지증왕 502년에 순장제도가 사
라진 이후인 6세기부터 이런 무덤이 만들어졌다는 것을 시사한다. 흙인
형에 가채(加彩)하는 방식은 중국 당(唐)나라 때에 유행한 것이며, 또 무

27) 이난영, 전게서, pp.11-36 참조.
28) 기사, 다시 보는 부여 금동향로, 조선일보, 1993, 12, 31, 참조

덤에 흙인형을 함께 묻는 방식은 중국에서는 흔히 있던 것이어서 중국과의 활발했던 문화교류의 단서를 제공한다. 특히 수염 난 인형의 모습은 1972년 투르판에서 출토된 호인형(胡人形)과 흡사하여 실크로드문화의 영향을 느끼게 한다.[29] 이런 토우에서 고대인들의 세시풍속과 공연예술의 잔영을 발견할 수 있다.

나무로 신상을 만들어 제사하고 축제를 벌이는 장승제(長栍祭)의 관습은 현재도 전국적으로 남아 있다.[30] 나무인형과 돌인형으로 오랜 전승력을 지닌 것이 장승이다. 신라와 고구려의 문헌에는 장생표(長生標), 장생표주(柱), 장생표탑(標塔), 국(國)장생 등으로 기록되었다. 재료에 따라서 목장승과 석장승으로 나누며, 대개는 남녀 한 쌍으로 세웠다. 남장승은 머리에 관을 쓰고 전신에 붉은색을 칠한 것도 있다. 여장승은 얼굴에 연지 곤지를 찍고 전신에는 붉은색이나 푸른색을 칠한 것도 있다. 모두 인간의 형상에서 비롯된 신상이거나 괴물상이다. 장승의 안면은 고형일수록 귀와(鬼瓦)나 처용(處容)얼굴과 마찬가지로 악운을 물리치는 벽사성이 짙은 괴면이다. 후대의 것일수록 인간적인 모습으로 바뀌었다.[31]

그동안 발견된 고대유적과 공연의 관계를 간략히 살펴보기로 한다. 경남 울주군의 천전리와 대곡리에는 대형의 바위그림이 있다. 이곳이 수렵제의를 한 신성한 장소였음을 시사한다. 그림으로 된 신화와 축제의 기록이라 할 수 있다. 대곡천 중상류에 2킬로미터 정도 떨어진 두

29) 기사, 토용 첫 출토, 한국일보, 1986, 7, 25, 참조.
　　기사, 용강동 고분 발굴조사, 부산일보, 1986, 8, 2, 참조.
　　이종기, 경주 토용은 서역과 같은 뿌리, 한국일보, 1986, 9, 4, 참조.
　　이난영, 전게서, pp.46-49 참조.
30) 이종철(외), 장승(長栍), 열화당, 1988, pp.10-15 참조.
　　秋葉隆, 朝鮮民俗誌, 名著出版, 1980, pp.147-153 참조.
31) 손진태, 장생고, 조선민족문화의 연구, 을유문화사, 1948, pp.11-22 참조.

지역의 그림은 암각화라는 점에서 같지만, 상류인 천전리 암각화는 기하학적 무늬가 다수이고, 하류인 대곡리는 물고기류가 대부분인 점에서 차이가 있다.

천전리는 큰 뿔을 가진 사슴과 같은 육지동물들과 사람과 가면의 모습이 함께 어우러져 있다. 호랑이 형상을 상징적으로 그린 것과 사슴을 쌍으로 해서 조각한 것은 특히 주목된다. 대곡리의 암각화는 물고기류 이외에도 각종 동물과 인물 등이 3백여 점이나 된다. 이 암각화에는 거북이 그림이 들어 있어, 암각화와 바위를 통칭 반구대(盤龜臺)라고 부른다. 이 반구대는 300여 점의 작품이 들어 있는 국내 최대의 선사시대 조각품인 셈이다.

호랑이와 늑대 같은 육식동물, 사슴·산양·돼지 같은 초식동물들이 고루 새겨져 있다. 개중에는 새끼를 밴 동물 모습이 보이는데, 이는 사냥에서 짐승을 많이 잡게 해 달라는 소망의 표현일 것이다. 고래 그림이 그중 눈에 잘 뜨인다. 귀신고래·혹등고래·북방긴수염고래·향고래·들쇠고래·범고래·상괭이(쇠물돼지) 같은 그림뿐만 아니라, 배를 탄 사람들이 고래를 잡는 모습도 4점이나 생생하게 표현되었다. 이 밖에도 물새인 가마우지도 있고, 물고기 그물이 보인다.

춤을 추는 샤먼의 모습, 벌거벗은 듯한 사람의 모습, 화살을 갖고 사냥하는 모습 등이 보이고, 가면도 2개가 있다. 가면 중의 하나는 천전리의 것과 비슷하다. 후기 청동기시대에 샤먼은 제사를 주관하고, 죽은이의 영혼을 인도하고, 병을 고치는 역할을 했음을 동시에 주목하게 한다. 여자는 배가 부르고 음부를 벌리고 있는 것으로 보인다. 남자들의 생식기는 발기되어 보인다. 남녀의 결합이 모든 생산의 원형이라는 사고의 반영일 것이다.[32]

---

32) 박정근, 한국의 암각화 중 인물상에 대한 고찰, 민속학연구 제9호, 2001, pp.33-56 참조

이 그림들은 언제 어떻게 누가 그렸을까. 견고한 바위에 이처럼 정교한 그림을 그리자면 우선 조각도구가 문제된다. 전문가들은 청동기시대로부터 초기 철기시대 사이에 그려진 그림이라는 견해를 제시했다. 주석이나 철이 아니면 이러한 그림을 새길 수 없었기 때문이다.[33] 이 지역 인근의 울산만에는 고래가 자주 나타날 정도로 바다자원이 풍부하다. 또한 내륙으로 들어가면 산세가 험난하여 온갖 짐승들이 번성했을 것이므로 늦은 시대까지도 수렵과 어렵 생활이 지속되었을 것으로 여겨진다. 바로 이상 두 지역의 암각화들이 이를 반증한다. 암각화들을 바라보고 있노라면, 마을 사람들이 바위 앞에서 벌였던 주기적인 축제가 머리에 떠오른다. 그것은 사냥의식으로서 희생제의와 감사제였음에 틀림없다. 자주 물에 잠기는 바위 앞 넓은 공간이 축제의 장소였을 것이다.

바위 밑에 제단이 마련되고, 그 제단 위에는 잡고자 하는 짐승고기 또는 짐승의 먹이를 제물로 올려 신에게 바쳤다. 그리고 나서 샤면과 촌장이 기원을 올렸다. 온 마을사람들의 동물춤과 동물노래가 모방적인 집단 마임으로 전개되었다. 온통 시끄럽고 번잡스러웠을 것이다. 그림들은 사람들의 몸짓과 소리와 노래와 가면들이 하나로 어울려 표현되었음을 시사한다. 신성하고 열렬한 고대의 마을축제가 자연스럽게 떠오른다.

천전리 유적이 대곡리 유적보다 연대가 다소 앞선다고 볼 수 있다. 작살의 형태로 보아 청동기시대에 가까우며 바다짐승 가운데 고래를 48점이나 조각한 것은 일반적인 어로의 단계라기보다는 농경사회 속에서 고래잡이가 이루어진 것을 반영한다. 바다거북이 등장하는 것도, 목책과 배가 보이는 것도 동일한 사회 생활상의 반영으로 볼 수 있다. 일상생활의 모습과 소망을 바위 위에 조각했고, 그러기에 이를 신성시했다

---

33) 임세권, 선사시대의 예술과 신앙, 한국고대사 입문, 도서출판 신서원, 2006, pp.135-170 참조

고 본다. 모두가 마을의 수호신 역할을 한 셈이다. 농경문화를 반영한 이런 암각화들은 유목문화가 깔려 있는 몽골 초원지대의 암각화들과 구별된다.34)

이상에서 지적한 이외에도 청동기시대의 여러 암각화(岩刻畵)를 들 수 있다. 먼저 지석묘(支石墓) 암각화를 보면, 영일 인비리와 칠포리, 경주 안심리, 함안 도항리, 여수 오림동의 지석묘의 개석(蓋石)에 석검, 석촉, 사람, 동심원 등의 조각이 나타난다. 지석묘는 청동기시대의 묘제(墓制)이므로 여기에 나타난 암각화는 피장자의 사후세계와 관련된 의미를 담고 있다. 석검과 석촉은 피장자를 생전과 같이 보호하고 사후에도 사악으로부터 호위하려는 뜻을 지닌다. 사람의 모습은 석검과 함께 그려져 있는데, 이것은 석검과 관련된 의식으로 여겨진다. 동심원(同心圓)은 태양을 상징하므로 사후에도 광명의 세계를 원하는 소망이 투영된 것으로 보인다. 이런 암각화를 통해서 피장자의 생전 지위와 그의 죽음을 둘러싼 주변 사람들의 지극한 추모의 감정을 읽을 수 있다. 또한 그의 장례를 위한 집단적인 공연을 상기할 수 있다.35)

패형가면(牌形假面) 암각화로는 고령 양전동과 안화리, 경주 금장대, 영천 보성리, 영일 칠포리, 남원 대곡리, 영주 가흥동의 것을 들 수 있다. 패형가면이란 여러 가지 방패모양의 가면(마름모꼴 원 삼각형을 조합한 기하학 무늬)을 일컫는다. 참고로 남원 대곡리의 암각화를 살펴보면, 음각으로 55×56 센치의 큰그림과 33×35 센치의 작은그림으로 남아 있다. 암각화 주변의 바위에는 크고 작은 구멍(性穴로 간주된다)이

---

34) 김정배, 동북아 속의 한국의 암각화, 한국사연구 99집, 1997, pp.1-30 참조
　　임세권, 숨겨진 바위그림의 세계/세계 속의 암각화, 문화재사랑, 2010.7, p.4, p.14 참조
　　이하우, 반구대 암각화, 문화재사랑, 2010.7, pp.10-13 참조
　　울산암각화전시관, 2008년 5월 30일 개관(울산시 언양읍 대곡리).
35) 김정배, 동북아 속의 한국의 암각화, 한국사연구 특집호별책, 1997, 12, pp.1-30 참조.

50여개나 있고, 남근(男根) 형상의 바위도 있다.36)

청동기시대에는 농경을 했다. 농경을 하는 청동기시대의 정치 사회 단계를 고려할 때, 정치와 종교의 지도자는 군장(君長)과 무인(巫人)이 었다. 자연과의 갈등을 다스리고 풍농을 기원하는 샤먼의 사회적 역할은 이 시대에 절대적인 지위였다. 인간상들이 보이지 않고 특정한 인물의 얼굴만이 패형가면으로 강조되어 나타나는 것을 샤먼의 존재로 보는 것은 이런 이유에서이다. 이는 일반인의 생활 속에 무속의 영향이 깊게 침투되면서 경외의 대상으로 샤먼의 가면이 점차 암각화에 나타나는 것으로 볼 수 있다. 그러므로 패형가면은 개인과 촌락, 그리고 집단의 안녕과 풍요를 기원하고 보호를 받고자 하는 기도의 상징이자 그런 상징을 응용한 마을의 축제가 전개되었음을 시사해준다.37)

2.3. 고대 기록에 나타난 공연

고대의 풍속, 제천(祭天), 제묘(祭廟)에 관한 기록들은 의식과 공연의 규모와 방식을 단편적으로 시사한다. 『후한서』 「동이전」(東夷傳) 서문에, '동이는 토착민으로서 술 마시고 노래하며 춤추기를 좋아했다. 중국이 예(禮)를 잃으면 사이(四夷 즉 동이)에게서 구했다.'고 했다.38) 고대 중국의 사서에서 동이는 한(漢)민족을 제외한 동방의 여러 부족을 지칭했다. 같은 책 「부여국」(夫餘國)에는, '섣달에 지내는 제천행사에는 연일 크게 모여서 마시고 먹으며 노래하고 춤추는 데, 그 이름을 영고(迎鼓)라 한다'고 했다.39)

---

36) 기사, 전북서 선사시대 암각화 발견, 경향신문, 1991, 6, 8 참조.
37) 김정배, 전게논문 참조.
38) 후한서, 동이전 서, 국사편찬위원회, 중국정사조선전(역주일), 국사편찬위원회, 2004, p.112.

60

같은 책 「고구려」에는, '무제(漢武帝)는 조선을 멸망시키고 고구려를 현으로 만들어서 현토에 속하게 하였으며 북과 현악기와 악공을 하사했다. 귀신, 사직, 영성에 제사지내기를 좋아하며, 10월에 하늘에 제사 지내는 큰 모임이 있으니, 그 이름을 동맹(東盟)이라 한다. 그 나라의 동쪽에 큰 굴이 있는데, 그것을 수신(隧神)이라 부르며, 또한 10월에 그 신을 맞이하여 제사 지낸다'고 했다.40) 같은 책 「예」(濊)에는, '해마다 10월이면 하늘 제사를 지내는데, 주야로 술 마시며 노래 부르고 춤추니, 이를 무천(舞天)이라 한다. 또 호랑이를 신으로 여겨 제사 지낸다'고 했다.41)

같은 책 「한」(韓)에는, '한은 세 종족이 있으니, 하나는 마한, 둘째는 진한, 셋째는 변한이다. 마한에서 해마다 5월에는 농사일을 마치고 귀신에게 제사를 지내는데, 낮이나 밤이나 술자리를 베풀고 떼지어 노래 부르며 춤춘다. 춤출 때에는 수십 명이 서로 줄을 서서 땅을 밟으며 [중국의 鐸舞와 같이]장단을 맞춘다. 10월에 농사의 추수를 끝내고는 또다시 이와 같이 한다. 여러 국읍(國邑)에는 각각 한 사람이 천신의 제사를 주재하는데, 그 사람을 천군(天君)이라 부른다. 또 소도(蘇塗)를 만들어 거기다가 큰 나무(솟대의 근원)를 세우고서 방울과 북을 매달아 놓고 귀신을 섬긴다. 진한의 풍속에는 노래하고 춤추고 술 마시고 비파뜯기를 좋아한다'고 했다.42)

---

39) 후한서, 동이전, 부여국, 전게서, p.127.
　　삼국지, 동이전, 부여, 전게서, p.213.
40) 후한서, 동이전, 고구려, 전게서, p.138 참조
　　삼국지, 동이전, 고구려, 전게서, pp.236 참조
　　양서, 동이전, 고구려, 전게서, p.459 참조
41) 후한서, 동이전, 예, 전게서, p.155 참조
　　삼국지, 동이전, 예, 전게서, p.276 참조
42) 후한서, 동이전, 한, 전게서, pp.160-161 참조
　　삼국지, 동이전, 한, 전게서, p.286 참조

『삼국지』「동이전」서문에, '[동이에 대하여] 비록 오랑캐 나라(우랑카이 종족이 세운 부족국가, 동이족의 하나)이기는 하지만, 도마와 그릇(俎豆)을 쓰는 예절이 남아 있으니, 중국이 예를 잃으면 사이(四夷)에게 구한다는 것을 더욱 믿을 수 있다고 했다.43) 같은 책 「고구려」에는, '한(漢)나라 때 북과 피리와 악공(技人, 伎人)을 주었다고 했다.44) 같은 책 「변진」에는, '이 나라의 풍습은 노래하고 춤추며 술 마시기를 좋아한다. 비파가 있는데, 그 모양은 축(筑)과 같고 연주하는 음곡도 있다. 귀신을 제사 지내는 방식이 달라서 문의 서쪽에 모두들 부엌신(竈神)을 모신다고 했다.45)

이상은 모두 중국 고대 사서에서 한국인을 그린 내용들이다. 중국의 한족은 한국인의 조상을 동이·사이·오랑캐 등으로 불렀던 것이다. 술 마시고 노래하고 춤을 즐기는, 유희본능이 아주 강한 부족들로 묘사되었고, 이러한 유희본능이 천신제를 주축으로 한 축제를 통해서 일찍부터 공연예술을 발전시켜 왔음을 밝혔다. 예에서 호신제(虎神祭)를 올렸다고 한 것은 단군신화에 나란히 등장하는 곰토템 부족에 대한 범토템 부족을 입증하는 귀한 자료로서 오늘날까지 전승되는 호신사상의 뿌리를 확인케 한다. 또한 서낭당의 원형인 소도와 신목(신대)의 원형인 '신성한 나무 세우기'의 시작도 알 수 있다.

『삼국유사』탑상(塔像) 분황사천수대비 맹아득안(盲兒得眼)에, 실명했던 아이가 부처님 앞에서 노래를 불러 다시 눈을 뜨는 이야기가 전한다. 경주 한기라에 살았던 희명의 아이는 다섯 살에 갑자기 실명했다.

진서, 동이전, 마한, 전게서, pp.331-332 참조
손진태, 소도고, 조선 민족문화의 연구, 을유문화사, 1948, pp.182-223 참조
43) 삼국지 동이전 서문, 전게서, p.199 참조
44) 삼국지, 동이전, 고구려, 전게서, p.235 참조
45) 삼국지, 동이전, 변진, 전게서, p.288 참조
    진서, 동이전, 진한, 전게서, p.341 참조

희명은 분황사 좌전 앞에 있던 천수대비불상 벽화에서 아이로 하여금 노래를 부르게 했다. 천수대비는 천 개의 손과 그 손바닥마다 천 개의 눈이 박혀 있다고 한다. '두 눈이 없는 내게 눈을 주신다면 그 자비로움 얼마나 크겠습니까' 하는 간절한 소망이었다.[46]

같은 책, 감통(感通) 월명사 〈도솔가〉에, 하늘에 두 개의 해가 떠서 열흘 동안이나 사라지지 않았을 때 월명 스님이 노래를 불러 변괴를 정상화시켰다는 이야기가 있다. 또한 월명 스님이 돌아가신 누이의 제사를 지낼 때 노래를 불렀는데 지전(紙錢)이 날려 서쪽으로 사라졌다. 스님은 사천왕사에 거처했고 피리를 잘 불었다. 한 번은 그 피리소리에 달이 운행을 멈춘 적도 있었다고 한다.[47]

같은 책, 융천사 〈혜성가〉에, 신라의 세 화랑이 낭도들을 거느리고 금강산에 수련을 떠나려 하다가 불길한 징조를 당했다. 하늘에 혜성이 나타나서 중요한 별자리인 심대성을 범한 사건이다. 화랑들은 출행을 포기하려 했다. 그 때 융천 스님이 나타나서 노래를 불러 주었다. 스님의 노래에 혜성이 사라졌을 뿐만 아니라 때마침 침범해 오던 일본군도 놀라서 본국으로 돌아가 버렸다고 한다.[48] 이상과 같은 신라의 노래를 당시 향가라 했다. 향가와 피리 소리는 서정적인 노래로서뿐만 아니라 이처럼 신령스러운 효력을 나타내었다.

다음으로 중국 및 국내 고대 사서에 나타난 상장례와 묘제 풍속을 살펴보기로 한다. 『후한서』「동옥저」에, '장사(葬事)를 지낼 적에는 큰 나무로 곽(槨)을 만든다. 길이가 10여 장(杖)이나 되며 한쪽 끝 부분을 열어 놓아 문을 만든다. 사람이 죽게 되면 시체는 우선 임시로 매장하여 가죽과 살을 모두 썩게 하고 뒤에 뼈만 추려 곽 속에 안치한다. 온 집안

---

46) 삼국유사, 권3, 탑상, 분황사천수대비 맹아득안 참조
47) 삼국유사, 권5, 감통, 월명사 도솔가 참조
48) 삼국유사, 권5, 감통, 융천사 혜성가 참조

식구의 유골을 모두 하나의 곽 속에 넣어 두며 살아 있을 때와 같은 모습으로 목상(木像)을 새기는데 죽은 사람의 숫자대로 한다고 했다.49) 같은 책 「부여국」에, '사람 죽어 장사지낼 적에는 곽은 사용하지만 관(棺)은 쓰지 않는다. 사람을 죽여 순장(殉葬)을 하는데 많을 때는 백 명이나 된다. 그 나라 왕의 장사에는 옥갑(玉匣)을 사용한다'고 했다.50)

『삼국지』「부여」에, '사람이 죽으면 다섯 달 동안 초상을 지내는데 (시체를) 오래 둘수록 영화롭게 여긴다. 죽은이를 제사하는 데는 음식을 익히거나 날것으로 한다. 상주는 되도록 빨리 장사를 지내려 하지 않지만 타인들이 억지로 만류하기에 언제나 실랑이를 벌이는 것으로써 예절을 삼는다. 상을 입는 동안에는 남녀가 모두 흰옷을 입고, 부인은 면의(面衣)를 착용하며 반지나 패물 따위를 몸에서 제거하거니, 이런 풍속은 중국과 대체로 비슷하다고 했다.51)

같은 책 「동옥저」에, '사람이 죽으면 시체는 모두 가매장을 하되, 겨우 형체가 덮일 만큼 묻었다가 가죽과 살이 다 썩은 다음에 뼈만 추려 곽 속에 안치한다. 온 집식구들 뼈를 하나의 곽 속에 넣어 두는데 죽은이의 숫자대로 살아 있을 때와 같은 모습으로 나무로써 모양을 새긴다. 또 질솥에 쌀을 담아서 곽의 문 곁에다 엮어 매단다'고 했다.52) 같은 책 「변진」에, '장사지낼 때는 큰 새의 깃털을 사용한다. 그것은 죽은 사람이 새처럼 날아다니라는 뜻이다'라고 했다.53)

『진서』「부여국」에, '사람이 죽으면 산 사람을 무덤에 순장(殉葬)한다. 관(棺)은 사용해도 곽은 없다. 상을 치르는 동안 남녀가 모두 흰 옷

---

49) 후한서, 동이전, 동옥저, 전게서, p.149 참조
50) 후한서, 동이전, 부여국, 전게서, p.127 참조
51) 삼국지, 동이전, 부여, 전게서, p.214 참조
52) 삼국지, 동이전, 동옥저, 전게서, p.259 참조
53) 삼국지, 동이전, 변진, 전게서, p.288 참조

을 입는데 부인은 베로 만든 면의를 착용하며 옥으로 만든 패물은 차지 않는다고 했다.[54] 같은 책 「숙신씨」에, '사람이 죽으면 그 날로 들판에 내다 장사를 지낸다. 나무를 짜 맞추어 작은 곽을 만들고 그 위에 돼지를 잡아 올려놓는다. 죽은이가 먹을 양식(糧食)이라는 의미다. 사람들의 성질은 흉악하고 사나와서 근심하고 슬퍼하지 않는 것을 숭상한다. 부모가 죽어도 남자는 곡(哭)을 하지 않는데 곡하는 사람은 씩씩하지 못하다고 여긴다'고 했다.[55] 『북사』「신라전」에는 '사람이 죽으면 염습하여 관에 넣고 시체를 땅에 묻고는 봉분을 세운다. 왕과 부모 및 처자의 상에는 1년간 복을 입는다'고 했다.[56]

이상의 기록에서 고대인들의 육탈장(肉脫葬), 관식과 곽식의 장례, 백의 관식[白衣冠], 죽은이의 목우상(木偶像), 죽은이의 영생을 위한 제물, 새와 영혼의 관계, 신분에 따른 순장, 죽은이에 대한 슬픔의 극복 등 여러 가지 정보를 얻을 수 있다. 고구려시대에 유화부인의 영혼을 부여신상, 주몽의 영혼을 고등신상으로 안치했다고 했는데 그보다 앞선 고대인들의 목우상 풍속이 존재했음을 알 수 있다. 나아가서는 오늘날에도 섬 지역에 잔존하는 초분장(草墳葬)들이 아득한 고대부터 이어져 온 것을 알 수 있다.

고대의 상장례 풍속 가운데서 특히 주목하게 하는 것은 상가악(喪家樂)이다. 『수서』「고구려」에, '사람이 죽으면 집 안에 안치해 두었다가 3년이 지난 뒤에 좋은 날을 가리어 장사를 지낸다. 부모 및 남편의 상에는 모두 3년 복을 입고 형제의 (경우는) 3개월간 입는다. 초상에는 곡(哭)과 읍(泣)을 하지만 장사지낼 때에는 북치고 춤추며 풍악을 울리면

---

54) 진서, 동이전, 부여국, 전게서, p.320 참조
55) 진서, 동이전, 숙신씨, 전게서, pp.346-347 참조
56) 북사, 열전, 신라전, 전게서, 국사편찬위원회, 중국정사조선전(역주이), 국사편찬위
    원회, 2004, p.98.

서 장송한다고 했다.57) 『북사』「고구려」에도 같은 내용이 전한다.58)

『삼국사기』「열전」 김유신(金庾信 595-673)에, '그해(673년) 7월 1일에 그는 세상을 떠났다. 78세였다. 왕(문무왕)은 부고를 듣고 몹시 슬퍼하며 비단 1천 필, 벼 2천 석을 부의로 보내 장사의 비용에 쓰게 했고, 군악대 1백 명을 보내어 주악(奏樂)케 하며 금산원에 장사 지냈다고 했다.59) 오늘날 상가악에 관한 잔재는 전라남도 진도의 〈다시라기〉라는 호상(好喪)놀이에서도 발견된다.60)

앞서 부여의 순장제를 지적했지만 북방의 흉노(匈奴)에도 순장제도가 있었다.61) 순장제란 왕이나 귀족이 죽었을 때 그 처와 종자(從者)들을 산 채로 무덤에 함께 매장했던 제도이다. 이 제도는 신라 지증왕(智證王) 때인 502년에 폐지되었다.『삼국사기』기록에 '왕은 순장을 금하라는 영을 내렸다. 이는 전왕(前王)이 돌아가시자 남녀 각각 5명씩 순장을 했는데 이에 이르러 금지한 것이다'라고 했다.62)

신라에서 서기 6년 남해왕은 부모인 혁거세와 알영이 사망하자 추모하기 시작했고 이것이 시조제(始祖祭)로서 전승되었다.63) 아들이 부모의 제사를 지낸 것은 당연한 의식이었지만 시조제는 그 후 박씨가 아닌 석씨와 김씨, 즉 성씨가 다른 왕계가 집권한 경우에도 계속되었다. 그러므로 시조제는 혈족추모행사의 반복만으로 볼 수 없고 매년 4회씩 거행되었다.64) 특히 연초에 거행되는 행사에는 왕이 친히 참가했는데 이는

---

57) 수서, 동이열전, 고구려, 전게서, p.135 참조
58) 북사, 열전, 고구려, 전게서, pp.63-64 참조
59) 삼국사기, 권41, 열전, 김유신, p.463; 김부식, 김종권 역, 명문당, 1988 참조
60) 서연호, 한국전승연희의 원리와 방법, 집문당, 1997, pp.200-204 참조
61) 박원길, 북방민족의 샤마니즘과 제사습속, 국립민속박물관, 1998, p.50 참조
62) 삼국사기, 권4, 신라본기, 지증마립간 참조
　　三年春三月, 下令禁殉葬, 前國王薨, 則殉以男女各五人, 至是禁焉.
63) 삼국사기, 권1, 신라본기, 남해차차웅 3년 참조
64) 삼국사기, 권32, 지, 제사 참조

계절제(季節祭)였음을 말해준다. 이 제사는 495년에 나을신궁(奈乙神宮)이 완공되고 나서 신궁제를 지내기 시작할 때까지 490년 동안 국가적인 행사였다. 시조제는 경주시 탑정동에 있는 통칭 신라 5릉 앞에서 연행되었을 것이다.[65]

시조제는 새 왕의 등극을 널리 공표하고 그 기념으로 죄인들을 풀어주는 행사도 함께 했다. 또한 국조(國祖)추모제, 새 왕의 등극을 하늘에 알리는 제의[新王告天祭], 풍농을 위한 계절제, 주변 부족들의 결속을 위한 행사라는 복합성을 지니고 있었다. 이 가운데서 풍농계절제와 부족결속제는 단순한 제례로 끝나지 않고 당연히 민중들이 참여하는 축제로 진행되었을 것이다. 연중 계절마다 4회의 행사가 성격을 조금씩 달리 한 것을 고려하면 신라에서 크고 작은 축제들이 성행했음을 알 수 있다. 이 축제를 통해 신라의 노래와 춤이 발전해 온 것은 재론의 여지가 없다.

일본의 천황가에서는 매년 니이나메사이(新嘗祭)라는 제의를 거행한다. 이 제의는 천황이 새로 수확한 햅쌀로 밥을 지어 신에게 감사를 올리고 가족들이 그 햅쌀밥을 서로 나누어 먹는 의식이다. 이 의식은 사람들에게 양식을 내려준 곡신에 대한 절대적인 추앙과 씨앗 즉 곡신과 천황이 공식(供食)을 통해 일체를 이룸으로써 성스러움을 회복하는 의미를 내포하고 있다. 일찍이 혁거세가 종자신 또는 부활신으로 추앙되었듯이, 일본의 천황가에서도 동일한 제의가 전승되어 온 것이다.[66]

고구려에서는 대무신왕대에 시조묘를 세웠고, 또한 종묘를 세우고 영성(靈星)과 사직(社稷)에 제사했다는 기록이 보인다.[67] 백제에서는 시

---

65) 5능은 혁거세왕, 알영왕비, 2대 남해왕, 3대 유리왕, 4대 파사왕의 무덤으로 추정한다. 능(陵)은 왕과 왕비의 무덤, 원(園)은 왕의 직계가족이 묻힌 무덤, 묘(墓)는 일반인이 묻힌 무덤, 총(塚)은 왕과 왕비가 묻힌 곳으로 추정되는 무덤, 분(墳)은 유물만 출토된 무덤을 지칭한다.

66) 諏訪春雄, 전게서, pp.22-23 참조

조 온조왕대에 시조묘로 동명왕묘를 세웠다.[68] 온조왕은 아버지이자 고
구려를 건국한 동명왕(주몽)을 백제의 시조로 받든 것이다. 동명왕은 전
비의 몸에서 낳은 유리왕자를 태자로 삼았다. 후비의 몸에서 낳은 비류
왕자와 온조왕자는 남하하여 다니던 중에 비류는 미추홀(지금의 인천)
에 자리를 잡았고, 온조는 하남의 위례성(지금의 하남시)에서 백제를 건
국했다.[69] 천신에 대한 백제의 제사에서는 북과 나팔을 사용했고 지신
에 대한 제사는 오제신(五帝神, 동서남북중의 방위신)을 대상으로 했
다.[70]

　공연예술에 관한 고대의 기록들은 이처럼 모두 단편적이다. 그러나
사람들이 태어나 어른이 되고, 결혼을 해 살다 죽기까지, 일생의 숱한
과정(통과의례)에는 음악, 노래, 춤, 연극 같은 공연들이 일상생활과 뒤
섞여 있었음을 여실히 알 수 있다. 규모가 작으면 놀이판이 되고, 규모
가 커지면 축제판이 되었던 것이다. 삶의 공연화가 그들의 즐거움이었
고, 죽음의 축제화가 그들의 신앙의식이 되었다.

2.4. 불교기악과 고구려 고분벽화

　고대 문헌에 기(伎)라는 용어가 자주 나타난다. 『삼국지』「고구려」
기록에 '한(漢)나라 때 북치고 피리 부는 기인(伎人)을 보내 주었다. 고
구려 사람들은 노래하고 춤추기를 좋아한다.'고 했다.[71] 『수서』「음악

---

67) 삼국사기, 권14, 고구려본기, 대무신왕조 참조
　　삼국지, 동이전, 고구려조 참조
68) 삼국사기, 권23, 백제본기, 온조왕조 참조
69) 삼국사기, 전게서 참조
70) 삼국사기, 권24, 백제본기, 고이왕 참조
　　수서, 동이전, 백제전, p.216 참조
71) 삼국지, 동이전, 고구려, 이민수 역, 조선전, 탐구신서, 1974, pp.84-85 참조

68

지」기록에 '수나라 문제(文帝) 때 7부악을 정해 두었다. 7부악은 국기
(國伎), 청상기(清商伎), 고려기(高麗伎), 천축기(天竺伎), 안국기(安國
伎), 구자기(龜玆伎), 문강기(文康伎) 등이다. 이 외에 소륵(疎勒), 부남
(扶南), 강국(康國), 백제, 돌궐, 신라, 왜국 등에도 기악이 있다고 했
다.[72]

기(伎, 재주)・기(技, 재능)・기(妓, 기생)는 혼용된 경우가 많았다. 오
늘날 기(伎)는 별로 사용하지 않고 기(技)와 통일하여 쓴다. 고대 중국에
서 기악(伎樂)은 예술, 예능, 예기(藝技)와 동일한 의미로 사용되었다.
공연예술의 양식이나 사회적인 역할이 아직 분화되기 이전에 모든 예
술양식들을 기악으로 통칭했기 때문이다. 그러나 인도에서 불교가 전파
된 이후에 기악은 불교예술을 포함한 개념으로 확장됨으로써 일반인들
에게 의미의 혼동을 일으키게 했다.

기악이 불교예술만을 지칭하는 경우에 불교기악이라고 했다. 불교기
악이라고 해도, 그 다양한 양식들의 보통명사이므로 자주 의미의 혼동
을 가져왔다. 많은 사람들이 기악을 각기 다르게 인지하고 있는 것은
잘못이 아니라 기악의 범주가 그만큼 넓었던 까닭이다. 중국의 불교 수
용은 기원전 2년 무렵이라는 기록이 있지만 실제로 기원전 1세기 후한
(後漢)시대에 대상들과 함께 중앙아시아를 경유하여 전파되었다.[73] 불
교의 성립과 더불어 만들어진 기악은 인도 북부(현 네팔지역)로부터 오
늘날의 부탄, 티베트, 몽고, 중국, 한국, 일본 등 동서루트[실크로드] 지
역으로 전파되었다.[74] 이 지역의 문헌에 나타나는 기악공양(供養), 기악
다례(茶禮), 기악법회(法會), 기악예불(禮佛) 등이 그것이다.

---

72) 삼국지, 수서, 음악지, p.203 참조.
73) 鎌田茂雄, 東アジアの佛教儀禮, 東アジアにおける民俗と宗教, 吉川弘文館, 1981,
   p.3 참조.
74) 실크로드라는 용어는 1877년 독일의 리흐트호펜이 처음 사용했다.
   위안싱페이, 장연 역, 중국문명대사야(2), 김영사, 2007, p.285 참조.

동서루트의 사이에 거대한 타클라마칸사막이 가로 놓여 있다. 타클
라마칸사막은 동쪽의 돈황(敦煌)에서 서쪽의 카슈가르까지 1천7백 킬로
미터나 된다. 돈황은 동서루트에서 가장 중요했던 거점이다. 불교의 전
파에도 예외가 아니었다. 현존하는 돈황석실의 불교그림은 인류의 문화
유산으로 높이 평가되고 있는데 그림 가운데 묘사된 기악그림[伎樂圖]
은 공연예술과 관련하여 특히 주목된다. 수당오대(隋唐五代)에 조성된
제5굴, 제98굴, 제146굴에는 북을 치는 기악보살들의 그림이 들어있다.
당나라 초기부터 말기까지 조성된 제25굴의 북을 치는 기악보살도, 제
220굴, 제320굴, 제468굴의 춤추는 기악보살도 등은 동서루트를 통한
기악의 전파를 분명히 말해준다.75)

최근 동서루트 주변의 고분지역에서는 여러 가지 가면들이 발견되었
다. 타클라마칸사막의 동쪽 소하묘지(小河墓地, 古代樓蘭)에서는 인면
목가면(人面木假面), 인물목상(人物木像), 장수의(長袖衣) 등이 발견되
었다. 견직(絹織)으로 된 이 노랑 저고리 장수의는 넓고 흰 동정, 붉은
줄이 겨드랑이와 어깨를 감은 회장(回裝), 그리고 소매끝에는 흰 한삼이
그대로 붙어 있다. 지금도 우리가 사용하는 무복(舞服)을 연상시킨다.
누란 서쪽 영반묘지(營盤墓地)에서는 금박백인면가면(金箔白人面假面)
이 발굴되었다. 천산산맥 북방 파마묘지(波馬墓地)에서는 금판인면가면
(金版人面假面)이 발견되었다. 기악에 가면극이 포함된다는 사실과 아
울러 이런 가면들의 제작방법이 한국의 가면들과 유사하다는 점에 주
목하지 않을 수 없다.76)

천산북로(天山北路) 투르판 초원지역의 보마고분(현 신강위구르자치

---

75) 고금영, 돈황벽화의 무용자태에 함유된 고려악의 자취, 아시아태평양 국제학술회
   의 논문집, 부산국립국악원, 2010.10, pp.197-206 참조.
76) 野村万之丞, マスクロ-ド(幻の伎樂再現の旅), 일본방송출판협회, 2002, pp.147-186
   참조.
   圖錄, 新シルクロ-ド展, 東京都江戸東京博物館, 2005.4 참조.

구 서북변)에서 발견된 유물 가운데 여성들의 화장도구와 황금가면, 아스타나(阿斯塔那)고분에서 발견된 불경, 묘주(墓主)의 생활도, 복희여왜도(伏義女媧圖), 기악도, 목인형, 각종 토목우용(土木偶俑) 등은 한국문화와 관련하여 주목된다. 정교한 화장도구는 여성문화의 일단을 볼 수 있고, 흡사 〈양주별산대탈춤〉의 모습을 연상시키는 황금가면은 코밑수염과 턱수염 부분에 세공된 귀석을 붙이고 있다. 3, 4세기 사이에 조성된 서진(西晉)의 묘주(墓主)생활도는 고구려고분의 벽화를 보는 듯하다.

복희여왜도는 동양에서 천지창조의 신화를 그린 것으로 가치가 있다. 기악도는 거문고와 같은 악기를 든 화려한 복식의 인물상인데 동아시아에 전파된 기악의 고형을 보여 준다. 나무를 얇게 깎아 만든 목인형(붓으로 쓴 대리인이라는 글씨가 선명하다)은 한국의 경우와 같이 주술용으로 보인다. 각종 토용과 목용, 십이지형(十二支形) 역시 한반도에서 발견된 것들과 제작법이 유사하다. 1960년 섬서성 건현(乾縣) 영태(永泰) 공주묘(706년 조성)에서 발견된 호인기마용(胡人騎馬俑)은 신라의 경주에서 발견된 유물과 흡사하다.[77]

통칭 기악이라고 했지만 워낙 넓은 지역에 장시간에 걸쳐 여러 가지 양식들이 전파되고 보니 지역마다, 시대마다 기악의 양식과 내용은 달랐다. 심지어는 한반도 내에서도 고구려, 백제, 신라에서 기악은 조금씩 다른 모습으로 전승되었다. 서기 357년에 만들어진 고구려 안악 제3호분 주악도(奏樂圖)에는 기악의 그림이 선명하게 나타나 있다. 이 고분은 372년에 전진(前秦)의 승려인 순도(順道)가 불상을 가지고 고구려에 들어오기 이전에 축조된 것임을 상기할 필요가 있다. 4세기 초에 밀교(密敎)로 불교가 전파되었음을 시사해준다.[78] 서기 366년에 죽은 진나라의

---

77) 서연호, 실크로드 탐방과 NHK, 일본문화예술의 현장, 도서출판 문, 2008, pp.345-349 참조

78) 삼국사기, 권18, 고구려본기, 소수림왕 참조

승려 지둔(支遁)은 이름을 밝히지 않은 채 "그 고구려 스님의 불심은 깊다."라는 편지를 남겨 놓기도 했다.[79]

안악 제3호분 주악도(奏樂圖)에는 무릎을 꿇고 앉은 현악기 연주자, 완함(또는 비파) 연주자, 장적(長笛) 연주자, 그리고 X자로 다리를 꼬고 서서 가면을 쓰고 춤추는 무용수가 들어 있다. 이 X자의 춤자세는 인도무용 바라타나티암(Bharathanatyam)의 기본 자세이다. 현악기에 대하여는 거문고, 금(琴), 쟁(箏)이라는 주장이 나왔다. 장적은 실크로드 주변의 여러 지역에서 사용된 악기이다. 무용수의 코가 유난히 큰 것으로 미루어 서역인의 모습이 분명하다.[80]

372년에 고구려에 불교가 수용되었다는 기록은 국가적인 공인을 의미한다. 앞서 지적한 대로 그 이전에 불교는 고구려의 민간에 전파돼 있었다. 고분벽화를 살펴보면 단순한 중국기악의 전파에 그치지 않고, 고구려에서 불교회화와 불교음악에 대한 상당한 창조적 변화가 이루어진 것을 확인할 수 있다. 벽화의 내용들은 다양하지만 죽은이의 영혼이 머무는 극락정토를 재현하여 그리고자 한 점에서는 대체로 일치한다. 고분 전체를 연꽃으로 감싸고 있는 것이다. 동서루트 주변의 고분과 고구려 고분들에 공통적으로 나타나는 벽화인 기악비천도(伎樂飛天圖)는 죽은이의 영혼 등천(靈魂登天), 극락 천도(極樂薦度)의 기원을 신비롭게 드러낸다.[81]

고구려 고분 강서중묘(江西中墓)에는 주작도(朱雀圖)가 들어 있다. 이 그림은 중국 고대 신화에 등장하는 삼족오(三足烏)처럼 고대인들의 주술사상을 확인케 한다. 새를 나타내는 글자는 추(隹)를 붙이는 경우가

---

79) 梁高僧傳, 竺潛傳/海東高僧傳, 釋亡名傳 참조.

80) 전인평, 고구려 음악 다시 보기, 전통공연예술의 재조명, 박이정, 2005, pp.223-253 참조.

81) 사진집, シルクロ-ド(2), NHK취재반, 1981, pp.131-135 참조.

많은데 이것은 새의 울음소리를 모방한 것이라 한다. 새는 바람을 타고 지상에서 하늘로 날아오를 수 있어 고대인들에게 신성한 존재로 인식되었다. 특히 태양신으로 추앙되었다. 붉은 참새인 주작은 세 발 달린 까마귀 삼족오에 비유되는 것이 분명하다. 세 발은 일출할 때의 태양, 대낮의 태양, 일몰할 때의 태양을 각각 상징했다. 주작을 통해서 죽은이의 영혼이 하늘로 승천하기를 기원하는 장례의식이 한국의 고대인들에게도 전승되었음을 알 수 있다.[82]

백제는 384년에 인도의 고승 마라난타(摩羅難陀)가 동진(東晋)으로부터 황해를 건너 와 광주의 남한산에 머물면서 불교 전파를 시작했다. 교리와 함께 불교의식들도 전파되었을 것이다. 그 당시 인도승을 호승(胡僧)으로 기록한 것은 중국을 경유했기 때문일 것이다. 기록에는 나타나지 않지만 마라난타는 어떤 형식이든 인도식 기악을 백제에 전했을 것으로 여겨진다.[83]

고구려와 백제보다 늦게 신라에서도 불교기악을 수용한 기록이 보인다. 서기 512년에 이사부(異斯夫)가 우산국을 정벌하기 위하여 나무사자(木偶師子)로 위협했다는 기록이 있다. 이전에 기악사자가 수용되어 널리 알려졌음을 의미한다.[84] 가야의 악사 우륵(于勒)은 대가야가 멸망하기 이전인 551년에 신라에 투항하여 가야금의 전통을 신라에 계승시켰다. 그가 아직 가야에 살고 있을 때 가실왕의 명령에 따라 12곡을 지었다. 그중에 제8곡은 사자기(師子伎)였다.[85]

---

82) 白川靜, 漢字の世界, 平凡社, 1976 참조.
   고인덕 역, 한자의 세계, 솔출판사, 2008, pp.32-33 참조.
   白川靜・梅原猛 對談, 呪の思想, 平凡社, 2000 참조.
   이경덕 역, 주술의 사상, 사계절, 2008, pp.147-148 참조.
83) 삼국사기, 권24, 백제본기, 침류왕 참조.
84) 삼국사기, 권4, 신라본기, 지증마립간 13년 참조.
85) 삼국사기, 권4, 신라본기, 진흥왕 12년 참조.

이같은 사자는 사자무(獅子舞)에서 비롯된 내용임이 분명하다. 576년
에는 신라의 안홍법사(安弘法師)가 수나라에 들어가 불법을 배우고 귀
국할 때 인도승 비마라(毗摩羅)와 더불어 불경을 가지고 귀국했다.86)
755년 완성된 신라 연기법사(緣起法師)의『신라화엄사경조성기』발문
에는 푸른 옷을 입은 어린이와 네 명의 기악인이 기악을 연주했다는 기
록이 있다.87)

문무왕(文武王 661-681) 때의 기록을 보면, 비파를 연주하고 다니며
포교하는 승려들이 많이 있었음을 알 수 있다.88) 당시 비파곡이 212곡
이나 있었던 점으로 미루어 연주가 매우 성행했음을 짐작할 수 있다.
다만 일본에서처럼 비파승들을 포교자로서만이 아니라 대중적인 이야
기꾼[說經師]으로 볼 수 있는 자료는 아직 발견되지 않는다.89)

9세기 중엽 최치원(崔致遠 857-?)이 지었다는「향악잡영 5수」(鄕樂雜
詠五首) 중에서 대면(大面), 속독(束毒), 산예(狻猊)는 탈춤이다.90) 이러
한 기록들은 모두 기악의 수용을 입증해 주고 있다. 대면에서 황금색
탈을 쓰고 손에 구슬 달린 채찍을 든 사람은 귀신을 부리듯이 춤을 춘
다.91) 이 대면은 중국문헌에 의하면 북제(北齊)의 난릉왕(蘭陵王)으로부
터 비롯되었고, 유칭(類稱)이지 극명(劇名)이 아니다. 신라의 대면은 당
나라 서량기(西涼伎)의 사자랑(獅子郎)의 춤이 수입되어 변형한 것이라

　　삼국사기, 권32, 지, 악 참조
86) 삼국사기, 권4, 신라본기, 진흥왕 참조
87) 신라 경덕왕 13년 8월부터 14년 2월까지 제작된 책.
　　大方廣佛華嚴經, 권제50 참조
88) 삼국유사, 권2, 기이, 문호왕법민, 거득공 참조 公著緇衣 把琵琶 爲居士形 出京
　　師.
89) 셋쿄(說經)는 음악으로 설경하는 승려를 지칭한다.
　　河竹繁俊, 日本演劇全史, 岩波書店, 1979, pp.217-222 참조
90) 삼국사기, 권32, 지, 악 참조
91) 黃金面色是其人 手抱珠鞭役鬼神.

는 해석이 있다.[92)

속독에는 엉크러진 머리에 남색탈을 쓴 이상한 사람들이 등장한다. 그들은 대열(隊列)를 지어 뜰로 나와 난새(鸞)처럼 춤을 추었다.[93) 속독과 가장 근사한 것은 당희(唐戱) 소막차(蘇莫遮) 중의 혼탈대무(渾脫隊舞)이다. 그것은 군진의 위세와 전쟁장면 등을 상징했던 춤이다. 당의 소막차가 일본의 소막자(蘇莫者)와 거리가 있는 것처럼 신라의 속독은 혼탈대무의 변신으로 신라화(新羅化) 된 것이라는 해석이 있다.[94)

산예(狻猊)에는 털가죽이 다 해지고 먼지가 뿌옇게 낀 사자탈이 머리를 흔들고 꼬리를 치며 춤을 춘다.[95) 이것은 오방사자(五方獅子)나 구두사자(九頭獅子)가 아니라 서량기의 사자무라고 본다.[96)

당나라로부터 문화수용이 빈번해진 가운데 이처럼 종래의 전투적이고 벽사적인 탈춤들이 신라에서는 이국 취향의 축제적인 탈춤으로 변용되고 있었음을 알 수 있다. 일본에서 12세기에 집대성된『신서고악도』(信西古樂圖)에는 고대의 연희들이 그림으로 잘 묘사돼 있다. 그림 가운데 하나가 신라박(新羅狛)이다. 동물의 외형 전체를 가면으로 만들고 그 속에 사람이 들어가 서서 춤을 추고 있는 모습이다. 특이한 것은 머리 부분만이 아니라 앞발, 뒷발, 꼬리까지 여섯 군데가 동일한 동물형상(動物形象)으로 만들어진 점이다.

일본에서 박(狛)은 사자의 변형으로 해석되고 있다.[97) 필자는 이 신라박을 신라에서 일본으로 건너간 사자무의 전파로 해석한다. 사자와

---

92) 金學主, 韓中 두 나라의 歌舞와 雜戱, 서울대출판부, 1994, pp.84-88 참조.
93) 蓬頭藍面異人間 押隊來庭學舞鸞.
94) 김학주, 韓中 두 나라의 歌舞와 雜戱, pp.88-93 참조.
95) 衣破盡着塵埃. 搖頭掉尾馴仁德.
96) 김학주, 韓中 두 나라의 歌舞와 雜戱, pp.93-94 참조.
97) ねずてつや, 狛犬學事始, ナカニシヤ出版, 1994, pp.177-202 참조.
    上杉千鄕, 狛犬事典, 戎光祥出版, 2001, pp.100-114 참조.

가장 근사한 모습을 보여주기 때문이다. 향악과 백희가무(百戱歌舞)는 동시대의 당악(唐樂)과 산악백희(散樂百戱)에 대응하는 의미로 사용했다. 이상의 향악잡영 3수 종목을 포함해서, 탈춤이 아닌 금환(金丸)과 월전(月顚)까지도 당악이나 서역악의 영향을 짙게 받은 것으로 밝혀졌다. 그럼에도 불구하고 향악이라고 한 까닭은 무엇일까.

몇 줄의 시귀 이외에 공연자료가 없어 구체적으로 알 수 없지만 당시 최치원의 눈에 비친 잡희(雜戱)들이 그가 당나라에서 본 공연과는 다르게 신라의 탈춤과 음악과 춤사위로 변신, 변형, 변용되었음을 시사하는 것으로 볼 수 있다. 인도 기악이 중국으로, 중국에서 다시 한반도로 수용되어 재창작되었음을 말해준다.

『구당서』「음악지」 기록에 ‘송(宋)나라에 고구려와 백제의 기악이 있었다. 북위(北魏)는 북연(北燕)을 평정하고 기악을 얻었으나, 미처 갖추지는 못했다. 북주(北周)가 제(齊)나라를 멸망시키자 고구려와 백제는 기악을 헌납했다고 했다.[98]

『구당서』「음악지」 기록에 수나라 문제(文帝 581-600)는 개국하자 악제(樂制)를 칠부기(七部伎)로 개편하였는데, 고려기(高麗伎)를 포함시켰다. 고려기는 고구려의 기악을 지칭한다. 앞서 소개한 『수서』「음악지」와 동일한 내용이다. 양제(煬帝 605-616)는 칠부기를 개정하여 구부기(九部伎)를 설치하였는데 역시 고려기가 들어 있었다. 이처럼 칠부기나 구부기에 고구려기만 들고 백제의 기악이 제외된 것은 수나라에서 백제기를 중시하지 않았기 때문일 것이다. 구부기에서 제외된 백제기는 동시대의 역사서에도 소개되었다. 투호(投壺), 위기(圍碁), 저포(樗蒲), 악삭(握槊), 농주(弄珠) 등을 연행했다는 기록이다.[99]

역시 『구당서』「음악지」 기록에 당나라 태종(太宗 627-649) 때 수나

---

98) 구당서, 음악지, 고구려, 백제 참조
99) 구당서, 음악지, 고구려, 백제 참조

라의 구부기를 십부기(十部伎)로 개편했다. 고창기(高昌伎)가 새로 추가
되었던 것이다. 당나라에서 고구려기는 여전히 중시되어 온 것이 확인
된다. 고구려기는 무후(武后 684-704) 때까지 25곡이 전승되었는데, 10
세기 중엽에 이르러 차츰 쇠잔해져 본래의 모습을 잃었다.[100]

　이상과 같은 기록들을 종합하면, 고구려와 백제는 중국의 남북조시
대인 5세기 중엽부터 6세기 후반에 중국 여러 나라에 기악을 전파시켰
음을 알 수 있다. 즉, 앞에서 '한(漢)나라 때 북치고 피리 부는 기인(伎
人)을 (고구려에) 주었다'고 했는데, 후대에 이르러 기악을 중국에 역수
출한 것으로 해석된다. 불교의 동방진출과 함께 인도의 기악은 중국을
거쳐 한반도에 수용되었지만 고구려와 백제는 자체적으로 기악을 변형,
재창작하여 다시 중국에 보내거나 중국 측에서 그것을 수용했던 것이
다. 고대의 음악제도는 곧 국가의 문화제도를 의미했다. 중국은 주변국
[제후국]의 중요한 공연예술을 수용하여 체제의 위용을 갖추었음을 상
기할 필요가 있다.[101]

　기악은 중국과 2백여 년의 시차를 두고 다시 일본으로 전파되었다.
백제인 미마지(味摩之)는 서기 612년에 기악을 일본으로 가지고 갔다.
미마지는 구레(くれ, 吳)에서 기악을 배웠다고 한다. 이보다 앞서 긴메
이천황(欽明天皇 539-571)시대에 기악조도일구(伎樂調度一具)가 일본
에 전해졌다고 한다. 이것은 기악에서 사용하는 악기, 탈, 장속 등을 가
리키는 것으로 보고 있다.[102] 일본의 학자들은 미마지가 기악을 배운
곳을 중국의 오(吳 220-280)나라, 또는 오나라가 존재했던 산동성(山東
省) 일대로 인식하고 있다.

---

100) 구당서, 음악지, 고구려 참조
101) 수서, 음악지, 백제 참조
　　　북사, 음악지, 백제 참조
102) 校訂新撰姓氏錄, 左京諸藩下, 伎樂 참조

그러나 현재까지 산동성 지역에서 고구려와 동일한 기악의 자료는 확인할 수 없다. 또한 미마지의 생존연대와 오나라는 350여 년의 시차가 생긴다. 상식적으로 납득되지 않는다. 610년대 전후의 백제는 무왕(武王 600-641)대로 고구려, 신라와의 갈등이 비등하던 상황에서 미마지가 춤을 배우기 위해 중국까지 유학했다는 점을 수긍하기 어렵다. 일본 사쿠라이(櫻井)에서 최초로 그의 제자가 된 마노오비토데시(眞野首弟子)와 이마키노아야사이몬(新漢齊文), 이 두 사람은 한반도에서 귀화한 후예였다는 해석도 있다.103)

구레가 중국의 오나라가 아니라면 한반도의 어디에 있던 지명일까. 구레의 고지(故地)에 대한 연구는 역사적으로 지역적으로 동시에 규명되어야 한다. 한반도에서 구레의 고지로 볼 수 있는 자료의 해석에 따라 고구려의 구레, 백제의 구레, 그리고 가야의 구레 등, 제설이 발표되었다. 이 가운데 고구려의 구레설을 발표한 학자들이 가장 많았다. 특히 한(漢)나라에서 도래한 오씨(吳氏)가 관리로서 거주했거나 오나라 사람들이 도래하여 살았다는 고구려의 대방군(帶方郡)이 고지로 거론되었다.104)

필자는 대방군 가운데서도 현재의 황해도 봉산(鳳山)을 고지로 여기고 있다. 이렇게 생각하는 이유로는 다음과 같은 몇 가지 근거를 들 수 있다. 첫째로 양식적인 유사성이다. 현존하는 귀면형(鬼面型) 봉산탈춤의 가면과 일본 정창원(正倉院)에 보존된 기악면들, 봉산탈춤의 인물성격과 기악의 자료집인 고마 치카자네(狛近眞 1177-1242)의 『교훈초』(1233년)에 기록된 인물의 성격, 봉산탈춤의 길놀이와 연행구조, 기악의 치도(治道)와 연행구조, 봉산의 오방사자무(五方獅子舞)와 기악의 오방

---

103) 藝能史硏究會 編, 日本藝能史(1), 法政大學出版局, 1982, p.230 참조.
104) 서연호, 味摩之 伎樂의 일본 전파에 관한 재론, 고려대학교, 한국어문학국제학술 포럼, Journal of Korean Culture 17집, 2011.5, pp.23-43 참조.

사자 등이 모두 흡사하다.

둘째로 313년 고구려에 흡수 통합될 때까지 대방군은 한사군(漢四郡) 의 마지막 지역으로서 동서루트 문화를 수용하고 그 문화를 한반도 내 의 다른 지역으로 전파시켰다.[105] 셋째로 고구려의 '구려'('고'는 지배 성 씨)는 일본어 구레와 흡사하지만 봉산의 고지명은 부엉이를 뜻하는 휴 류(鵂鶹)였다. 휴류는 일본 일본고대 한자음으로 구루(くる/ぐる)'이다. 구루에서 구레로 발음되었을 가능성도 배제할 수 없다.[106]

넷째로 『해주오씨족보』(海州吳氏族譜)에 의하면 오씨는 6세기 중엽 에 사회적으로 부상되기 시작하는데 이 시기는 미마지가 구레에서 기 악을 습득한 때와 동시대라는 점이다. 즉 백제의 미마지는 고구려에서 기악을 배우고 돌아와 백제에 전파시켰고 다시 일본으로 건너가 전파 시켰다는 말이다. 끝으로 일찍이 나라(奈良)시대에 일본에 건너가 예능 인으로 활약하기 시작한 고마씨(こまし, 고구려인, 狛氏)의 일대기를 보 면 고구려에 기악이 발달했음을 알 수 있다. 일본으로 귀화한 고구려인 들 역시 기악을 공연했다.[107]

이상에서 필자가 제시한 자료들을 종합해 볼 때 구레의 고지는 한사 군시대, 특히 한사군 말기의 대방군과 고구려시대의 대방, 그 후의 황해 도 봉산지역이라는 잠정적인 결론에 이르게 된다. 그러나 백제시대의 구례(求禮)와 남원(南原)을 구레의 고지로 볼 수 있는 결정적인 자료가 나타날 가능성을 전적으로 배제할 수는 없으므로 고지에 대한 지속적

---

105) 이기백, 한국사강좌, 일조각, 1986, pp.66-190 참조.
　　권오중, 낙랑군연구, 일조각, 1992, pp.40-46 참조.
　　高久健二, 樂浪古墳文化硏究, 學硏文化社, 1999, p.25, p.226 참고.
106) 서연호, 가면극의 양식 및 전승적 측면에서 살펴본 吳國의 위치, 한국전승연희의 현장연구, 집문당, 1997, pp.63-91 참조.
107) 자료, 早稻田大學演劇博物館編, 연극백과대사전 제2권, 平凡社, 1990, pp.512-513 참조.

인 탐구가 필요할 것이다.[108]

　요컨대, 한반도에 4세기 중엽부터 불교가 기악과 함께 수용되면서, 그때까지 자생적으로 발전했던 한반도의 공연예술에는 커다란 변화가 일어났다. 앞서 지적한 대로 불교와 기악의 영향을 짙게 받은 고구려 고분벽화가 이를 입증한다. 아울러 탈춤을 비롯한 여러 가지 새로운 악기와 공연양식, 공예양식들이 등장하게 된 사실을 들 수 있다. 미마지가 일본에 전파시켰다는 한반도의 기악은 『교훈초』에 나타난 대로 일종의 탈춤으로 볼 수 있다. 그러나 앞서 단편적으로 지적한 대로 한반도에는 탈춤만이 아니라 반주악, 무용 등 다양한 기악양식이 존재했고 또한 그 것을 중국에까지 전파시켰던 사실을 함께 고려해야 할 것이다.

---

108) 서연호, 味摩之 伎樂의 일본 전파에 관한 재론, pp.39-40 참조

3. 성악양식

3.1. 성악양식의 갈래

노래를 불러 음악을 창출해내는 방법을 여기서 성악양식이라 통칭한다. 성악에는 반주가 따르는 경우가 많다. 그러나 노래에 목적을 두고 노래에 중심을 두는 음악을 성악양식으로 부르기로 한다. 노래는 '놀다'라는 어근에서 비롯되어 '놀애'가 되고 오늘날에 이른 것으로 여겨진다. 노래는 목소리의 조화로 이루어지는데 목소리는 소리넓이(성역), 소리높이(음고저), 소리맵시(음빛깔, 음색), 음질(상대적인 소리느낌) 등을 요소로 한다.

입소리(구음)로 어떤 멜로디(계명창)를 만드는 짓을 성악으로 볼 수 없다. 예컨대 현악기가 내는 '덩둥등당동당', 관악기가 내는 '러루르라로라' 같은 소리를 입소리로 흉내 내는 것은 기악양식의 모방인 까닭이다. 성악은 노랫말(가사)과 그 정조에 알맞은 멜로디(선율, 가락), 리듬(장단, 하모니(화성)의 표현을 위주로 한다. 그러나 우리 나름의 기보법(記譜法)이 없던 시대부터 입소리가 악기의 소리를 본받아 이른바 육보(肉譜)를 만드는 데 기여했다는 점을 간과할 수 없고, 실제로 『악학궤범』

(1493)에 구음기록이 전하고 『금자합보』(1572)에 구음이 쓰인 사례가 주목된다.[1]

민족이 지닌 토박이말은 노랫말과 노래의 발전에 깊은 관계를 지니고 있다. 말의 높낮이와 길고 짧음은 거의 그대로 노래의 발전과 밀접한 관계를 지녔다. 말하듯이 노래하고 노래하듯이 말한다는 것이 바로 그 원리이다. 소리글[표음문자]을 쓰는 사람들은 뜻글[표의문자]을 쓰는 사람들에 비해 노래하기 쉽고 감정 전달도 그만큼 잘 된다. 뜻글을 노래하려면 글자마다 어휘마다 일정한 음운법칙을 사용하지 않는 한, 동일한 발음 때문에 전달에 혼돈이 일어나게 마련이다.

우리 민족은 토박이말인 소리글을 사용하다가 4세기부터 한자문화의 강력한 영향으로 한자어인 뜻글을 수용하기 시작했고, 오늘날에는 어휘의 70 퍼센트 이상을 한자어가 차지하는 지경에 이르렀다. 동일한 한자어라고 해도 중국어에는 글자마다 음운(音韻)이 살아 있어 감정 전달이 되지만 우리 한자어는 음운의 질서가 무너지고 소리(발음)만 내므로 감정을 느낄 수 없이 어휘들의 뜻만 전달되는 차이가 있다. 아울러 토박이말과 한자어를 뒤섞어 하는 경우에 소리가 제공하는 느낌을 통일된 이미지로 드러내기 어려운 한계가 있다. 한문과 한자를 가르치고 배우지 않는 현실에서 지난날 선인들이 지은 아름다운 한문시들은 젊은이들이 낭독조차 할 수 없는 지경에 이르렀다. 그러하니 감상은 생각조차 할 수 없는 일이다. 그 원인이야 어떠하든 문화적인 소실, 손실, 단절은 이만저만 심각한 것이 아니다.

뜻글 사이사이에 드문드문 토박이말을 섞어 쓰는 우리 노랫말은 작곡을 하거나 노래를 부르는 데 적지 않은 장애가 되고 있다. 서양기법으로 비교적 우수하게 작곡되었다고 하는 〈애국가〉조차도 노랫말은 부

---

1) 서한범, 국악통론, 태림출판사, 2007, pp.12-14 참조
   홍순욱, 구음, 국악누리, 2012,7-8, pp.44-45 참조

르기도 어렵고 뜻도 제대로 전달되지 않는, 우리 노래의 한계를 여실히 드러낸다.

고려시대에 애창되다가 한글이 창제된 이후 『악장가사』에 수록된 〈청산별곡〉을 보면 토박이말 노래의 자연스러움을 금새 느낄 수 있다. '살어리 살어리랏다/ 청산에 살어리랏다/ 멀위랑 다래랑 먹고/ 청산에 살어리랏다/ 얄이얄리 얄랑셩 얄라리 얄라' 하는 노랫말은 토박이말의 아름다움과 정서를 잘 반영한다.

현재로서는 오랜 노래의 역사를 알기 어렵지만 숱한 노래들의 전승이 끊어진 것으로 보인다. 국문학에서는 성악의 양식명을 그대로 문학양식으로 써 왔다. 가곡, 가사, 시조, 잡가, 민요, 대중가요, 판소리, 무가, 악장, 찬불가(게송), 찬송가(성가), 참요, 창가, 사뇌가(향가) 등이 그것이다. 물론 이같은 갈래들은 노랫말이 남아 있는 자료를 바탕으로 나눈 것이다.[2]

이 밖에도 고대가요인 구지가, 공무도하가, 황조가를 비롯해, 경기체가, 국문풍월(언문풍월), 각설이타령, 계녀가, 독립가, 동요(童謠) 같은 명칭들도 보인다. 국문학양식 또는 문학사에 기록된 노래들은 노랫말만이 남은 것들이 많아서 실제로 노래로 부를 수 없는 것, 악보로 남은 작품들은 극히 적다. 노랫말이 남은 자료들은 당연히 공연예술사의 자료이기는 하지만 작품의 실체를 파악하기 어려운 한계를 지닌다.[3]

성악으로 남아 있는 노래들을 몇 갈래로 살펴보기로 한다.[4] 가곡(歌曲 중요무형문화재 제30호, 2010년 유네스코유산 등재)은 시조시를 얹어서 노래하는 5장 형식의 성악곡으로 조선후기 중인계층을 중심으로

---

2) 조동일, 한국문학통사, 지식산업사, 1994 참조
3) 조동일, 전게서 참조
4) 김해숙·백대웅·최태현, 전통음악개론, 도서출판 어울림, 1995 참조
   서한범, 국악통론, 태림출판사, 2007 참조

84

널리 불리웠다. 근대 이후 시에 서양식 곡을 붙인 새로운 가곡(song)이 나타났다. 음악어법이 다른 전자를 전통가곡, 후자를 현대가곡으로 구분할 수 있다. 가사(歌詞 중요무형문화재 제41호)는 불규칙한 가사체로 된 장가를 위한 노래로서 조선후기 서민들 사이에서 유행했다. 현재 12가사가 전한다. 시조(時調)는 3장 형식의 시조시에 3음, 4음, 5음 음계의 가락을 일정한 장단에 얹어서 느리게 부르는 노래이다.

가곡 5장은 대여음, 1·2·3장, 중여음 4·5장, 대여음으로 짜인다. 대여음은 전주 또는 후주, 중여음은 간주에 해당되며 기악반주만으로 연주된다. 장단은 16박(3박과 2박의 혼합으로 네 마디 11박, 두 마디 5박)과 10박이 있다. 10박 장단은 16박 장단의 장고가락을 그대로 치면서 속도를 빨리해 박의 수를 줄인 것이다. 음구조는 각 장마다 종지음이 다르고, 레음계, 솔음계, 라음계의 세 가지 구조로 구분된다.

가곡은 현재 평조(우조), 계면조에 24곡이 한 바탕을 이루며, 남창과 여창 및 남녀창의 노래로 불린다. 현재 전승되는 곡은 하규일(河圭一 1867-1937)의 창법이고, 1926년 이후에 악보화 되었다. 남창 84곡, 여창 71곡에 〈장진주사〉(將進酒辭)가 별도로 전한다. 소리가 매우 맑고 또랑또랑하게 부르는 것이 특징이다. 하규일의 가곡은 이병성(李炳星 1909-1960), 이주환(李珠煥 1909-1972), 전효준(田孝準 1913-2001), 정경태(鄭坰兌 1917-2002), 김월하(金月荷 1928-1996 여창),5) 김영기(金英基 1958- 여창), 조순자(曺淳子 1944- 여창) 홍원기(洪元基 1922-1975),6) 김경배(金景培 1940-)로 전승되었다.

민요(民謠 중요무형문화재 제29호 서도소리, 제51호 남도들노래, 제57호 경기민요, 제84호 농요, 제95호 제주민요,7) 2012년 유네스코유산

5) 김월하(Kim Wol-ha) CD, 김선국 감독, RADIO FRANCE C560255 참조.
6) 지화자·홍원기, 정가 및 가곡CD, John Levy Collection, Just Music & Publishing Inc. 2010.

의 아리랑 등재)는 토박이민요, 토속민요, 향토민요, 통속민요 등으로 일컫는 민중의 노래를 통칭한다. 비전문가들의 민요로부터 전문가들의 민요에 이르기까지 매우 넓은 영역을 차지하는 성악이다. 민요를 가수들이 자주 부르게 되면 신민요가 되고, 그 영향으로 대중가요(유행가)로 확산되어 직업성 및 지역성, 연령층을 벗어나는 경우가 허다하다. 19세기 말부터 서양음악의 영향을 받아 나타난 것이 신민요이다. 세계 어디서나 민요는 그 지역의 '마르지 않는 음악의 샘'으로 인식된다. 우리 민요는 음계와 선법에 따라 서울민요와 경기도민요, 서도민요, 전라도민요, 경상도민요, 강원도민요, 충청도민요, 제주도민요 등으로 구분된다. 대개 서울민요와 경기도민요, 서도민요를 부르는 가수들은 잡가를 부른다.

서도민요(서도소리)는 장학선(張鶴仙 1906-1970), 김정연(金正淵 1913-1971), 오복녀(吳福女 1913-2001), 이춘목(李春木 1953-), 김광숙(金光淑 1953-), 유지숙(劉智叔 1963-)으로 전승되었다. 남도들노래(전남 진도)는 설재천(薛在天 1906-1988), 조공례(曹功禮 1930-1997), 이영자(李英子 1943-), 박동매(朴東梅 1960-)로 전승되었다. 경기민요는 묵계월(墨桂月 1921-2014), 안비취(安翡翠 1926-1997), 이춘희(李春羲 1947-),[8] 이은주(李銀珠 1922-), 김영임(金英姙 1953-)으로 전승되었다. 고성농요는 이상수(李相洙 1920-1990), 유영례(柳英禮 1923-2007), 김석명(金石明 1939-), 예천농요는 이대봉(李大鳳 1921-1994), 이상휴(李相烋 1933-), 안용충(安龍忠 1938-)으로 전승되었다. 제주민요는 조을선(趙乙善 1915-2000), 강문희(姜文熙 1974-)로 전승되었다.

잡가(雜歌 중요무형문화재 제19호 선소리산타령, 제29호 서도소리)는 기생, 사당패, 소리꾼 같은 전문가들이 긴 사설을 기교적인 음악어법으

---

7) 제주도민요, John Levy Collection, Just Music & Publishing Inc. 2010.

8) 이춘희(Lee Chun-hee) CD, 김선국 감독, RADIO FRANCE C560258 참조.

로 부르는 노래이다. 잡가는 반드시 선생으로부터 전승되는 데 반해 민요는 별도의 전승과정 없이도 전승되는 점에서 구별된다. 선소리산타령은 김태봉(金泰鳳 1914-1970), 유개동(柳開東 1898-1975), 김순태(金順泰 1914-1978), 이창배(李昌培 1916-1983), 정득만(鄭得晩 1907-1992), 황용주(黃龍周 1937-) 등으로 전승되었다.

앉아서 부르는 좌창(坐唱)에 대해 선소리는 서서 부르는 입창(立唱)이라는 형태적 구별이다. 앞산타령, 뒷산타령, 자진산타령 같이 산(山)에 관련된 내용을 열거하는 가사가 많아 산타령이라는 명칭이 붙었다. 조선시대에는 공개된 장소에서 잡가를 부를 수 있는 기회가 별로 없었는데 세시풍속인 답교놀이에서는 모든 사람들이 참여했으므로 선소리산타령이 널리 가창되었다. 놀이와 노래가 하나로 결합된 계기가 되었다. 서울 뚝섬에 살았던 이태문(李泰文)은 4대로 이 노래를 계승했고, 이명길(李明吉)은 그의 제자였다. 이명길에서 이창배, 이창배에서 황용주로 전승되었다.[9]

서사가(敍事歌)는 일정한 이야기 구조를 지닌, 긴 이야기를 노래한다. 잡가가 간단하고 단편적인 내용이고 설명적인데 반해 서사가는 관객의 흥미를 위해 아기자기하고 익살스럽고 극적인 분위기로 노래하는 것이 특징이다. 서사가 중에서 판소리(중요무형문화재 제5호), 배뱅이굿놀음(제29호), 장대장네굿놀음 등이 주목된다.

병창(竝唱)은 악기를 연주하면서 노래를 부르는 공연을 말한다. 연주자와 가창자가 다르면 병창이라 하지 않고 다른 성악 갈래에 포함된다. 연주 실력과 성악실력이 둘 다 뛰어나야 가능한 공연인데, 여기서는 성악을 기준으로 갈래를 삼기로 한다. 병창 가운데서 가야금병창(중요무형문화재 제23호)이 특히 성행한다.

---

9) 노치원·신은솔·최예지, 황용주 선생 인터뷰, 월간문화재, 2014,11, pp.8-9 참조

대중가요(大衆歌謠)는 유행가(流行歌)라 통칭하듯이 동시대에 일반인들이 자주 부르고 많이 부르는 노래를 일컫는다. 시대마다 유행하는 가요들이 다양하게 나타나므로 음악어법으로 정의하는 데는 무리가 따른다. 서양음악의 영향을 받은 신민요나 창가도 한때 대중가요로 불리웠고, 일제강점기에는 일본식 트로트(trot)풍의 엔카(演歌)류가 대중가요의 주류를 이루었다. 광복 이후에는 서양의 대중음악 멜로디가 널리 수용되어 또한 다양한 음악어법의 가요들이 유행했다. 오늘날 노래방에서 불리워지는 팝송 같은 숱한 노래들을 상기할 수 있다.

지금도 유행하는 대중가요의 주류는 엔카풍의 노래들이다. 대중가요를 트로트라 하는 경우가 있는데, 볼륨댄스(사교춤) 리듬의 하나인 트로트 곡을 일컫는 말이지만 올바른 표현이라 할 수 없다. 주로 20세기 전반기 일본에서 재래식으로 전승되던 속요 리듬에 트로트를 접합시켜 지극히 일본적인 대중가요로 만들어진 것이 엔카였다. 오무라 노쇼(大村能章), 에구치 요시(江口夜詩), 고가 마사오(古賀政男 1904-1978) 등이 작곡한 엔카가 오늘날까지 일본과 한국 대중가요의 주류 멜로디를 형성하고 있는 것이다.[10]

민요의 일종인 동요(童謠)는 아이들이 부르는 노래와 어른이 아이를 위해 부르는 노래를 일컫는다. 가자가자 감나무, 동무동무 씨동무, 께롱께롱 같은 노래들은 전자에 속하고 도리도리, 짝자꿍, 질라래비 훨훨 같은 노래들은 후자에 속한다.[11] 백제의 서동과 신라 선화공주의 사랑을 노래한 〈서동요〉는 우리 동요의 시원을 보여준다. 동요는 20세기에 들

---

10) 송방송, 증보 한국음악통사, 민속원, 2007, pp.664-665 참조
　　황문평, 한국대중연예사, 부루칸모로, 1989, p.76 참조
　　서연호, 일본문화예술의 현장, 도서출판 문, 2008, pp.81-89 참조
　　早稻田大學演劇博物館 編, 艶(演)歌, 演劇百科大事典(1), 平凡社, 1990, p.347
　　참조
11) 편해문, 노래로 자라는 아이들, 국악누리, 2015,1-2, p.54 참조

어와 신교육이 대두되면서 아동의 교육과목에 편입되었다. 학생들이 부른 노래로서 동요는 창가라는 명칭과 혼용되었다. 창작동요는 1920년대 박태준(朴泰俊 1900-1986), 정순철(鄭淳哲), 홍난파(洪蘭坡 1897-1941), 안기영(安基永 1900-1980) 등으로부터 시작되었다.

창가(唱歌)는 20세기 초에 일본의 명칭과 곡을 그대로 수용, 모방한 상태에서 시작된 노래이다. 곡은 일본의 요나누키(ㅋㅓ抜キ) 장음계 위주이고, 음계 상의 음을 부드럽게 진행시키는 멜로디로 이루어졌다. 1872년 일본의 『소학창가집』에서 번안한 창가, 찬송가의 곡을 차용해 가사를 새로 얹은 창가, 찬송가 이외의 기존 곡 선률을 빌어 사용한 창가 등으로 이루어졌다. 1905년 김인식(金仁湜 1885-1962)이 창작한 〈학도가〉는 서양식 기능 화성법으로 된 창작창가의 시원이 되었다.12)

현대가곡(歌曲)은 다른 말로 예술가곡이라고도 한다. 동요보다는 세련되고 유행가보다는 건전한 내용이라 인식되었다. 홍난파의 〈봉선화〉를 최초의 가곡으로 치는데 1925년 『세계명작곡집』에 수록되어 세상에 알려지게 되었다. 〈고향생각〉〈옛 동산에 올라〉〈금강에 살으리랏다〉 등 홍난파의 곡 이외에도 〈동무생각〉의 박태준, 〈그리운 강남〉의 안기영, 〈나물 캐는 처녀〉의 현제명 등이 1920년대에 가곡을 발표했다. 이들은 모두 기독교 가정에서 태어나 선교사로부터 음악을 배우고 외국 유학 경험을 지니고 있었다.13)

성악양식에서는 미래의 콘텐츠로 주목되는 판소리, 배뱅이굿놀음, 장대장네굿놀음, 가야금병창 및 거문고병창, 아리랑 등을 구체적으로 살펴보기로 한다.

---

12) 송방송, 전게서, p.652, pp.644-650 참조.
　　橫田憲一郎, 教科書から消えた唱歌・童謠, 扶桑社, 2004 참조.
13) 송방송, 전게서, pp.655-657 참조.

3.2. 판소리(서사가)

3.2.1. 전통판소리

조선시대 가수(창자)들은 혼자 활동하지 않고 다른 배우들과 더불어 공연하는 사례가 많았다. 그들을 광대(廣大)패 또는 창우(倡優)패라고 했다. 패란 단체나 집단을 의미했다. 그들은 기악, 성악, 곡예, 무용, 연극 등을 순서대로 짜서 공연했다. 그들 역시 일정한 판에서 공연했을 뿐만 아니라, 판을 짜서 공연했다. 통칭 판놀음이라고 했다. 그들이 하는 줄타기를 판줄, 노래 부르기 전에 소고만을 두드려 흥을 돋구는 것을 판소고, 각종 농악놀음을 판굿, 각종 무용을 판춤, 각종 타령곡을 판염불, 그리고 창자가 판을 짜서 부르는 노래를 판소리라고 했다. 판소리는 기존의 구비문학을 기반으로 성악으로 발전했다.

판소리에는 본래 12마당(작품)이 있었다. 송만재(宋晚載)의 〈관우희〉(1843)에는 〈춘향가〉〈심청가〉〈흥보가〉(박타령, 박흥보가)〈수궁가〉(토끼타령, 토별가)〈적벽가〉(화용도타령)〈가루지기타령〉(변강쇠타령, 횡부가)〈배비장타령〉〈장끼타령〉〈옹고집타령〉〈왈자타령〉〈매화타령〉〈신선타령〉 등이 기록돼 있다. 정노식(鄭魯湜)의 『조선창극사』(1940)에는 이상의 작품 가운데서 〈왈자타령〉 대신에 〈무숙이타령〉(게우사), 〈신선타령〉 대신에 〈숙영낭자전〉이 나타나는 것이 차이일 뿐이다. 그러나 과연 판소리는 12마당뿐이었을까. 김동욱(金東旭 1922-1990)은 소설로 남아 있는 〈두껍전〉〈옥단춘전〉〈괴똥전〉 등도 본래 판소리였을 것이라고 추정함으로써 이런 의문을 제기했다.[14]

전통음악의 양식사나 작곡의 역사에서 판소리의 발생은 중요하게 다루어져야 하는데, 그 이유는 노랫말의 내용에 따라서 음악내용을 달리

14) 김동욱, 판소리는 열두마당뿐인가, 서울대 낙산어문 2호, 1970 참조

하는 이면(裏面)의 개념이 판소리에서 시작되었기 때문이다. 곧 판소리 이전에는 노랫말의 내용보다는 '노래란 이렇게 하는 것'이라는 음악관습에 대한 관념이 더 지배적이었다. 기존 노래형식이나 스타일(調)을 중요시하면서 노랫말은 '노가바'(노래 가사 바꾸어 부르기 약칭)하는 방법이 주류였다. 지금은 판소리를 스승이나 선배들에게 배우지만, 한 가지 음악기법으로만 짜여진 기존 노래를 불러온 풍토에서 처음으로 이러한 노래를 부른다는 사실은 그 자체가 탁월한 천재성과 예술정신을 필요로 했을 것이다.

아울러 기존 음악으로 '자신의 정서'를 다 표현할 수 없다는 비판정신도 필연적으로 따랐을 것이다. 판소리는 이렇듯 공연예술 지고(至高)의 목표인 청중들과의 미적 쾌감을 얻는 데 성공했다. 우리 음악사에서 청중을 웃기고 울리는 노래가 되었다. 이러한 판소리를 처음 불렀던 사람들을 흔히 초기명창이라고 하는데, 그 대표적인 사람으로 비가비(非甲이) 권삼득(權三得 1771-1841)을 꼽는다.[15] 비가비는 조선 후기에 학식이 있는 상민으로서 판소리를 배운 사람을 이른다.

판소리는 성음(聲音), 길, 장단으로 음악 원리를 이룬다. 성음(聲音)은 발성법(창법)에 따른 음색이나 음질을 의미한다. 같은 높이의 음이나 선율일지라도 극적 배경이나 내용에 따라서 달라지는 감각적 특색을 음색이라 한다. 음질은 사람마다 체질적으로 가지고 있는 목소리의 특색을 일컫는데, 판소리에서 선호하는 기본 소리는 목이 쉰 목소리, 즉 수리성이다.

판소리에는 길(선율)이 따로 있다. 선법이나 음계라 고도 한다. 조(調)에 걸맞은 음계로서 현존하는 판소리에는 우조길(솔음계), 평조길(레음계), 계면길(미음계)이 있고, 세 가지 기본음(종지음)인 본청의 음높이를

---

15) 백대웅, 전통음악의 이면과 공감, 지식산업사, 2004, pp.24-25 참조.

G음으로 고정시킨 것인데, 저마다 열두음(십이율)의 높이를 달리 한다면, 판소리의 길은 36개가 있는 셈이다. 세 가지 길을 바꾸면서 이면(裏面)을 그리는 독특한 기법이 쓰이는데, 판소리나 산조와 같은 남도음악에 자주 나타난다.16)

　장단이란 각기 리듬꼴이 다른 작은 단위가 여러 개 모여서 한 리듬패턴을 형성한 것이다. 판소리는 장단의 틀을 벗어나지 않는다. 가끔 예외적으로 나타나는 도섭[창조]이라는 부분이 장단의 제약을 받지 않고 나타날 따름이다. 판소리에서 고수(鼓手)가 중시되는 것은 리듬의 비중이 크다는 것을 암시한다. 판소리 장단은 단순한 박자만을 가리키는 것이 아니다. 리듬의 네 가지 요소인 박자, 속도, 강약, 틀이 융합된 개념으로 보아야 한다.

　판소리에 쓰이는 장단은 가장 느린장단인 진양조부터 점차 빨라지는 중모리, 중중모리, 자진모리, 휘모리, 엇모리, 엇중모리 등 일곱 가지 종류로 분류된다. 빠른 진양조를 세마치라 하고, 중모리는 느린중모리, 평중모리, 빠른 중모리(단중모리)로 나뉜다. 단중모리는 중중모리와 거의 같다. 엇중모리는 판소리의 끝부분인 뒤풀이에 주로 쓰는 장단이다.

　선생에서 제자로, 선배에서 후배로, 일정 지역에서 다른 지역으로, 한 시대에서 다음 시대로 창법이 전승되다 보니 자연 음악적 특성을 같이 하는 계통이 형성되기에 이르렀다. 계통은 지속되면서 일부에서는 새로운 계통을 창출하게 되고, 다시 뒤섞이어 또 다른 계통을 만들어내기도 했다. 현재까지 이런 현상은 복잡하게 계속되고 있다. 이런 음악적 계통들은 상대적인 의미에서 유형 또는 유파를 달리하는데, 과거에는 이를 바디(물려받았다는 의미), 판, 소릿제, 법제, 줄여서 제라는 용어로 표현했다. 동편제, 서편제, 또는 중고제 하는 것도 이런 갈래에서 나온 것이

---

16) 백대웅, 다시 보는 판소리, 도서출판 어울림, 1996, pp.13-19 참조

다. 판소리를 훌륭하게 잘하는 창자를 명창(국창)이라 한다. 아울러 판소리를 잘 소화하는 사람을 '귀명창'이라 해서 또한 높이 평가했다.

19세기 말기에 이르러 판소리는 〈춘향가〉〈심청가〉〈홍보가〉〈수궁가〉〈적벽가〉만이 남았다. 어떤 이유로 그간에 전승되던 판소리들이 실전되었는지는 분명히 알려진 내용이 없다. 작품 나름대로 실전(失傳) 요인이 있겠지만 창자의 입장에서는 우수하다고 생각하는 작품을 자주 부르게 되고, 청중의 입장에서는 가족들이 함께 들어도 좋은 작품을 선호하다 보니 결국 이상의 5가들만 남은 것이 아닌가 한다. 5가에는 그 바디에 따라 명창들도 많이 배출되었고, 선호층도 두터워졌다.

〈춘향가〉는 문학성이나 음악성으로 볼 때, 전승 판소리 가운데서 가장 예술성이 높은 작품으로 정평을 받고 있다. 김세종(金世宗 1842-?)판에는, 정정렬(丁貞烈 1876-1938)판에 없는 금의 내력, 추천목, 적성가, 회동 성참판 같은 노래가 있다. 정정렬판에는, 김세종판에 없는 춘향의 꿈, 이도령의 심사, 춘향의 집, 오리정 이별 같은 노래가 있다. 김세종판의 끝대목은 엇중모리 장단으로 짜여진 뒤풀이가 있으나 정정렬판의 끝대목은 뒤풀이가 없고, 월매가 신바람내는 대목에서 끝난다. 이 두판 이외에 후대에 이르러 김소희(金素姬 1917-1995)판, 김연수(金演洙 1907-1974)판, 박동진(朴東鎮 1916-2003)판이 형성되었다.

〈심청가〉는 딸이 수신제의 제물로 팔려가 아버지의 눈을 뜨게 한다는 희생과 구원의 이야기가 담겨 있다. 서편제(섬진강 서쪽지역의 판소리)의 박동실(朴東實 1897-1968)판과 정응민(鄭應珉 1894-1964)판, 중고제(충청도 지역의 판소리)의 김창진(金昌鎮)판으로 전승되었다. 이 두판 이외에 후대에 이르러 김연수판이 형성되었다. 〈심청가〉는 정응민의 음악적 역량과 철학적 바탕 위에서 다져지고 재창조된 소리로 보는데, 흔히 그의 고향을 중심으로 계승되었다고 해서 보성소리(서편제)라고도 한다.

〈흥보가〉는 형제간의 이야기를 통해 권선 징악하는 결과를 재미있게 부각시켰다. 동편제(섬진강 동쪽지역의 판소리)의 김정문(金正文 1887-1935)판, 박초월(朴初月 1917-1983)판, 박봉술(朴鳳述 1922-1989)판, 그리고 강도근(姜道根 1918-1996)판과 김연수판을 들 수 있다. 강도근은 김정문을 잇고, 김연수는 송만갑(宋萬甲 1865-1939)을 이어 새판을 이루었다.

〈수궁가〉에는 죽음에 직면한 토끼가 온갖 지혜를 발휘하여 위기를 넘기고 육지로 돌아오는 우화가 담겨 있다. 동편제의 유성준(劉成俊 1893-1944)판, 강산제(서편제에 속하나 동편제와 중고제를 융합한 판소리)의 박유전(朴裕全 1835-1907?)판으로 전승되었고, 후대에 이르러 박초월은 유성준을 잇고, 김연수는 유성준을 이어 새판을 이루었다.

〈적벽가〉는 중국소설 〈삼국지연의〉 가운데 조조의 적벽대전을 집중 조명한 내용에서 유래한 명칭이다. 또한 적벽대전에서 조조가 패하여 도망하던 길의 이름을 따서 〈화용도〉라는 명칭이 붙기도 한다. 유비가 제갈공명을 찾아가서 삼고 초려(三顧草廬)하는 대목부터 적벽대전 끝에 관운장이 사로잡았던 조조를 놓아주는 대목까지의 이야기를 판소리로 만든 것이다. 〈적벽가〉는 동편제의 박봉술판과 유성준판, 중고제의 조학진(曺學珍 1877-1951)판, 서편제의 한승호(韓勝浩 1924-2010)판과 김연수판이 이루어졌다.[17]

연행담당층(창자)으로서, 한편으로는 청중층으로서 판소리 전사(全史)의 중심을 담당해 온 것은 서민층이었다. 서민 청중층은 금력을 앞세운 양반, 귀족층의 견인력에 일시적으로 위축과 침체가 있었다 하더라도, 그 중심적 기반을 잃은 적은 없었다. 그들은 판소리의 점진적인 확대와 발전에 꾸준히 기여했다. 그들은 사회의 부조리에 대한 저항과 무능하

---

17) 백대웅, 다시 보는 판소리, pp.13-19 참조
유영대, 판소리 전승현황과 보존방안, 판소리연구 제36집, 2013, pp.351-382 참조

고 위선적인 양반층에 대한 풍자, 그리고 완고한 봉건적 유교도덕에 대한 비판을 판소리로써 날카롭게 꼬집고 야유했지만, 그렇다고 충효열(忠孝烈)의 도덕성을 저버리는 입장을 취한 것도 아니었다. 이런 점에서 양반층의 그것과 궤를 같이하는 면도 적지 않았다. 판소리에서 양반성과 서민성을 이분법적으로 보는 관점은 무리이고, 때로는 판소리라는 예술 속에 두 가지 성격을 서로 조화롭게 공유하고 있는 측면도 고려해야 할 것이다.

18세기 중엽만 해도 양반, 귀족층은 판소리를 꺼리고 싫어했던 것이 사실이다. 그러다가 점차 흥미를 느끼면서 18세기 말, 19세기 초의 단순 청중에서 19세기 중엽 이후의 적극청중으로 나아갔고, 여기 일부는 적극적인 참여, 지원층의 단계에까지 갔던 것으로 보인다. 이들 상층계급은 이른바 정악(正樂)의 고아하고 유장한 음악적 분위기와 판이한, 판소리의 다이내믹한 선율과 재담 섞인 사설의 세속적인 흥미, 그리고 정적인 예술적 호소력에 점진적으로 매료되고 흡인되어 갔던 것이다.

이렇게 되면서 그들은 흥행예술인 판소리의 물질을 앞세운 고급 수요자로 부상하기에 이른 것이다. 그렇지만 그들은 판소리에서 반드시 충효열의 유교도덕을 강요하지는 않았다. 오히려 유교도덕에 대한 풍자나 양반 귀족층에 대한 야유까지도 연행 현장에서의 음악적 감흥과 도취 속에 용해시키는 여유를 가졌던 것으로 보인다. 왜냐하면 그들은 판소리에서 이념적 대립이나 풍자적 도전과 같은 현실적 문제를 감지하기보다는 예술적인 감동과 해학적인 흥취를 구하는 터였기 때문이다.

이처럼 판소리의 성장과 확대에 주도적인 역할을 한 것은 서민층이지만, 양반, 귀족층이 모두 기여한 것을 알 수 있다. 이러한 측면은 앞서 지적한 무당굿놀이의 관중과 유사한 성격이다. 그러나 탈놀이, 인형놀이, 광대굿놀이의 관중은 주로 서민층이었고, 양반, 귀족층의 참여가 지극히 미미했다는 점에서 무당굿놀이의 관중 및 판소리의 청중과 차이가 있다. 그런데 이러한 전승연희 담당층(연희자, 창자)의 출신 성분이라는 측면에서 보면, 극히 소수의 비가비를 제외하고는 모두가 서민 출신 창자들이다. 한국의 전승연희가 서민예술이라는 정의는 이런 측면에서 비롯된 것으로 볼 수 있다.[18]

판소리의 청중은 조용한 감상자가 아니라는 점에서 서양 고전음악 감상자와 구별되고, 나아가서 고도한 음악성을 감지해내는 능력을 구비했다는 점에서 현대 대중음악 청중과 차이가 있다. 즉, 고도한 음악성면에서는 서양 고전음악 청중과 유사하고, 현장의 분위기에 적극 동참하는 면에서는 대중음악 청중과 유사하다. 판소리 청중은 단순청중이 아니라 소리의 창출에 개입하는 적극청중이다. 이렇게 적극 참여하는 방식이 다름 아닌 추임새이다. 추임새는 창자의 흥을 돋우는 조흥사(助興詞) 기능을 한다.

19세기 말 신재효(申在孝 1812-1884)가 쓴 단가인 〈광대가〉에서는 창자가 갖추어야 할 네 가지 조건으로 인물치레, 사설치레, 득음, 너름새를 들었다. 치레란 어떤 모양을 내는 꾸밈(표현)을 의미하는 접미사이다. 인물치레는 인간 됨됨이가 좋아야 한다는 것이다. 용모가 잘 생겨야 한다는 뜻으로 볼 수도 있으나, 지난 시대의 창자들을 고려해 볼 때, 예술가가 되는 데 부족함이 없는 인격을 갖추어야 한다는 넓은 의미로 해석할 수 있다. 사설치레는 사설이 문학적으로 훌륭해야 할 뿐만 아니라, 판소리 표현양식에 적절해야 한다는 의미이다.

득음은 판소리에서 필요로 하는 음색과 여러 가지 발성의 기교를 습득해야 한다는 것이다. 사설을 탁월하게 가창해내는 음악적 역량을 중시한 것이다. 너름새는 창자가 하는 모든 육체적 동작과 몸자세를 의미한다. 떠벌리어 주선하는 솜씨를 일컫는다. 발림이라는 용어도 함께 쓰

---

18) 인권환, 판소리 실전 원인에 대한 고찰, 고려대 한국학연구 7집, 1995, pp.225-260 참조

이는데 발림은 춤동작 또는 하나하나의 동작에 한정해 쓰이는 경우가 많은 점에서 너름새와 구별된다.

발림과 비슷하게 사용한 용어로 사체가 있었다. 창자의 몸자세를 의미하는 말로서 발림과 너름새의 사이에서 가끔 나타난다. 1993년에 작성한 「국악용어통일안」에서는 너름새를 발림에 통합하는 것으로 정의하였지만, 이 세 용어는 여전히 서로 다른 어감을 드러낸다. 즉 발림은 미세한 동작들, 사체는 극적인 상황에 대응하는 창자의 태도, 그리고 너름새는 등장인물의 성격을 드러내는 종합적인 연기력으로 구분할 수 있다.

판소리는 전승과정에서 더 늘어나게(더늠) 되었다. 더늠은 마치 오페라의 아리아와 같다. 숱한 이본(異本)들은 이런 과정에서 출현했다. '문장나고 명창난다'고 하는 말은, 즉 창자들이 작가, 작곡, 작창의 역할을 겸했음을 시사한다. 득음(得音)과정은 새 탄생에 비유될 만큼 어렵고 고통스러운 단계라고 할 수 있다. 수리성과 천구성을 판소리에서 가장 적합한 음질로 여긴다. 목소리를 다른 음식에 비유하여 '익은 소리' '곰삭은 소리' '발효된 소리' 등으로 형용하기도 한다. 창자들은 독공(獨功)을 했다. 독공이란 판소리를 어느 정도 배운 사람이 혼자 깊은 산이나 절에 들어가서 수련하는 것을 가리킨다. 이런 독공을 통해서 창자들은 훌륭한 성악가의 경지에 오르게 되었다.19)

신재효(申在孝)는 〈광대가〉에서 "너름새라 하는 것이 귀성끼고, 맵시 있고, 경각의 천태 만상, 위선 위귀, 천변 만화, 좌상의 풍류호걸 구경하는 남녀 노소 울게 하고 웃게 하는 것"이라 했다. 구수한 맛이 깃들이고(귀성끼고), 맵시가 드러나는 연기를 해야 한다는 내용이다. 이런 연기

---

19) 서종문, 판소리의 발림과 너름새, 고소설연구논총, 다곡 이수봉 선생 회갑기념 논총, 1988, pp.479-489 참조.
  서종문, 판소리 사체에 대하여, 판소리연구 제15집, 2003, pp.117-139 참조.

를 통해서 순간적으로 빠른 극적 상황의 변화[千態萬象, 千變萬化] 가운데서 신선도 되고 귀신도 되는[爲仙爲鬼] 등장인물들의 다양성을 절실하게 표현해 줄 것을 요청하고 있다. 사실주의적인 연기보다는 순간순간의 재치 있는 몸짓과 여유 있는 멋을 강조한 것으로 해석된다.

고수(鼓手)는 판소리에서 북장단을 치는 사람이다. 고수는 창자와 더불어 소리판을 능동적으로 이끌어가는 또 하나의 주체이다. 일고수 이명창(一鼓手二名唱)이라는 말이 전할 정도로 고수의 존재는 중요하다. 또 '소년 명창은 있어도 소년 명고수는 없다.'는 말이 전할 정도로 명고수가 되기는 어렵다. 고수는 판소리의 다양한 가락, 변화되는 가락, 즉흥적인 가락에 정통해야 할 뿐만 아니라, 판소리를 구축하는 모든 요소에 전문적인 능력을 구비해야 한다.

여기서 가락이란 고수가 치는 다양하게 변화된 리듬형을 가리킨다. 19세기 말까지 고수는 명창이 되기 위한 전단계로 취급될 정도로 일반적인 인식이 낮았다. 그러나 20세기에 들어오면서 고법이 크게 발전했고, 고수에 대한 인식이 높아지면서 전문적인 고수들이 많이 등장했다. 고수야말로 소리의 반주자일 뿐만 아니라 판소리의 지휘자 및 연출자라고 할 수 있다.

판소리의 서사적 구성원리는 정서적 긴장과 이완의 반복으로 요약할 수 있다. 각기 다른 근거에서 추출된 창과 아니리, 비장과 골계의 구조는 엄밀하게 일치하는 것은 아니나 매우 흡사한 성격을 지닌다. 청중의 정서적 관련을 강화했다가 늦추고, 작중 현실에 몰입시켰다가는 해방시키는 것이다. 작품의 유형, 구연(口演) 상황, 그리고 창자의 장기에 따라 두 요소의 배분이나 결합방식은 달라지지만, 긴장과 이완을 반복하는 수법은 늘 유지된다. 따라서 궁극의 클라이막스를 향해 모든 것이 집약되는 유기적 발전의 완결구조가 아니라, 긴장과 이완, 몰입과 해방이라는 정서적, 미적 체험의 마디를 반복하는 구조라고 할 수 있다. 그것은 여러 개의 마디가 이어져서 성립된 것이기에 필요한 부분(들)만을 끊어 내어 노래로 부를 수 있게 한다. 부분창이 가능하고, 때로는 효과적일 수 있으며, 판소리의 한 마디는 전체적 줄거리에서 분리된 경우 일지라도, 그 자체가 완결된 체험이 되어 감동을 줄 수 있기 때문이다. 이런 측면에서 매우 독창적인 양식적 원리라고 할 수 있다.[20]

오늘날 판소리는 제도적인 보호를 받고 있다. 1964년 12월에 5가 및 고법이 중요무형문화제 제5호로 지정되었고, 2003년에는 유네스코유산으로 등재되었다 창자들의 공연에는 전국적으로 적지 않은 지원비가 제공되고 있다. 그런데도 판소리의 전승은 원활하다고 할 수 없다. 중요무형문화재 및 시도지정문화재에 국한해 말한다면, 5가의 유파가 제대로 지정되지 않았고, 복수지정을 기피함으로써 보전되어야 할 전통바디가 인멸 위기에 놓여 있는 까닭이다.

지금까지 중요무형문화재로 지정된 명창을 보면 다음과 같다. 〈춘향가〉는 김소희, 김연수, 김여란(金女蘭 1906-1983), 오정숙(吳貞淑 1935-2008), 성우향(成又香 1935-), 신영희(申英熙 1942-), 〈심청가〉는 정권진(鄭權鎭 1927-1986), 성창순(成昌順 1934-), 조상현(趙相賢 1939-), 〈흥보가〉는 박녹주(朴綠珠 1909-1979), 강도근, 한농선(韓弄仙 1934-2002), 박송희(朴松熙 1927-), 〈수궁가〉는 정광수(丁珖秀 1909-2003), 박초월, 남해성(南海星 1935-), 〈적벽가〉는 박동진, 박봉술, 한승호, 송순섭(宋順燮 1939-), 〈판소리고법〉은 김성권(金成權 1929-2008), 정철호(鄭哲鎬 1923-), 김청만(金淸滿 1946-) 등이다. 이들 가운데 현재 명창 생존자는 조상현, 신영희, 성창순, 박송희, 송순섭, 남해성 등, 6인의 창자이다. 무형문화재라는 개념으로 전국의 시와 도에서 활동하는 명창들도 적지 않다.

그러나 보유자를 단수로만 지정하고, 그 제자를 지정하는 사례, 또는

---

20) 김흥규, 판소리의 서사적 구조, 판소리의 이해, 창작과비평사, 1979, p.125 참조

제자를 지정하지 않은 사례가 적지 않았다. 아울러 유파별로 지정하지 않은 운영방법 때문에 우수한 판소리들이 사라졌다. 보유자를 복수로 지정하지 않은 것 때문에 숱한 명창들이 제자를 양성할 수 있는 기회를 상실한 경우도 허다하다. 판소리의 문화재 지정이 판소리의 온당한 전승에 오히려 장애 요인이 되었다고 지적하는 이유가 바로 이것이다.[21]

판소리계 전체를 조감해 보면, 극장의 매표수입만으로 공연활동을 이어갈 수 있는 창자는 불과 몇 사람을 들기 어려울 정도로 적극청중을 잃었다. 어디서나 무료로 판소리를 들을 수 있게 된 것이 일반적인 현상이다. 역설적으로 말하면 판소리는 자생적인 힘을 상실한 상태라고 할 수 있다. 사태가 이 지경에 이른 것은 창자들의 음악 수준이 이전의 명창들에 비해 뒤지는 것과 함께 사회적으로 새로운 예술 양식들이 범람하고 있어 상대적으로 판소리에 관객이 몰리지 않는 요인을 들 수 있다.

전국적으로 판소리와 관련된 행사 및 축제는 적지 않다. 그러나 이 역시 대부분이 정부 및 지자체 지원행사들이다. 이런 행사에 모이는 관중은 적극청중이기보다는 일회성의 일반인들이다. 이런 일회성 청중이나 지원행사를 통해서는 젊은 창자를 육성할 수 없다. 판소리를 배우는 젊은이, 유망한 젊은 창자들은 더러 있지만 이미 적극청중의 기반을 상실한 그들의 음악적 미래를 예측하기는 어렵다. 젊은 창자들 사이에는 '일청중 이고수 삼창자(一聽衆 二鼓手 三唱者)'라는 유행어가 떠돌고 있다.

3.2.2. 창작판소리

지금까지 국내외에서 판소리의 성악적 가치는 높이 평가되어왔다. 이런 판소리가 오늘날 독자적으로 생명력을 이어가기 어려운 현실에

---

21) 유영대, 판소리 전승현황과 보존방안, 판소리연구 제36집, 2013, pp.351-382 참조

놓여 있다. 겨우 제도적인 보전책이나 정부나 지자체의 보조금 및 지원 금으로 전수교육과 공연활동을 지속하고 있다. 위기라 해도 매우 심각한 위기에 처해 있다.

20세기 초에 판소리 창자들은 중국이나 일본을 반면교사로 삼아 창극운동을 일으켰다. 전면에서는 새로운 예술양식을 일으키는 일이었지만 후면에서는 점차 줄어드는 판소리 관객을 더 이상 잃지 않으려는 안간힘이었다. 1950년대 전쟁의 분위기에서 여성국극(여성창극)이 성행한 것은 잠시나마 판소리 관객층의 향수를 자극하는 역할을 했다. 그러나 50년대 말기부터 급속히 성장한 영화는 판소리, 창극, 여성국극의 관객을 거의 빼앗아 가 버렸고, 뒤이어 1960년부터 불어 닥친 TV 안방극장은 전통공연예술의 실내극장 관객들을 모조리 안방으로 불러들이는 마력으로 작용했다.

이제 전통을 추구하는 소수의 젊은이나 판소리 적극청중이 아니면 판소리 발표회를 찾는 일은 거의 찾아보기 어렵다. 그렇다면 판소리는 이대로 소멸되고 마는 것인가. 대세는 그렇다고 하도라도 이대로 내버려 두어도 괜찮은 일인가. 표면적으로 판소리와 관련된 발표회, 공연, 축제, 행사, 콘텐츠 개발 등이 꾸준히 눈에 띠어 여전히 판소리가 왕성한 생명력을 지닌 듯이 보인다. 그러나 내면적으로는 왕년의 명창들이 급속히 사라지는 추세이고, 창자들의 가창력은 전반적으로 뒤떨어지는가 하면, 젊은 명창들은 자기가 서야 할 무대를 찾지 못해 방황하고 있다.[22]

판소리를 다른 공연양식으로 활용하지 않고 새로운 판소리로 발전시키려는 활동을 창작판소리라 할 수 있다. 매우 어려운 작업으로 전망되지만 이 일은 판소리 계승의 가장 온당한 과제라 할 수 있다. 어렵다는 것은 중국의 강창(講唱, 說唱의 일종)이나 일본의 조루리(淨瑠璃)같은

---

22) 최동현, 판소리 문화콘텐츠에 관한 연구, 판소리연구 제22집, 2006, pp.393-417 참조

판소리류의 서사가(敍事歌)들도 우리와 같은 노력을 기울이지만 좀처럼 크게 빛을 보지 못하고 있는 사실에 비추어 그렇다는 말이다.[23] 이런 점을 고려하며 지금까지 이루어진 창작판소리의 실태를 간략히 검토해 보기로 한다. 아울러 그동안 우리가 사용해 온 작창(作唱)이라는 활동은 주로 창극에 해당하므로 뒤에서 다시 논의하기로 한다.

판소리가 성립된 18세기 후반부터 현재까지 면면히 전해지는 소리를 전통판소리라 한다. 전승 도중에 사라진 소리는 실전(失傳)판소리다. 실전판소리를 되살린다고 해서, 제 나름으로 작창해 부르며 복원(復元)판소리라 말하는 소리꾼들도 있는데, 복원은 본디소리가 아니므로 이런 논리는 성립될 수 없다. 전통이 아니면 나머지는 모두 창작판소리에 해당한다. 5가만을 식상할 정도로 복창해야 하고, 그 소리가 동시대의 정서와 너무 멀다는 소외감, 아울러 판소리를 새롭게 되살려야 한다는 의지를 갖고 창작판소리에 뛰어든 최초의 명창이 박월정(朴月庭), 정정렬(丁貞烈), 박동실(朴東實)이다.

1930년대 전반기 조선성악연구회 활약기에 박월정(연극인 이기세의 부인)은 윤백남(尹白南 1888-1954)의 사설로 〈단종애곡〉을 불렀다.[24] 정정렬은 〈숙영낭자전〉과 〈옥루몽〉을 창작해 불렀다. 〈숙영낭자전〉은 이른바 열두마당 목록에 오르내리는 작품이다. 광복 직후 좌우익으로 혼란을 겪던 시절에 박동실은 박만순의 작사인 〈이준열사가〉〈안중근열사가〉〈윤봉길열사가〉〈유관순열사가〉〈김유신보국가〉〈해방가〉를 연달아 창작해 불렀다. 전자가 전승설화를 노래했다면 후자는 통칭 '열사가류'를 부른 것이 다르다. 이렇게 열사가에 집착할 만큼 열정적인 민

---

23) 장주근, 한국의 판소리와 중국의 강창문학, 경기어문학 제2집, 1981,11, pp.1-25 참조
   서연호, 판소리와 조루리의 현대화과정에 대한 비교연구, 동서 공연예술의 비교연구, 연극과인간, 2008, pp.39-76 참조
24) 이진원, 박월정 판소리, 월간 몸, 2014,1, pp.82-83 참조

족주의자였던 박동실이, 김일성 정권의 선전 그대로 북쪽을 '우리 민족끼리의 세상'으로 오인해 월북한 것이 아닌가 하는 느낌도 든다.

1960년대 이후의 창작판소리로는 박동진, 정철호, 임진택, 김명곤, 윤진철, 오갑순, 김형철, 정대호, 이용배, 안숙선, 김일구, 김연, 조통달, 전인삼, 문효심 등의 활동이 있었다.[25] 이들 가운데 주목되는 박동진은 전승설화를 바탕으로 〈예수전〉〈충무공 이순신 장군〉〈변강쇠타령〉〈숙영낭자전〉〈장끼타령〉〈옹고집타령〉〈배비장타령〉, 임진택(1950-)은 김지하(金芝河)의 작사인 〈오적〉〈소리내력〉˙〈똥바다〉〈5월 광주〉, 자신의 사설로 〈남한산성〉 등을 불러 주목을 받았다.

박동진의 〈예수전〉은 주태익(朱泰益 1918-1976)이 사설을 썼고 제1부(1969) 및 제2부(1970-1972)로 나뉘어 기독교방송에서 발표되었다. 성경을 바탕으로 한 다른 성경(성서)판소리들이 성경을 거의 그대로 노래한 데 비해, 주태익의 작품은 문학적 상상력이 돋보이는 소리로서 특징을 지닌다. 이 작품은 창과 아니리의 조화라는 판소리의 특징을 잘 구사했고, 기존의 설화적 판소리에 대해 성경이라는 파격적인 소재를 다루었으며, 초연 이후 장기간 방송되어 일반인들의 관심을 끌었다는 점에서 판소리사의 한 정점에 놓을 수 있다.[26]

박동진의 〈충무공 이순신 장군〉(1973)은 충무공의 〈난중일기〉 이광수(李光洙 1982-?)의 〈이순신〉 박종화(朴鍾和 1901-1981)의 〈임진왜란〉 이은상(李殷相 1903-1982)의 〈태양이 비치는 길로〉 등을 참조해 박동진이 사설을 붙여 부른 장편이다. 한자어를 많이 사용하지 않고 가능하면 한글로 사설을 구성했고, 거북선 진수식이나 충무공 찬가 같은 더늠은 새로 사설을 붙였으며, 해전 장면은 빠른 템포의 자진모리로 묘사해 박진감을 낸 것이 특징이다.[27]

25) 김연, 창작판소리 발전과정 연구, 판소리연구 제24집, 2007, pp.38-70 참조
26) 이유진, 창작판소리 〈예수전〉 연구, 판소리연구 제27집, 2009, pp.311-350 참조

21세기에 들어와서는 이용수, 김수미, 김명자, 박태오, 김정은, 바닥소리(현미, 조정희), 최용석, 박애리, 류수곤, 이자람, 이규호, 박성환, 정유숙, 이덕인, 조영제, 타루, 박혜경, 허종렬, 이상현, 정대호, 윤충일, 이영태, 이일규, 이연주, 서정금, 김나령, 서미화, 남상일, 김영옥, 안숙선, 김지희, 황미란, 길둑시인, 장인완, 고금자, 오점순, 이은우, 서정민, 정주희, 윤해돋누리, 윤세린, 최선미, 강나루, 봉선화, 지나희, 정회석, 김연, 박지영, 강선숙, 이정일 등이 창작판소리를 불렀다. 수량적으로 이런 정도면 그간 창작판소리에 대한 모색과 도전이 결코 미미했다고 할 수도 없다.

박태오의 〈스타대전 저그 초반러쉬 대목〉은 2001년 제3회 전주산조예술제 창작판소리 부문에서 대상을 차지했다. 〈스타대전〉은 〈열사가〉에서 시작해 임진택, 박성환 등으로 이어지는 사회비판적 창작판소리의 계보와 달리, 오락적 향유물로 등장했다. 바탕에는 또랑광대(판소리를 잘 못하는 광대)를 자칭하는 젊은 소리꾼들의 노력이 스며 있다. 이 작품은 게임을 하는 게이머의 이야기, 게임 안에서 벌어지는 저그와 프로토스 종족의 이야기, 수용자의 현실이 개입하는 이야기 등이 다층구조를 이루었다. 통속적인 유희에 치중해 판소리로서 완성도가 뒤지는 점이 취약점으로 지적되었다.[28]

조정희의 〈바리데기 바리공주〉(2009)는 황석영(黃晳暎) 원작, 김수형의 사설로 2008년의 바닥소리 기획에 이어 공연되었다. 이 작품은 서사의 줄기가 '바리(바리데기 공주)와 아버지' '바리와 백성'의 둘로 나뉘었다. 결말 부분에서 둘은 하나로 합치되었어야 하는데, 이 작품에서는

---

27) 강윤정, 박동진 명창과 창작판소리, 판소리연구 제32집, 2011, pp.5-28 참조

28) 박진아, 〈스타대전 저그 초반러쉬 대목〉을 통한 창작판소리의 가능성 고찰, 판소리연구 제21집, 2006, pp.353-378 참조
    이정원, 창작판소리 〈스타대전〉의 예술적 특징, 판소리연구 제36집, 2013, pp.478-505 참조

'바리와 백성'의 방향으로 나아갔다. 원전에서와 같이 자식을 버린 아버지의 구원이라는 근원적 상징의 서사를 사회적인 구원과 긴밀히 통합시키고 주제적 의미를 강화하지 못한 채 끝낸 것이 취약점이었다.[29]

이자람은 〈사천가〉(2012)와 〈억척가〉(2011)를 공연했다. 전자는 브레히트(B. Brecht)의 〈사천의 착한 사람〉(1943)을 원작으로 했고, 후자는 브레히트의 〈억척어멈과 그의 자식들〉(1941)을 원작으로 해 사설을 만들었다. 백대웅(白大雄 1943-2011)은 우리의 모든 전통음악을 '작곡의 관점'에서 해석하는 선구적인 탁견을 보였다.[30] 이런 관점에서 이자람은 우리시대의 우수한 판소리꾼이고 작곡자이자 음악가로 볼 수 있다.

〈사천가〉와 〈억척가〉에서 반주는 고수의 전통 북반주에 국한되지 않고, 여러 악기들이 만들어내는 반주악들은 훌륭한 조화를 만들어낸다. 그녀가 새롭게 수용한 악기는 농악북, 모듬북, 장고, 꽹과리, 양금, 아프리카 잼배, 전자 베이시스 등이고, 이런 악기들이 내는 다양한 리듬을 활용한다. 창으로서만 인물을 그리는 것이 아니라 공연 도중에 의상을 바꾸어 입음으로써 역할을 전환하며 연기를 대담하게 도입한다. 연기의 도입은 그녀에게 특히 돋보이는 개성이다. 별로 크지 않은 신장에 노래와 더불어 온갖 연기를 뿜어내는 모습은 관객들의 마음을 사로잡는다. 애교와 매력과 순발력과 생동미에 가득 찬 연기다. 말하자면 전통 발림과 너름새를 현대 감각에 어울리는 팬터마임과 연기로 승화시킨 것이다.

창과 더불어 그의 음악성은 전통판소리의 타성을 깨뜨리고 대중들에

---

29) 신동흔, 창작판소리의 길과 〈바리데기 바리공주〉, 판소리연구 제30집, 2010, pp. 219-259 참조

30) 백대웅은 『전통음악의 랑그와 빠롤』(2003), 『전통음악의 보편성과 당위성』(2005), 『전통음악사의 재인식』(2007) 등을 남겼다.

게 친밀감을 제공한다. 그의 공연은 판소리의 음악성을 최대로 이용한 음악극이다. 극적인 줄거리와 인물간의 대화를 살리기 위해 아니리와 창조(唱調)를 자주 사용하고 인물의 개성과 극적인 상황의 변화를 살리기 위해 장단의 변화가 잦다. 중모리, 엇중모리, 단중모리, 자진모리, 느린 자진모리, 중중모리, 휘모리, 진양, 세마치, 타령, 굿거리, 느린 굿거리, 도살풀이, 동살풀이, 드렁갱이, 쌈바, 느린 쌈바 등 장단과 리듬이 줄기차게 동원된다.

아직 성숙되지 못한 요건으로 사설본(辭說本)의 문학적인 재정리와 함께 판소리와 연기 및 연출의 재정리가 필요한 점을 보였다. 전체적으로 작품의 흐름이 너무 어수선한 느낌을 주는데, 이는 참여자들의 과욕에서 빚어진 것으로 보였다. 관객을 위한 지나친 설명, 남과 다르게 보이기 위한 지나친 삽입과 실험적 시도는 불필요했다. 〈사천가〉에서 세 남성이 보조역으로 출연하는 것은 군더더기로 보였다. 다양한 리듬의 추구도 절제되어야 했다. 전체가 간결하고 깔끔하고 멋지기 위해 압축과 생략은 매우 중요한 전략임을 확인케 하는 공연이었다.31)

2001년 전주산조축제에서의 '또랑광대 콘테스트'와 그 연장선상에서 이루어진 '인사동 거리소리판', 2003년의 전주세계소리축제에서의 '창작판소리사습대회', 그리고 창작판소리집단인 소리세여, 바닥소리, 타루 등의 활동이 21세기 창작판소리에 불을 지폈다고 할 수 있다. 이상에서 지적한 여러 소리꾼과 활동에도 불구하고 창작판소리를 자주 들을 수 없는 것, 그 전망이 밝게 보이지 않는 이유는 무엇일까. 소리꾼 개개인의 문제라기보다는 분명 공연환경의 탓이라 여겨진다.

한 마디로 판소리의 지층은 두껍고 화려하며 다양하다. 판소리 신인

---

31) 서연호, 소리꾼 이자람의 새로운 도전과 과제, 한국연극, 2012,8, pp.84-87 참조
김운경, 창작판소리 〈사천가〉를 통해서 본 판소리 현대화에 대한 소고, 콘텐츠문화 제2호, 2012, pp.43-65 참조

이 이런 지층을 뚫고 하루아침에 두각을 나타내는 것은 정말 어려운 일이다. 천재성만으로 판소리 명작을 만들 수 없을 만큼 판소리는 음악적이고 문화적이다. 전통판소리에 대해, 창작판소리는 공연에 따른 모든 일이 소리꾼 개개인의 경제력과 능력, 그 개인을 위한 지원자들의 사정에 달려 있으므로 전통판소리에 비해 불리하고 또한 열악한 것이 사실이다. 신인에 대한 지원금이나 초청공연은 하늘의 별따기에 비유할 수 있다.

창작판소리가 빛을 보지 못하는 것은 현대 공연예술의 다양성과 작품 수량의 범람, 공연시장의 협소와도 관련되는 것으로 보인다. 작품의 다양성은 관람 취향의 다양성을 의미하기도 하는데, 종래 전통판소리나 창극에 취향을 갖지 않던 관객이 갑자기 창작판소리를 찾을 것이라는 기대는 좀 무리이다. 다만 이자람 같이 스타가 된 소리꾼에 호기심을 가지고 몰려들 가능성은 배제할 수 없다. 시장은 협소하고 작품은 넘치는데 잘 알려지지 않은 작품, 잘 모르는 소리꾼의 공연을 찾기란 쉬운 일이 아닐 것이다.

신인의 불리한 환경에서 5가를 능가하는 명품을 창작하는 것은 무척 어려울 것이다. 그러니까 창작판소리 공연이 한 번 끝나면 재공연이 어렵고 사회적으로 주목을 받지도 못하게 된다. 이자람의 공연은 그런 대로 흥미로움을 보여 주었지만 브레히트의 희곡을 판소리 사설로 한 만큼 역시 서사구조에는 일정한 한계를 내포한다. 다른 소리꾼이 그 작품을 공연했을 때, 이자람의 공연과 동일한 반응을 기대하기 어렵다는 말이다. 이런 여러 가지 어려움과 한계를 극복하며 창작판소리를 하지 않으면 판소리의 미래 발전을 기대할 수 없다는 사실이 우리 국악의 현실적 난제이다.[32]

---

32) 서연호, 동서 음악극의 성찰, 연극과인간, 2014, pp.175-177 참조

3.3. 배뱅이굿놀음(서사가)

배뱅이굿놀음은 서도(西道)지역을 대표하는 서사가이다. 평안도와 황해도에 전승되었다. '남도에는 판소리, 서도에는 배뱅이굿'이라고 했고, 배뱅이굿을 서도판소리라고도 했다. 남도판소리는 이런 서도의 판소리가 모태가 되어 발전했다는 학설이 제기되기도 했다.[33] 배뱅이굿 전승자료는 창자를 기준으로 김종조, 최순경, 김용훈, 김성민, 김경복, 김정연, 이은관(李殷官 1917-2014), 양소운(梁蘇云 1924-1976), 김홍섭, 창자미상 등의 소리 또는 사설이 채록되었다.

평안남도 용강 출신으로 2대째 승려이자 배뱅이굿의 창시자인 김관준(金寬俊 1897-1910)의 아들인 김종조는 부친의 소리를 계승했다. 그의 소리는 장수길, 김용훈, 김경복, 김성민 등에게 전승되었으며, 5분 정도 분량이 레코드에 남아 있다. 평남 순천 출신인 최순경은 김관준의 제자로서 김경복과 백신행이 그의 소리를 이었다. 그의 소리 역시 5분 정도 분량이 레코드에 남아 있다.[34]

김관준의 소리는 김종조와 최순경 이외에도 이인수, 김칠성, 곽풍, 김주호 등에게 전승되었다. 평남 용강 출신으로 〈변강쇠타령〉으로 유명했던 김정보의 아들인 김용훈은 김종조의 제자이다. 그의 소리는 강용권(康龍權)에 의해 채록되었다.[35] 황해도 해주 출신인 김경복은 김종조와 최순경의 제자로서 그의 소리는 양종승에 의해 채록되었다.[36] 평남 용강 출신인 김성민은 김종조의 제자로서 그의 소리는 최상수(崔常壽)에 의해 채록되었다.[37]

---

33) 김동욱, 한국 가요의 연구, 을유문화사, 1961, p.321 참조

34) 김종조, 최순경의 배뱅이굿, 문화예술진흥원 자료관, 음반자료 참조

35) 강용권, 김용훈의 배뱅이굿대사, 황용성 2호, 용강군민회, 1974, p.139 참조

36) 양종승, 김경복의 배뱅이굿대사, 민속소식 제17-24호, 국립민속박물관, 1997 참조

108

평양 출신인 김정연은 김칠성의 제자로서 1934년 봉산탈춤의 연희자
인 민천식(閔千植 1898-1967)과 더불어 배뱅이굿을 창극으로 각색하여
개성극장에서 공연했다. 1970년대 후반 국립극장에서 창극으로 재공연
했는데 이 대본은 그의 『서도소리대전집』에 수록되었다.38) 강원도 이
천 출신인 이은관은 이인수의 제자로서 배뱅이굿을 남한 지역에 널리
인식시킨 연희자이다. 그의 창본은 4편이나 채록되었다.39)

황해도 재령 출신인 양소운은 문창규의 소리를 계승했다. 문창규가
누구로부터 배뱅이굿을 전수받았는지 알 수 없다. 그의 소리는 김상훈
에 의해 채록되었다.40) 김홍섭의 소리는 평안북도 운산에서 김태준에
의해 채록되었다. 그가 누구로부터 소리를 전수받았는지는 알 수 없
다.41) 창자미상의 소리는 유인만이 황해도 평산군 인산면 관북사에서
채록한 것이다. 김관준 계통의 소리와 상당한 차이를 보여 주목된다.42)

배뱅이굿(중요무형문화재 제29호) 예능보유자는 이은관의 뒤를 김경
배(金敬培 1959-)가 이었다.43) 배뱅이굿의 내용을 알아보기 위해 채록
된 창본의 순서별로 검토해 보기로 한다.

37) 최상수, 김성민의 배뱅이굿대사, 민속학보 제1집, 1956, p.180 참조
38) 김상훈, 배뱅이굿 연구, 인하대 석사논문, 1987.2, p.11 참조
39) 최상수, 이은관의 배뱅이굿대사, 민속학보 제2집, 1957 참조
   김동욱, 이은관의 배뱅이굿, 한국가요의 연구, 을유문화사, 1961, pp.418~437 참조
   이창배, 이은관의 배뱅이굿, 가요집성, 1976 참조
   이은관, 이은관의 배뱅이굿대사, 무형문화재지정보고서 제135호, 문화재관리국,
   1980 참조
   이성남, 배뱅이굿의 이은관, 객석, 1985.2, pp.190~194 참조
40) 김상훈, 양소운의 배뱅이굿 내용, 1986, 배뱅이굿 연구 부록, 석사논문, 1987, p.132
   참조
41) 김태준, 김홍섭의 배뱅이굿, 한글 제2호, 1934. 월간야담 46호, 1938.11, pp.219~224
   참조
42) 유인만, 창자미상의 배뱅이굿 제설, 향토 제4호, 1947 참조
43) 서연호, 서도소리 이은관, 문화예술, 1999.11 참조

김홍섭의 창본(金台俊 채본, 1934)에서는 배뱅이가 모친에게 죽을 꿈을 꾸었다고 말하고 갑자기 죽는다. 모친은 무당 사또에게 딸의 사인을 묻는다. 그 사또는 서울 조판서의 셋째 아들이다. 사또는 열두 단골무당을 불러들여 초혼굿을 하라고 이른다. 배뱅이 유모가 차려 놓은 주막집에 거지 총각이 들어와 술을 마시고 행패를 부린다. 총각은 배뱅이집 굿판에서 들려오는 장고소리를 듣고 유모에게 내력을 묻는다. 유모는 자세한 내력을 알려준다. 총각은 굿판에 뛰어들어 배뱅이 혼백의 넋두리를 받으며 가짜 무당노릇을 한다. 그는 구경꾼들이 쌓아놓은 갓 가운데서 배뱅이 부친의 갓을 찾아낸다. 또한 배뱅이가 지녔던 폐물과 옷가지를 그녀의 친구인 동네 처녀들에게 나누어 준다. 총각은 굿을 잘 했다는 이유로 배뱅이 모친으로부터 많은 돈을 받아 거지 신세를 면한다.

창자미상의 창본(柳寅晩 채본, 1947)에서는 9대째 무당인 배뱅이 부친이 여러 지역을 전전하며 치부한다. 부친은 자기 지식으로 과거에 급제하여 경상감사로 임명된다. 신임 감사의 영접을 위해 상경한 육방관속들은 장구잡이로부터 배뱅이 부친의 신분을 알아내고 온갖 지혜로 그가 무당임을 입증한다. 부친은 부끄러워하며 황해도로 간다. 부친은 퇴로 재상인 이판서와 김정승과 결의형제를 맺고, 자식을 얻기 위해 유명한 절에 기도하여 각기 딸을 낳는다. 백(百)의 백곱(百倍)이라는 의미로 배뱅이, 세월네(이판서), 네월네(김정승)로 작명한다. 배뱅이는 총명하게 교육을 받으며 성장한다. 시주 받으러 다니는 경상도 문박산의 중과 깊은 연정에 빠진다. 어느 날 중은 머리를 길러서 돌아오겠다는 말을 남기고 떠난다. 배뱅이는 돌아오지 않는 중을 그리워하는 노래를 부르다가 모친에게 발각되어 부지깽이로 머리를 맞는다. 판수를 불러 치병을 위한 안택굿을 하는 도중에 그녀는 죽는다. 부모는 딸을 선산에 묻어주고 전국의 무당을 모아 초혼굿을 하기로 작정한다.

김성민의 창본(崔常壽 채본, 1956)에서는 퇴로재상인 이정승, 박정승,

김정승이 낙향하여 슬하에 자식이 없음을 한탄하다가 그 부인들이 명산에 기도를 올려서 딸을 얻게 된다. 뒷집 부인은 꿈에 달을 셋 보았다고 해서 세월네, 앞집 부인은 달을 넷 보았다고 해서 네월네, 가운뎃집 부인은 비둘기의 모가지를 배배 틀어버렸다고 해서 배뱅이라고 이름을 지었다. 예쁘게 자란 배뱅이는 유식한 배우자와 결혼하기로 했으나 병을 얻어 죽고 만다. 부모는 동네 여인들의 권유로 배뱅이를 위한 초혼굿을 하기로 한다. 팔도의 무당들이 굿을 해 보았지만 엉터리라고 해서 부모에게 모두 쫓겨난다. 평양의 건달 이광옥이 기생집에서 재산을 탕진하고 배뱅이집 근처에 당도한다. 주막에서 행패를 부리며 술을 마신다. 그는 주막집 노파로부터 배뱅이의 내력을 들어 자세히 알게 된다. 이광옥은 굿판에 들어가 무당을 내쫓고 배뱅이의 넋두리를 받아내어 부모로부터 신들린 무당으로 인정받는다. 그는 구경꾼 속에서 세월네, 네월네가 쌓아놓은 갓 속에서 배뱅이 부친의 갓, 그리고 이웃집 할머니가 잃어버린 양푼 등을 찾아내어 부모를 감동시킨다. 이광옥은 배뱅이집 재산을 마차에 싣고 평양으로 돌아간다.

이은관의 창본(金東旭 채본, 1961)에서는 서울의 이정승, 김정승, 최정승이 황해도의 명산 대찰을 찾아가 자식 낳기를 기원하고, 그후 부인들이 세월네, 네월네, 배뱅이를 각각 낳는다. 배뱅이는 태몽에서 달비 한 쌍을 받아 배배 틀었다고 해서 작명된 것이다. 세월네와 네월네는 시집을 가고, 배뱅이는 약혼한다. 배뱅이는 시주를 받으러 나온 금강산 상좌중과 사랑에 빠지고 두 남녀는 상사병이 든다. 주지스님은 상좌중을 싸리나무 채독 속에 넣어 배뱅이의 방에 숨겨준다. 두 남녀는 재회하여 즐겁게 지낸다. 상좌중은 봉산지방으로 시주를 받으러 나가 돌아오지 않고, 배뱅이는 그를 그리다가 죽는다. 배뱅이 부모는 무당들을 불러다 초혼굿을 시작했으나 무당마다 엉터리라고 해서 쫓아낸다. 평양에 사는 건달이 기생집에서 재산을 탕진하고 배뱅이네 마을의 주막에 찾아들어 술을 마시며 행패를 부린다. 그는 굿소리를 듣게 되고 노파로부터 배뱅이의 내력을 소상히 듣게 된다. 노파는 굿을 해서 외상값을 갚으라고 한다. 건달은 무당들을 내쫓고 굿을 잘 해서 부모와 이웃사람들을 감동시킨다. 건달은 배뱅이집 재산을 받아서 떠난다.

　이상에서 네 편의 창본 내용을 간략히 살펴보았다. 배뱅이의 죽음과 그녀를 위한 진오귀굿, 그리고 가짜 무당의 등장은 화소가 일치하지만, 자세히 살펴보면 창본마다 약간의 차이가 있음을 알 수 있다. 김용훈의 창본(강용권 채본, 1974년)에서는 배뱅이와 눈이 맞은 상좌중을 주지스님이 그녀의 장롱 속에 감추어 주고, 두 남녀는 부모 몰래 방안에서 즐기는 점이 특이하다. 김경복의 창본(양종승 채본, 1982년)에서는 배뱅이가 상좌중과 어울리다가 임신하고 중은 배뱅이를 위해 과일을 구하러 나갔다가 돌아오지 않는다. 또한 거지 무당은 평양 부호의 자식으로 본래 신이 내린 청년인 것이 특이하다. 양소운의 창본(김상훈 채본, 1986년)에서는 방안에 숨어 지내던 상좌중이 병든 배뱅이를 위해 불로초를 구한다는 이유로 떠나가고, 거지 무당은 본래 평양 출신의 무당 사또였다가 아전들에게 쫓겨난 청년인 것이 특이하다.

　배뱅이굿은 17세기초 유몽인(柳夢寅)의 『어우야담』(於于野談 1621)에 기록된 동윤(洞允) 설화와 매우 유사하다. 동윤은 재주 있는 승려였다. 글을 잘하고 배우의 연희를 잘하고 짐승의 소리를 잘 모방해냈다. 어느 날 마을에 들어갔는데 마침 무당을 불러다 굿을 하는 집이 있었다. 배가 고픈 김에 그 집에 가서 한 끼의 식사를 부탁했지만 단번에 거절당하고 말았다. 그는 화가 났다. 마을의 아이를 달래어 굿을 하는 내력과 가족 관계를 자세히 알아내고 다시 굿판으로 들어갔다. 그는 자신이 실제 무당인 듯한 말과 몸짓을 하면서 슬픔에 잠긴 가족과 친척들 앞에서 죽은이의 모습을 생생하게 재현하여 주위 사람들에게 감동을 안겨주었다. 그는 이런 무당 연희로써 가족들에게 좋은 대접을 받고 재물을 얻어 돌아갔다. 후일 그는 유능한 인재로서 판사직을 얻을 수 있었지만 이런 비행이 밝혀져서 기회를 잃고 말았다. 이같은 동윤의 이야기가 배뱅이굿으로 발전했을 가능성은 충분히 짐작되고 남는다.

배뱅이굿은 무당굿놀이의 방식을 차용한 서도의 노래이다. 실제 종교적인 굿이 아니라 그것을 모방하고 응용하여 거짓으로 꾸민 굿놀음이다. 배뱅이라는 여인의 운명적인 삶과 죽음을 소재로 한 이야기를 연극적으로 부르는 노래이기에 남도판소리와 유사성을 갖는다. 앞서 사설 내용을 통해 살펴본 대로 창본에 따라서 화소에는 약간의 차이가 있지만, 〈춘향가〉에서 춘향이 중심이듯이 배뱅이를 주인공으로 하여 모든 사설을 계승하고 변이시키고 있는 점 역시 남도판소리와 유사하다. 그러나 사설 내용이 배뱅이의 사설에 국한되어 다양하지 못하고, 극적인 전개가 시종 무당의 굿놀이를 모사하고 있는 점이 남도판소리와 다른 점이다.

배뱅이굿에서는 서도소리가 중요한 표현방법, 즉 음악어법이다. 남도판소리가 전라도와 충청도에서 많이 불려졌기 때문에 이 지방의 가락인 육자배기토리의 가락이 중심이 되어 판소리가 발전한 것과 같이 배뱅이굿은 평안도, 황해도에서 발전한 관계로 이 지방의 가락인 수심가토리가 그 중심적인 가락을 이루고 있다. 수심가토리는 대개 위에서부터 질러내는데 위의 음은 흘러내리고, 가운데 음은 심하게 떨며, 아래 음은 곧게 뻗는 특이한 선율진행을 보여준다. 이들 소리를 느릿하게 부르면 구슬픈 느낌을 주게 된다. 서도소리 가운데서도 평안도에서는 수심가가 유명하고, 황해도지역에서는 난봉가와 산염불이 유명하다. 토리란 '토박이말로 된 소리'의 약칭으로 여겨진다. 흔히 민요선율의 지역적 특색을 가리킨다.

수심가토리라고 해서 배뱅이굿의 음악이 모두 수심가로 구성되는 것은 아니다. 서도소리 전체를 재료로 할 뿐만 아니라 경기도 소리의 음

악어법인 경토리와 함경도나 강원도의 민요선율에서 보이는 염불조(調)
가 조금 섞여 있고, 양소운의 배뱅이굿에 전라도 육자배기토리가 약간
섞여 있는 점 등을 간과하지 말아야 할 것이다. 양소운이 출연하는 황
해도 탈춤에도 육자배기토리가 섞여 있고, 이런 소리의 유무가 황해도
와 평안도 배뱅이굿의 차이점이 될 수 있다는 사실 역시 주목된다.[44]

산염불은 유창하게 길게 뽑는 가락이 구성지기 때문에 서도지방에서
는 남녀노소 할 것 없이 곧잘 부른다. 예전에는 메기는 소리인 독창 부
분과 받는 소리인 제창 부분의 사설 길이가 비슷했지만 요즘은 독창 부
분이 세련되게 길어졌고, 점차 전문 음악인들의 예능과 음악어법이 더
해져서 우수한 민요가 되었다. 제창 부분은 "아헤헤에 에헤야 아미타불
이로다"로 고정되어 있다. 독창 부분은 "어젯 밤에 꿈 좋드니, 님에게서
편지 왔소 그 편지 받아들고, 가슴 우에 얹었더니, 인찰지[편지지] 한
장이 무겁갔소마는, 가슴이 답답하여 못 살갔소"와 같이 세 부분이 한
절로 이루어지고, 이런 부분이 네 소절로 구성되어, 모두 12소절에 제창
이 따라 붙는 형식이다.

배뱅이굿은 이야기를 노래로 부르는 형태로서 한 사람의 창자가 오
른손에 부채를 들고 장고 및 징의 반주에 맞추어 아니리와 창을 한다.
반주자와 관객들은 남도판소리의 경우와 같이 추임새를 넣어 창자의
소리를 돕거나 흥을 낸다. 창자의 아니리는 사태의 전개를 설명하는 부
분과 등장인물들의 입장에서 대화를 하는 부분으로 나눌 수 있다. 창자
는 해설자 및 일인 다역의 역할을 한다. 창자는 배뱅이 화소를 기본 골
격으로 해서 현장성과 즉흥성을 최대한 살리기 위해 사설 내용, 창법,
연기 등 측면에서 창조적인 노력을 기울인다. 남도판소리에서 더늠이
창출되는 것과 같이 배뱅이굿에서 이본이 생긴 것은 이런 까닭이다. 실

---

44) 권오성, 서도소리, 중요무형문화재해설, 문화재관리국, 1985, p.246 참조

114

제 공연과정에서 이본이 발생하는 사례를 들어 보기로 한다.

김경복의 창본은 "서산 낙조 떨어지는 해는 내일 아침이면 다시 돋건 만, 황천길이 얼마나 먼 지 한 번 가면 다시 못오누나. 에 에혜 에혜 아미 하에혜야 염불이로다"하는 산염불로 시작된다. 공연 중에 부르는 창(唱)은 동으로 남으로 발원, 비나이다, 둥둥 내딸이야, 중 나려온다, 시주 염불, 보고지고 보고지고, 사랑가, 유유화화, 상여가, 평안도 무당노래, 해주 무당노래, 왔구나, 함경도집, 오마니 오마니, 세월네 네월네야, 갓노래, 떠나 간다 등의 순서로 전개된다.

양소운의 창본 역시 산염불로 시작된다. 창은 명산타령, 비나이다, 염불, 장님의 경읽기, 푸닥거리, 출산, 둥둥 내딸이야, 중 나려온다, 시주 염불, 싸리나무 하기, 보고지고 보고지고, 사랑가, 상여가, 서울 무당노래, 평안도 무당노래, 해주 무당노래, 함경도 무당노래, 강원도 무당노래, 술취한 무당노래, 왔구나, 함경도집, 오마니 오마니, 세월네 네월네야, 갓노래, 수왕 가르기, 떠나간다 등의 순서로 전개된다. 김경복의 창본과 차이가 발견된다.45)

3.4. 장대장네굿놀음(서사가)

무당굿에는 큰굿과 작은굿이 있다. 말 그대로 큰굿은 규모를 크게 하는 굿을 지칭하는데, 무당이 서서 한다는 의미에서 선굿이라고 하고, 제차(장면)의 거리가 많다고 해서 열두거리굿이라고도 한다. 이에 대하여 작은굿은 규모가 작은 굿, 무당이 앉아서 한다는 의미에서 앉은굿, 무경(巫經)을 읽는다고 해서 독경(讀經) 또는 굿을 간단히 한다고 해서 푸닥거리라고 한다.

---

45) 양소운의 배뱅이굿, 1991년 5월 31일, 서울 신촌 사물놀이 라이브하우스 공연 참조

배뱅이굿은 규모가 큰 열두거리굿을 모방한 서사가이다. 장대장네굿은 무당의 푸닥거리를 모방한 광대놀이로서 상대방과 서로 주고받는 만수받이가락으로 전개된다. 판수역(봉사, 해설자역을 겸함)과 무녀역(장대장네 즉 장씨 대장장이의 아내), 오입쟁이역(오두께비, 관객), 주인역(허부자) 등에 의해 공연되었다. 연희자가 부족하면 혼자서도 공연했다. 장고 또는 삼현육각을 반주악기로 사용한다.

장대장네굿은 ① 박치선(朴致先) 구술본, 최선묵(崔善默) 구술본, 지관용(池觀龍 1909-1986)구술본이 채록되었다. ①에서 봉사인 박판수와 장대장네는 함께 푸닥거리를 하는 동반자이다. 미녀인 장대장네는 박판수와 동네 오입쟁이인 오두께비로부터 유혹을 받는다. 어느 날 굿을 하러 가다가 장대장네는 수수밭에서 오두께비와 정사를 갖는다. 그녀는 이 사실을 속이려 했으나 박판수는 점괘로써 사실을 알아내어 남편인 장대장에게 알려주겠다고 협박한다. 박판수의 압력으로 장대장네는 제대로 굿을 할 수 없게 된다. 결국 그녀는 박판수에게 몸을 허락하기로 약속하지만 굿을 제대로 하지 않았다는 이유로 주인에게 추방당한다.[46)

②에서 박판수는 고독을 잊기 위해 단소로 산염불을 연주하고, 수음(手淫)하는 흉내를 짓기도 한다. 두 남녀가 굿을 하러 가다가 장대장네가 다른 남자와 수작한다. 외간 남자역은 장대장네가 관객 가운데서 선택한다. 박판수는 점괘로써 그녀의 탈선을 알아내고, 갖은 방법으로 협박한다. 제대로 굿을 할 수 없는 지경에 이르자 그녀는 몸을 허락하겠다고 약속한다. 그 말에 신바람이 오른 박판수는 허부자집을 위해 한바탕 푸닥거리를 해준다.[47)

---

46) 이두현, 박치선구술본, 한국민속종합조사보고서(황해, 평안북도편), 문화재관리국, 1980, pp.277～279 참조
47) 심우성, 최선묵구술본, 한국의 민속극, 창작과비평사, 1976, pp.330～337 참조

독수 공방 찬 자리 홀로 자다 지지미 떨렁 자빠진 귀(鬼), 너도 먹고 물러 가고, 인천부사 몇 삼년에 흰떡 하나 못 얻어먹고 제물에 살짝 돌아간 귀, 너도 먹고 물러가고, 처녀 죽어 골미귀, 총각 죽어 말뚝귀, 홀아비 죽어 몽 치귀신, 과부 죽어 원혼귀, 너도 먹고 물러가고…… (최선묵본)

③에서 장대장은 순조시대 재상의 아들인 장기영으로 설정되었다. 그는 기방 출입으로 재산을 탕진하고 부친의 친구인 예조판서의 도움 으로 해주지방 첨사가 된다. 부임하는 도중에 어느 마을 앞에서 굿판을 만나게 되고, 한량이었던 장기영은 남의 눈을 피하여 무녀와 어울리다 가 두 사람은 부부가 된다. 그는 판서의 도움으로 첨사에서 다시 중앙 으로 영전되어 대장이 된다. 그는 자신의 높은 지위에도 불구하고 아내 의 무녀 신분이 탄로날 것을 항시 두려워한다. 이런 가운데 장대장의 아이는 심한 병이 든다. 장대장네는 점을 치러 허봉사를 찾아갔으나 그 녀에게 욕정을 느낀 봉사는 의외의 짓을 하게 되고, 몹시 화가 난 무녀 는 스스로 자식을 위한 치병굿을 한다. 곁에서 이 사실을 목격한 허봉 사는 장대장에게 폭로하겠다고 협박하고, 장대장네는 허봉사의 입을 막 기 위해 몸을 허락한다. 그러나 두 남녀는 구경꾼들에게 몽둥이로 얻어 맞고 쫓겨난다.[48)

이상의 ③은 조선시대 말기 박춘재(朴春載 1881-1948)가 불렀다는 장 대장타령과 내용이 유사하다. 당시 그의 재담 및 대창자는 문영수(文泳 洙 1867-1930)였다. 그러나 장대장타령은 경토리에 서울무가로 가창된 데 대하여 장대장네굿은 수심가토리에 황해도무가로 가창된 것이 음악 적인 차이점이다.[49)

48) 양종승, 지관용구술본, 민속소식 제12·13호, 1996. 8~9, p.7 p.11 참조.
49) 이보형, 장대장타령, 한국민족문화대백과사전, 한국정신문화연구원, 1994, p.157 참조.

3.5. 가야금병창 및 거문고병창(병창)

병창으로는 전통적으로 가야금병창이 널리 알려졌다. 어려서 부친 심창래(沈昌來)에게 가야금병창을 배운 심상건(沈相健 1889-1965)은 명인으로 이름을 날렸다.50) 판소리 고수와 가야금병창을 잘 했던 오수관(吳壽寬 1875-?)의 아들 오태석(吳太石 1895-1953)은 가야금병창의 기반을 다지는 데 기여했다. 일제강점기에 기방에서 가야금병창을 자주 한 데서 널리 보급되었다. 여러 가창자들이 함께 가야금병창을 하기도 했다. 가야금병창을 할 때 가야금 연주는 노래를 따라가는 역할만을 하지 않고 노래를 효과적으로 살리기 위한 기능을 했다. 즉, 장단의 박을 짚어주는 장고의 기능, 선율의 흐름에서 중요한 음이나 선율을 강조하는 역할, 소리가 없는 공간을 메꾸어 주며 장단을 채워주는 역할, 장단의 시작과 끝을 분명히 해주는 종지 형태의 기능 등이 그것이다.51)

가야금병창에서 불리는 노래들은 다음과 같다. 단가로는 청석령 지날 때, 녹음방초, 죽장망혜, 호남가, 백발가 등이다. 〈청석령 지날 때〉는 판소리단가로는 불리지 않는 것이 가야금산조에서 불리고 있다. 판소리로는 〈춘향가〉 중 사랑가, 〈심청가〉 중 방아타령, 〈흥보가〉 중 제비노정기, 〈적벽가〉 중 화용도, 〈수궁가〉 중 가자 어서 가 등이다. 신민요로는 꽃타령, 야월삼경, 김매기타령, 골패타령, 멸치잡이 노래, 청산별곡 등이다.

가야금병창(중요무형문화재 제23호)은 서공철(徐公哲 1911-1982), 박귀희(朴貴姬 1921-1993), 정달영(鄭達榮 1922-1997), 안숙선(安淑善 1949-), 강정열(姜貞烈 1950-), 강정숙(姜貞淑 1952-) 등을 통해 전승되었다. 안숙선은 오늘날 최고의 판소리 명창으로 평가되고 있지만 지정

---

50) 이재옥, 심상건, 국악누리, 2012,5, pp.44-47 참조
51) 김해숙 · 백대웅 · 최태현, 전게서, p.189 참조

당시에는 가야금병창으로 예능보유자가 되었다.

여기서 거문고병창을 함께 소개해 두기로 한다. 거문고산조(중요무형문화재 제16호)의 예능보유자였던 신쾌동(申快童 1910-1977)은 산조를 하는 한편, 틈틈이 병창을 불렀다. 신쾌동의 계승자인 보유자 김영재(金泳宰 1947-)의 증언에 의하면, 신쾌동은 1930년대 조선성악연구회의 명인들과 함께 활동하며 소리를 배웠다. 거문고산조는 대중성이 없어 친밀감을 높이기 위해 병창을 하게 되었다는 것이다. 신쾌동의 노래 중에서 김영재는 단 몇 곡만을 배웠다.

현재 김영재가 부르는 병창은 판소리 〈적벽가〉 중 새타령, 단가 중 팔도유람가(일명 명인명창), 호남가, 민요로는 새타령, 진도아리랑, 남한산성 등이다. 이밖에 신쾌동의 병창으로 기억나는 것은 판소리 〈심청가〉 중 방아타령, 〈춘향가〉 중 천자뒷풀이 등이다. 그는 여성이 주로 하는 가야금병창은 가볍고 우아한 느낌을 주는 데 비해, 남성이 주로 하는 거문고병창은 호기 있고 창의적인 느낌을 준다고 했다.[52]

3.6. 아리랑(민요)

3.6.1. 전통아리랑

시원적으로 보면 아리랑은 서민들이 불렀던 민요(民謠)의 한 종류이다. 지금도 강원도의 산골 사람들은 이 토박이민요(향토민요)를 부르며 지낸다. 아리랑의 어원에 대해 몇 가지 유래설이 제기되었지만 현재로서는 입타령[後斂]설이 그중 유력하다. 즉 노래의 명칭 아리랑은 말할 것도 없고, 아라리(강원도), 아리아리(진도, 밀양), 아라성(충북 음성), 아롱(해주), 아르렁(구조아리랑) 등과 같은 후렴의 동일한 반복에서 발전

---

52) 김영재 증언, 2014.12.21 참조

된 모습을 보이는 까닭이다.53)

여러 아리랑 가운데 지역의 기층문화 행위로 전승되는 아리랑소리는 강원도의 〈자진아라리〉와 〈긴아라리〉 밖에 없으므로, 이 곡이 아리랑의 시원에 해당한다는 학설이 이보형(李輔亨)에 의해 제기되었다. 〈자진아라리〉로부터 〈아라리〉(긴아라리)가 나오고, 나머지 여러 아리랑이 파생되었다는 논리이다.54) 아리랑이 언제부터 불리었고 어떻게 전파되면서 숱한 변천이 이루어진 것인지는 현재로서는 알 길이 없다. 구전민요로부터 기록민요로 정착된 것이다.

아리랑은 2012년 12월에 유네스코 문화유산으로 등재되었다. 현대 아리랑의 넓은 범주에 대해 특정한 아리랑을 지목하지 않고, 통칭 '아리랑'이라 등재함으로써 역사적으로 응집되어 온 포월적(包越的) 개념을 적극적으로 보존하고자 한 점에 큰 의의가 있다. 국내에서는 이보다 앞서 1971년 정선아리랑이 유일하게 시도지정 무형문화재 개인종목으로 지정되었을 뿐이다. 예능보유자는 최봉출(1919-?), 유영란, 김병하, 김남기, 김형조, 김길자 등이다. 전승계보라는 문화재보호법의 엄격한 규정 때문에 다른 지역의 아리랑이 문화재로 지정되지 못하는 사이에 유네스코의 유산 등재가 먼저 이루어졌다.

1865년부터 1872년까지 진행된 경복궁 복원공사 도중에 강원도의 아리랑은 한성(현 서울)에 전파되었을 가능성이 짙다. 강원도지방의 목재는 남한강과 북한강을 통하여 뗏목 형태로 운송되었는데, 남한강을 이용하여 서울로 운송되던 뗏목 출발지의 한 곳이 강원도 정선의 아우라지였다. 그곳 뗏목꾼들이 서울까지 운송했다. 지금도 강원도 지역에서 〈뗏목아리랑〉 등의 명칭으로 불리는 토박이민요들이 이 같은 사정을

---

53) 이보형, 아리랑소리의 근원과 변천에 관한 음악적 연구, 한국민요학 제5호, 1997, pp.111-112 참조.

54) 이보형, 전게논문, p.102 참조.

잘 보여주고 있다. 뗏목꾼들의 노래는 입에서 입으로 전해졌고, 경기지역 음악어법으로 전이되면서〈경기자진아리랑〉을 파생시킨 것으로 해석된다.[55]

나운규(羅雲奎 1904-1937)의 영화〈아리랑〉은 1926년 10월 1일 단성사에서 개봉되어 5일 동안 연일 만원을 기록했고 1938년까지 당시 경성(현 서울)에서만 18차례나 재상연되었다. 영화 주제곡〈아리랑〉은 나운규가 소학생(현 초등학생) 때 들었던 선율을 기억해 단성사 부설의 음악대(音樂隊)에 부탁해 만들었다고 한다. 이 주제곡을 흔히〈본조아리랑〉이라고 하는데 당대의〈경기아리랑〉을 바탕으로 가창되었다. 이 주제곡을 계기로 아리랑은 국내는 물론, 외국에까지 널리 알려지게 되었다. 아리랑의 대중화라고 할 수 있다.

영화의 주제가와 함께 아리랑은 방송에 출연한 일부 명창이나 이른바 신민요 가수들에 의해 대중가요로 널리 보급되었고, 유성기 음반에 실려 성음곡들이 보전되기 시작했다. 토박이민요에서 가수들의 명곡으로 수준이 향상되기에 이르렀다. 이 무렵부터 민족운동을 하는 사람들과 학생층, 해외에서 독립투쟁을 하는 사람들과 이민생활을 하는 사람들 사이에서 입버릇처럼 이 아리랑을 자주 부르게 되었다. 마치 애국가와 독립가 같은 뜻을 품게 되었다. 그리고 오랜 식민지통치하의 고통과 고난, 해외에서의 유랑생활, 분단의 비극과 이산가족의 아픔, 계속되는 해외이민 속에서 아리랑은 한민족의 정체성과 역사성을 상징하는 노래로 자리를 잡았고 내외에 알려지게 된 것이다.

아리랑은 모곡별(母曲別)로 구조아리랑, 밀양아리랑, 강원도아리랑(자진아라리), 정선아리랑, 창작아리랑으로 나누어진다. 모곡별로 정리한 이러한 분류는 일종의 유칭(流稱)에 해당한다.〈구조아리랑〉은〈본

---

55) 김영운, 아리랑의 시작, 국립국악원 국악박물관, 아리랑, 기획전시자료집, 2013, pp. 128-153 참조

조아리랑)과 달리, 솔-라-도-레-미의 5음계에서 맨 아래에 있는 솔이 종지음으로 된 아리랑들을 지칭한 것이다.56)

"고종 31년(1894) 정월, 임금은 매일 밤 전등을 밝혀 놓고 광대들을 불러 새로운 소리의 염곡(艶曲)을 연주하게 했는데 그것은 아리랑타령(阿里娘打令)이라는 것이다. 타령이란 연주하는 곡의 속칭이다. 민영주(閔泳桂)는 원임각신(原任閣臣)으로서 뭇 광대들을 거느리고 아리랑타령 부르는 것을 전적으로 관리하여 광대들의 잘하고 못하는 것을 평가했고 상방궁(尙方宮)에서 금은(金銀)을 내어 상으로 주도록 했다. 이 일은 일본공사 대조규개(大鳥圭介)가 대궐을 침범할 때에 이르러서야 그쳤다."57)

1894년 5월에 청군이 조선보호라는 명분으로 아산만에 상륙하고, 일본군은 인천에 상륙했다. 6월에 일본측은 내정개혁 방안을 제시하고 시행을 강요했고, 조선측은 일본의 제안을 거절하고 철군을 요구했다. 이에 일본군은 대조규개 공사의 지휘로 경복궁에 침입해 친청파(親淸派)인 민씨정권을 몰아내고 대원군을 옹립했다. 8월에 청일전쟁이 조선에서 발발했다. 이상의 기록에서 '대궐 침범'이란 이상과 같은 사건을 말한다. 어쨌든, 아리랑이 대궐에까지 전파된 내력을 일러준다.

1896년에 재미 한인 안종식과 이희철이 노래한 것,58) 1896년 헐버트(H.B. Hulbert 1863-1949)의 『한국의 성악』에 게재된 것, 1913년 김연옥과 조모란이 노래한 것, 1914년 이상준의 『조선속곡집 상권』에 게재된 것, 1915년 박승엽의 『무쌍신구잡가』에 게재된 것, 1916년 독일군 포로가 된 김그레고리와 안스테판이 노래한 것, 1926년 김금화가 노래한 것,

---

56) 김영운, 전게 논문, pp.128-153 참조

57) 이장희전집 권6, 역주 매천야록(제1권), 경인문화사, 2011, p.581 참조

58) 안종식 · 이희철, 아리랑CD, 미국의회도서관(1896), 정창관 감독, 한국고음반연구회, 2007 참조

1929년 이진봉과 김옥엽이 노래한 것, 1933년 김운선이 노래한 자료들을 통해 나운규의 영화 〈아리랑〉이 나오기 전까지 〈아리랑〉의 전승과정을 대강이라도 파악할 수 있다.[59]

김영운(金英云)은 180곡이 넘는 다양한 아리랑계통 악곡의 음원을 분석해 모곡을 찾아냈다. 그리고 그 모곡들의 상호 관계를 파생 관계로 다시 정리했다. 그 결과는 토박이민요로서 강원도 자진아라리(모내는 소리), 긴아라리(정선지역), 엮음아라리(정선지역)가 있고, 자진아라리에서 〈강원도아리랑〉, 긴아라리에서 〈한오백년〉, 엮음아라리에서 〈정선아리랑〉이 파생되었다. 긴아라리가 경복궁 중건 무렵에 경기도지역에 전파되어 〈구조아리랑〉〈경기자진아리랑〉〈경기긴아리랑〉이 되었고, 이것이 다시 전이되어 〈본조아리랑〉이 되었다. 〈밀양아리랑〉〈진도아리랑〉〈해주아리랑〉 등은 그 후에 가창되기 시작했다.[60]

아리랑의 발전과정에 대한 지금까지의 이보형, 김영운의 학설에 대해 김보희(金寶姬)는 다른 의견을 제시했다. 김보희는 '아라리 파생설'에 대해, 역사적 사료와 논증을 할 수 있는 음악적 자료가 부족한 상태에서 결론지어진 것이라고 지적했다. 김보희가 그동안 해외에서 수집한 100여 개의 아리랑과 북한에서 수집된 50여 개의 아리랑을 음악적으로 분석한 결과 역사적으로 최초로 헐버트가 오선보에 채보한 〈Ararung, 아라렁〉(1896)과 1914년 『조선속곡집』에 이상준이 채보한 〈Areurung Taryung 아르렁 타령〉에 나타나는 운율이 1926년 나운규의 영화주제곡 아리랑에 직접적인 영향을 준 곡이라는 사실을 밝혀내었다. 구소련지역과 중국에서는 현재까지 불리고 있는 아리랑은 남한에서 〈구아리랑〉이라고 부르는데, 바로 이 곡이 헐버트가 채록한 〈Korean Vocal Music〉,

---

59) 국립국악원 국악박물관, 아리랑, 기획전시자료집, 2013 참조
60) 김선국 감독, 라디오 프랑스 제작, 이춘희 아리랑과 민요CD(C560528)에는 경기지역의 〈긴아리랑〉〈구조아리랑〉〈본조아리랑〉이 수록되었다, 2013 참조

〈Ararung, 아라렁〉이다.

현재 남한에서는 〈아르렁 타령〉을 아리랑을 근대 아리랑의 원조로 보지 않고, 강원도의 토속민요에서 발전된 〈긴아리랑〉에서 1926년 나운규의 영화주제곡 〈아리랑〉까지 영향을 주었다는 것이 학계에서 정설이 되어왔다. 그러나 김보희는 아리랑이 각 지역마다 다른 특성을 갖고 발전되고 변화되었다는 것이다. 음악적 선율 분석과 가사 비교를 통해 재구성된 아리랑 선율의 변화를 알 수 있다는 것이다. 근대에서 발전한 서울의 〈긴아리랑〉, 〈해주아리랑〉 역시 〈아르랑 타령〉에서 변이되어 재구성된 아리랑인데, 오히려 〈긴아리랑〉이 더 오래되었다고 하는 주장은 다시 논의되어야 한다고 지적했다.[61]

2003년 북한의 고구려고분이 유네스코 유산으로 등재될 예정이었지만 위원국이었던 중국의 반대로 무산된 일이 있었다. 중국측의 끈질긴 요청으로, 2004년 8월에 중국 동북부지방인 옛 고구려의 수도였던 환인(桓因)의 고구려고분은 북한과 동시에 등재(제28차 총회)되는 사태가 벌어졌다. 모두가 중국의 동북공정(東北工程)정책이 빚어내고 있는 일련의 역사적 국면들이다.

2011년 6월 21일 중국은 조선족의 아리랑을 국가 비물질문화유산으로 등재했다. 이 사건을 둘러싸고 문화재청은 여론의 호된 지탄을 받았고, 매우 곤혹스러운 입장에 놓이게 되었다. 이른바 '아리랑의 소유권과 주도권'을 방기하고 빼앗겼다는 비난과 비판에 부딪힌 것이다. 그러나 필자는 이에 대한 생각을 달리한다. 중국에 사는 동포들이 아리랑을 즐겨 부르고 있고, 수천 년 동안 여러 민족들이 각축하며 이룩해 온 중국, 아울러 전통적인 소수민족 정책으로 국가를 유지해 온 중국이 조선족의 아리랑을 문화재로 지정하는 것을 '불쾌한 시선'으로만 보아야 할까.

---

61) 김보희, 한인 디아스포라 아리랑의 원형과 파생관계 연구, 한국음악연구 제51집, 2012 pp.5-34 참조

124

오히려 아리랑의 보존, 세계 확산으로, 긍정적인 관점에서, 넓은 가슴으로 이해할 수는 없을까. 장차 남미에 사는 동포들의 아리랑, 미국 동포들의 아리랑이 문화재로 되지 말라는 법도 없을 것이다. 국내에서도 이미 다민족문화의 포용과 수용 및 화합이 문화정책의 우선을 차지하게 되었다. 아리랑에 대한 문화인식과 보급은 새로운 차원을 맞게 된 것이다.

〈진도아리랑〉(육자배기, 산아지)62) 〈밀양아리랑〉(정자소리, 어산영)63) 〈정선아리랑〉64) 같은 토박이민요는 그 나름대로, 오늘날 전세계로 전파된 〈연변아리랑〉〈고려인아리랑〉〈LA아리랑〉 등은 또한 그 나름대로, 공연방식과 매체에 따라 가수들이 자주 부르는 아리랑은 그 나름대로 가창되는 것이 마땅하다. 현재까지 조사된 아리랑의 가사는 모두 5천여 개라 한다. 그만큼 대중가요가 되었다는 뜻이다.

이제 아리랑은 민요적 가치, 역사적 가치, 민족적 가치로서 뿐만 아니라 한국인의 정체성과 원형성을 나타내는 무형의 상징물로서 전승체계를 세우게 되었다.

3.6.2. 창작아리랑

전통아리랑은 성악민요로 전승되었지만 창작아리랑은 반드시 성악곡이라 할 수 없다. 전승과정에서 여러 양식으로 새로운 작품들이 발표되었다. 전통아리랑을 문화콘텐츠로 삼아 새로운 작품을 만드는 일은 가장 중요하고 기대할 만한 일일 것이다. 가장 단순하고 소박한 성악곡

---

62) 박병훈, 진도아리랑타령가사집, 진도문화원, 1991 참조
이보형, 진도아리랑의 생성과 음악적 특징, 남도민속학회 국제학술대회논문집, 2013, pp.105-117 참조
이용식, 호남음악권에 있어서 진도아리랑의 위상, 남도민속학회 국제학술대회논문집, 2013, pp.43-59 참조
63) 김영옥, 밀양을 전하는 열다섯 편의 아리랑, 밀양구술프로젝트, 2014 참조
64) 진용선, 정선아리랑, 정선군, 2009 참조

이지만 전 세계에 널리 알려진 민족음악인 아리랑을 음악적으로 발전시키는 것은 우리의 우선 과제라 할 수 있다. 지금까지 이루어진 창작아리랑들을 간략히 서술해 보기로 한다.

가장 주목되는 것이 아리랑의 관현악곡들이다. 국악관현악곡으로 수편이 발표되었다. 백대웅 작곡의 〈남도아리랑〉은 오케스트라 아시아에서 연주하기 위해 창작된 곡이다. 한중일 3국의 민족악기를 합주하기 위해 조직된 것이 오케스트라 아시아이다. 1994년 6월에 작곡된 이 곡은 밀양아리랑과 진도아리랑을 기조로 하여 만들어진 것이다. 피리로 진득하게 엮어가는 밀양아리랑에 이어 신명나게 흥취를 돋우는 진도아리랑의 멋을 앞뒤로 조화시킨 명곡이다.

정원기 작곡의 〈땅에서 나온 노래〉는 전통아리랑들을 바탕으로 창작되었고 2011년 8월에 중앙국악관현악단이 초연했다. 조원행 작곡의 〈청주아리랑을 위한 아리랑 환상곡〉은 2011년 9월에 청주시립국악단에 의해 초연되었다. 황호준 작사·작곡의 〈빛고을아리랑〉은 2011년 11월 광주시립국악관현악단에 의해 초연되었다. 김성진 작곡의 〈서울아리랑〉은 2011년 12월 서울시청소년국악관현악단에 의해 초연되었다. 이의영 작곡의 〈한반도아리랑〉은 2011년 12월 서울시국악관현악단에 의해 초연되었다. 이인식 작곡의 〈아리랑타령 2011〉은 2011년 10월 한국음악어법과 서양음악을 접목한 곡이다.

양악관현악곡으로 수편이 발표되었다. 일제강점기에 안기영이 작곡한 〈강남아리랑〉은 목가적 분위기의 단조가 주조이고 플루트의 환상적인 연주가 인상적이다. 김동진(金東振 1913-2009) 작곡의 〈신아리랑〉은 가곡의 맛을 그대로 살려 간결하고 화사한 분위기를 낸다. 윤이상(尹伊桑 1917-1995) 편곡의 〈경상도 아리랑을 주제로 한 환상곡〉은 5/8박자의 엇모리장단이 주선율을 이루면서 무겁게 시작된다. 중간 부분은 고향을 회상하는 소박한 멜로디가 흐르고, 마지막은 참을 수 없는 현실에 대한 격분으로 끝난다.

김영환 작곡의 〈구조 아리랑〉(북한)은 첫째 부분 및 셋째 부분에서 서도민요에 나타나는 유순하고 유창한 감정을 잘 나타낸다. 둘째 부분에서는 절망과 애수의 감정이 박력 있게 묘사된다. 이명남의 클라리넷과 관현악이 결합된 〈단천 아리랑〉(북한)은 3박자 계통의 전통 장단을 살려 독주와 합주를 살리는 연주 형식이다. 박연희의 플롯과 관현악이 결합된 〈긴아리랑〉(독주)은 9/8박자를 기본으로 느리고 애조적인 성격을 띠고 있으나 리듬의 자유로운 변화를 통해 다양한 색채감을 제공한다. 박세영 작사·고종환 작곡·김홍재 편곡의 〈임진강〉(북한, 1978)이 발표되었고, 러시아 고려악단은 전노인 편곡의 〈아리랑〉(1963, 사할린)을 발표했다.

특히 최성환(1936-1981) 작곡의 〈본조아리랑을 주제로 한 환상곡〉(북한, 1976)은 1990년대부터 NHK교향악단을 비롯한 세계 1백여 개의 오케스트라에 의해 연주되어 주목을 받았다. 여러 차례 다듬어져 개량악기를 포함한 배합관현악곡으로 알려진 곡인데, 목관으로 고요한 아침의 정경을 묘사하다가 본조아리랑의 주제가 현으로 제시되고 후반부는 빠른 템포로 치닫다가 조용하게 종지된다. 유명한 로린 마젤(L. Maazel 1930-2014)이 지휘한 뉴욕 필하모닉 오케스트라는 2008년 2월 평양과 서울에서 차례로 연주회를 가졌다. 26일 오후 5시 동평양극장에서 연주했다. 28일 오후 서울에서 연주했는데, 3번째 앵콜곡으로 북한 최성환의 아리랑을 연주함으로써 남한의 청중들은 그의 작곡 능력을 실제로 느낄 수 있게 되었다.

대중가요로 애창된 아리랑으로는 강영숙 작사·손목인 작곡·신카나리아 노래로 〈아리랑 춘풍〉, 강사랑 작사·박춘석 작곡·김치켈 노래로 〈아리랑 목동〉, 박세영 작사·고종환 작곡의 〈임진강〉(북한, 1957), 이홍렬이 편곡해 4H회원들이 자주 부른 〈아리랑〉(1959),[65] 한돌이 가사와 곡을 붙인 독도 주제의 〈홀로 아리랑〉(2012,12), 개성적인 창법으로 유명한 김용우의 〈소리꾼 김용우가 부르는 아리랑〉(2011,8) 등이 발표했다. 일본의 게이오대학 출신 남성4중창단 다크닥스는 〈4중창 아리랑〉(1952), 미에현의 우타오니합창단은 〈합창 아리랑〉(1972)을 발표했다.

최근에는 하춘화의 〈영암아리랑〉, 서유석의 〈홀로 아리랑〉, 전인권의 〈아리랑 너랑나랑〉, 조용필의 〈꿈의 아리랑〉, 가야랑의 〈아리랑〉, 킹스턴 루디스카의 〈라틴 아리랑〉, 서문탁의 〈락 아리랑〉, 류형선 편곡·박애리 노래의 〈진도아리랑〉, 박범훈(朴範薰 1948-) 작곡·레이디스 토크 노래의 〈아리랑 환상곡〉, 이상현이 가사와 곡을 붙인 〈아리랑〉, 김창회가 가사와 곡을 붙인 〈내 겨레 아리랑〉(흑룡강성), 케이팝식 백댄드·김미아 노래의 〈아리랑〉(베이징), 나윤선의 재즈곡 〈아리랑〉(파리) 등이 자주 공연된다.

미국인 오스카 패티포드(Oscar Pettiford 1922-1960)는 1951년 6·25전쟁에 참전해 한국인 통역병이 부른 아리랑을 듣고 재즈로 편곡해 〈아디동블스〉(Ah Dee Dong Blues)라는 제목으로 번역(제목은 오역)해 불렀다.[66] 미국 작곡가 찬스(John Barnes Chance)는 6·25전쟁에 군악대원으로 참전해 아리랑을 서주(序奏)와 5가지로 변주한 〈한국민요를 주제로 한 변주곡〉을 창작해 연주했다. 미국 반전음악가이자 포크음악의 대부인 피터 시거(Pete Seeger)는 1964년 경쾌한 기타 반주로 아리랑을 영역해 불렀다.[67] 미국인 버트 폴만(Polman)은 1990년 미국연합장로교회 찬송가집에 〈아리랑〉(Christ, You Are the Fullness)을 번역해 편찬해냈다.[68]

---

65) 국립국악원 편, 겨레의 노래 세계의 노래 아리랑, 국악박물관, p.105 참조
66) 국립국악원 편, 전게서, p.115 참조
67) 국립국악원 편, 전게서, p.119 참조
68) 이정면, 한 지리학자의 아리랑 기행, 이지출판사, 2007 참조

128

음악극 아리랑으로서는, 1988년 9월에 공연된 김희조(金熙祚 1920-2003) 작곡의 〈아리랑 아리랑〉의 변주곡들도 잊을 수 없는 명곡들이다. 타슈겐트에서 조국을 찾은 교포 3세의 애절한 사연과 고국 처녀와의 아름다운 사랑을 그린 드라마를 살리는 데 작곡자의 역할은 단연 빛났다. 88예술단의 〈뮤지컬 아리랑〉도 공연되었다. 1970년대 북한의 가극 〈피바다〉에서 김호기는 〈아리랑 아리랑 아라리오〉를 불렀다.

영화 아리랑으로서는, 1957년 4월에 나운규의 아리랑을 원작으로 김소동 감독의 영화 아리랑이 발표되었다. 이 영화의 주제곡은 〈아리랑, 그리운 고향길〉로 창작되었다. 연극으로는 극단 토월회 박승희(朴勝喜 1901-1964)의 〈아리랑〉, 동아일보 주최 창극 유현종의 〈아리랑〉 등이 공연되었다.69) 2013년 7월에 공연된 김성구의 마임극 〈아리랑 랩소디〉는 마임으로 아리랑을 새롭게 표현한 특이한 사례에 속한다. 40여 년간 마임을 해 온 개척자로서 그는 일제강점기 유랑극단의 고달픈 생활상을 오늘날의 배우 현실에 비유해 패러디하는 몸짓을 통해 유니크하게 표현했다.

아리랑이 유네스코 문화유산으로 등재된 2013년부터 아리랑 관련 행사들은 급증하는 현상을 보인다. 아리랑을 주제로 한 지역축제, 전국축제, 각종 공연 및 토론회 등이 범람하는 느낌을 줄 정도이다. 때마침 박근혜 정부에서 문화융성의 8대 과제의 하나로 '아리랑의 진흥'을 제시하고 이 분야에 대한 범정부적 지원이 이루어지고 있는 요인과도 관계가 있는 것으로 보인다. 중복되는 행사, 중앙정부에 대한 지나친 지자체의 요구, 부실한 공연의 남발 등이 자주 눈에 뜨이고 아울러 아리랑에 대한 참신한 발전을 기대했던 국민들에게는 지루함과 불쾌감을 일으키게 한다. 말 그대로 '아리랑 문화업자들 끼리의 잔치'라는 오해를 증폭

69) 박민일, 아리랑자료집(2권), 강원대학교출판부, 1992 참조

시키고 있다. 필자는 이러한 대안으로서 전 세계에 살고 있는 우리 국민과 외국인들이 가창, 편곡, 작곡한 모든 아리랑 관련 작품을 대상으로 '아리랑의 세계축제'를 실시할 것을 제안한 바 있었다. 아리랑이 지구촌 음악으로, 21세기의 새로운 음악으로 도약하는 계기가 필요한 시점이다.[70]

---

70) 서연호, 아리랑의 진흥과 세계화 방안, 남도민속학회 국제학술대회논문집, 2013, pp.171-176 참조.

4. 기악양식

4.1. 기악양식의 갈래

기악(器樂)은 악기를 사용하여 연주하는 음악을 일컫는다. 연주자의 수에 따라 독주, 중주, 합주로 나누고, 표현 형식에 따라 여러 갈래로 나눈다. 중국사료에 기록된 한민족의 고대 사료, 『삼국사기』『삼국유사』을 참조하면 기악은 매우 오랜 역사를 지닌 것을 알 수 있다. 송방송의 『증보 한국음악통사』(2007)에는 전통악기의 발달과 전통기악의 내력이 비교적 상세히 기술되었다. 오늘날과 같은 서양악기들은 17세기 이탈리아를 중심으로 획기적으로 발전된 것이고 이러한 악기들을 기반으로 서양기악이 발전했다.

음악연주 실황의 TV중계, CD 및 디지털 DVD가 날로 증가되는 오늘날, 왜 사람들은 음악연주회를 찾아가는가. 귀로 들을 수 있는 음악을 왜 현장에서 시각적으로 동시에 즐기려 하는가. 이 질문에 대한 해답은 물론 간단하지 않다. 별도의 고찰을 필요로 할 정도로 심리적으로 사회적으로 예술적으로 여러 가지 요인들이 복합적 원인을 형성하고 있다고 말할 수 있다.[1] 어쨌든 여기서는 사람들이 기악의 현장성을 변함없이 즐긴다는 점을 고려하며 논의를 진행하기로 한다.

전통악기는 『악학궤범』식 분류(雅部, 唐部, 鄕部), 『증보문헌보고』식 분류(8음 재료에 따라 雅部와 俗部), 연주법에 의한 분류(관악기, 현악기, 타악기)로 이어졌다. 국악 관악기는 14종이다. 현악기로 기록된 14종 가운데 아쟁, 해금, 가야금, 거문고, 양금 등 5종만이 연주된다. 타악기는 18종이 기록되었지만 상당수가 사용되지 않는다. 현실 음악의 위치에서 보면 과거의 분류는 무리가 많고 일부 음악에 국한된 분류도 있으며, 편종과 편경 같은 선율악기와 장고와 북 같은 리듬악기를 모두 타악기로 분류한, 한계도 있다. 이런 이유로 모든 악기를 선율악기와 리듬악기로 나누고, 선율악기이면서 채로 쳐서 소리를 내는 편종과 편경은 타음(打音)악기로 분류함으로써, 현재 전통악기들은 관악기, 현악기, 타음악기, 장단악기로 분류할 수 있다.[2]

전통악기의 장점은 8음이 내는 자연적인 음이라 할 수 있다. 8음은 악기의 재료인 쇠(金), 돌(石), 실(絲), 대나무(竹), 박(匏), 흙(土), 가죽(革), 나무(木)를 일컫는다. 자연이 내는 소리, 자연과 친근한 소리다. 전통음악을 들을 때 우리 마음이 안정되고 편안해지고 온화해지는 것은 우리의 본원적인 육신이 이런 자연적인 음과 잘 어울리는 까닭이라 생각한다. 이런 점에서 전통음악은 전통악기 그대로 연주하는 것이 제격이다. 자연적인 음악인 본원을 그대로 즐길 수 있다. 특히 해금은 8음 재료를 모두 사용한 악기라고 해서 주목하기도 한다.[3]

그러나 한편 8음악기의 한계도 지나칠 수 없다. 재질마다 차이가 있다 보니, 음질의 차이, 음정의 차이를 고려하지 않을 수 없다. 독주곡은 그런 대로 상관이 없다고 친다 해도, 협주(합주), 특히 관현악의 경우는

1) Haas Roland·황은영 역, 음악 그 이상의 음악, 교육과학사, 2012 참조.
2) 김해숙·백대웅·최태현, 전통음악개론, 도서출판 어울림, 1995, p.193 참조.
3) 이윤주, 팔음 국악기, 국악누리, 2013.11, pp.32-33 참조.

악기마다의 음역·음정·음질 차이를 근본적으로 극복하기 어려운 한계를 지니고 있다. 일상생활에서 서양 관현악곡의 음을 듣고 사는 우리에게 전통악기와의 대비는 피할 수 없는 조건이다. 악기는 효과적인 음악을 위한 도구이므로 전통악기의 개량 문제가 대두된 것은 이런 이유일 것이다. 오늘날 전통악기의 연주와 더불어 개량악기의 연주를 동시에 즐기는 너그러운 자세가 요청된다.[4]

백대웅은 악기개량의 핵심을 지적했다. 즉 첫째는 정확한 음정과 손쉬운 연주법을 위해서, 둘째는 음량의 크기를 위해서다. 가장 큰 걸림돌은 악기 음색을 그대로 유지해야 한다는 점이다. 우리 국악기는 제작과정이나 연주법에서 과학적 체계적인 방법 없이 관습적인 연주자들의 음악성에 의존해 왔다. 그래서 독주를 할 때는 별 문제가 없으나 실내악이나 협주를 할 때는 협화(協和)의 문제점이 가장 큰 고민거리이다. 쉽게 이야기하자면 관현악단에서 여러 대금들이 서로 음정에 맞지 않는 유치한 수준이 드러나는 경우이다.[5]

전통음악에서 기악양식으로 전승되는 것에는 거문고산조(중요무형문화재로 제16호), 대금정악(제20호), 가야금산조(제23호), 대금산조(제45호), 피리정악 및 대취타(제46호), 향제줄풍류(제83호가-구례향제줄풍류, 제83호나-이리향제줄풍류) 등이다. 이밖에도 전통적인 기악으로는 여민락, 수제천 및 동동, 보허자 및 보허사, 낙양춘, 영산회상, 자진한잎 및 청성자진한잎, 시나위, 풍물놀이 및 사물놀이 등을 들 수 있다.[6]

거문고산조는 산조형식을 갖추어 거문고로 연주되는 독주곡의 하나이다. 1896년 백낙준(白樂俊 1876-1930)에 의해 남도소리의 여러 선율

---

4) 김해숙, 북한의 악기개량에 관련하여, 한국산조학회 제2집, 2005, pp.73-78 참조
   국립국악원, 국악기 개선방안 연구(사업), 2014,12,17 발표사례 참조
5) 백대웅, 악기음색 유지·연주법 개발이 관건, 교수신문, 1996,1,1 참조
6) 서한범, 국악통론, 태림출판사, 2007 참조

134

형태를 장단이란 틀에 넣어 연주함으로써 시작되었다. 장단에 있어 진양조, 중모리, 자진모리 외에도 중중모리, 엇모리 같은 장단들이 포함되어 있다. 박석기(朴錫驥 1899-1952), 김종기(金宗基 1905-1945), 신쾌동,7) 한갑득(韓甲得 1919-1987), 원광호(元光湖 1922-2002), 김영재, 이재화(李在和 1953-)8) 등에 의해 전승되었다.

대금정악은 김성진(金星振 1916-1996), 김응서(金應瑞 1947-2008), 이상규(李相奎 1944-)에 의해 전승되었다.

대금산조(젓대산조)는 대금정악보다 2율 정도 높은 대금으로 연주되는 기악이다. 대체로 진양조, 중모리, 자진모리로 구성되어 있다. 20세기 초에 박종기(朴鍾基 1879-1939)에 의해 시작되어 한주환(韓周煥 1904-1963), 한범수(韓範洙 1911-1984), 방용현(方龍鉉), 강백천(姜白川 1898-1982), 이충선(李忠善 1901-1989), 김동표(金東表 1941-), 이생강(李生剛 1942-) 등으로 계승되었다.

아쟁산조는 1950년대 후반에 박성옥(朴成玉 1909-1983)이 소아쟁을 만들어 연주한 것이 계기가 되었다. 본래 궁중음악의 반주악기였던 아쟁을 산조를 위한 아쟁으로 개량한 것이다. 이 악기의 음색에 매료된 판소리의 한일섭(韓一燮 1929-1973)9)은 박성옥의 산조를 바탕으로 새롭게 만들었다. 한일섭의 곡은 1990년대 김희조에 의해 처음 채보되었다. 판소리고법의 정철호 역시 한때 아쟁산조를 연주했다. 한일섭의 아쟁산조는 윤윤석(尹允錫 1939-2006), 박종선, 박대성으로 전승되었다. 이 3인에 이르러 산조의 유파가 성립되었다. 그후 서용석과 김영길10)

7) 신쾌동, 거문고산조CD, John Levy Collection, Just Music & Publishing Inc. 2010.
8) 이재화(Lee Jae-hwa), 거문고산조CD, 김선국 감독, Maison des Cultures Monde, w260146 참조
9) 한일섭, 아쟁산조CD, John Levy Collection, Just Music & Publishing Inc. 2010.
10) 김영길(Kim Young-gil), 아쟁산조CD, 김선국 감독, Maison des Cultures Monde, w260143 참조

등에 의해 전승되고 있다. 작곡가 박범훈은 한때 7현아쟁을 누르지 않고 연주하기 위해 10현아쟁으로 제작해 사용하기도 했다.

해금산조는 지용구(池龍九 1857-1938), 김덕진(金德鎭) 등이 만들었다. 이들의 산조는 지영희(池瑛熙 1909-1979), 서용석(徐龍錫)을 거쳐 최태현에게 계승되었다. 피리산조는 누가 만들었는지 분명하지 않지만 한성준(韓成俊 1875-1941)이 연주한 증거가 남아 있고, 최응래(崔應來), 이충선, 오진석 등이 유명했다. 뒤를 이어 지영희는 경기시나위 중 피리가락을 응용해 산조를 만들었고, 정재국(鄭在國 1942-)은 오진석의 가락을 응용해 산조를 만들었다. 퉁소산조는 정해시(鄭海時), 단소산조는 전추산(全秋山)에 의해 각각 시작되었다.

철현금(鐵絃琴)은 1950년대 후반 김영철이 만들었다. 김영철(金永哲 1920-1988)은 줄타기(중요무형문화재 제58호 1976,6) 예능보유자로 지정된 인물로서, 온갖 예능에 탁월한 광대였다. 처음에는 합판 위에 기타처럼 철사줄을 걸어 산조를 연주했다. 1960년대 중반에 철현금을 알게 된 판소리 성창순은 오동나무로 악기를 새로 제작하고 새롭게 산조를 연주해 주목을 받기 시작했다. 그녀는 그 동안의 곡들을 다듬어 긴산조를 만들었다. 류경화(柳京和)는 성창순의 주법을 계승하고 발전시켜 연주하고 있다. 철현금은 가장 최근에 만들어진 국악기의 일종이다.

취타(吹打)는 현대의 행렬악(行列樂)이라 할 수 있다. 백제 고이왕 5년(238), 고구려 영화왕 13년(357), 신라 김유신 장군의 장례에서 각각 고취악(鼓吹樂)이 연주되었다는 기록이 전한다. 고려시대에는 궁중의 의식에서 고취악이 연주된 기록이 전한다.[11] 이런 기록으로 보아 고취악의 역사는 보다 오랜 역사를 간직한 것으로 여겨진다.

---

11) 삼국사기, 권24, 백제본기, 고이왕 5년/ 권43, 열전, 김유신(하) 참조
안악3호고분, 주악도 참조
고려사, 악지 참조

조선시대의 취타는 대취타, 취타, 길군악, 길타령, 별우조타령, 군악으로 구분된다. 대취타는 관청에 소속되어 왕이나 관리의 행차, 군대의 행진 및 전쟁의 개선 등에서 연주했다. 행렬의 앞에 위치한 악대를 전부고취라고 했다.12) 대취타에는 시작과 끝을 알리는 집사가 있었다. 집사는 등채를 두 손으로 받쳐 들고 취타수를 향하여 '금일 명하 대취타' 하고 소리를 치면, 취타수는 징을 한 번 치고, 용고를 두 번을 친 다음, 연주를 시작한다. 현재의 취타는 태평소 가락을 장2도 올려서 재구성한 것으로서 과거와는 달라진 것이다.

길군악은 삼현육각(三絃六角 육잡이) 편성으로 관악합주 취타에 이어서 연주하는 것이 일반적인 연주방식이다. 길군악은 4장 33장단으로 구성되었다. 길타령은 삼현육각 편성으로 대개 취타, 길군악에 이어서 연주한다. 4장 26장단으로 구성되었다. 별우조타령은 4장 36장단, 군악은 3분박의 4박의 타령장단에 속한다.

삼현육각은 향피리 2, 젓대 1, 해금 1, 장고 1, 북 1으로 구성된다. 『고금석림(古今釋林 1789)』에 의하면 나발 2, 파리 2, 태평소 2로 구성되는 것을 육잡이라 했다. 삼현육각은 지역과 연주회의 편성에 따라 구성 악기와 곡에 변화가 있었다. 현재는 무용반주 이외에 본래의 목적에 사용하는 일이 거의 없어졌다. 피리정악 및 대취타(중요무형문화재 제46호)는 최인서(崔仁瑞 1892-1978)에 이어 정재국이 계승했다. 서울시는 2014년에 최경만(崔慶萬)의 삼현육각을 시도지정문화재(제44호)로 지정했다.

대풍류[竹風流]는 대나무로 만든 대금과 피리가 중심이 되는 편성을 말하며 두 악기 이외에 해금, 북, 장고 등으로 구성된다. 이에 대해, 거문고가 중심이되는 연주를 줄풍류[絲風流]라 한다. 거문고, 가야금, 대금, 세피리, 해금, 장고 등으로 구성된다. 단소와 양금이 함께 연주되기

---

12) 吹鼓手의 前部鼓吹, 細樂手의 後部鼓吹.

도 했다. 거문고의 음량을 넘어서지 않도록 세피리를 사용하고 대금도 저음으로 연주한다. 여기서 줄은 명주실을 사용하는 현악기를 가리킨다. 대풍류는 관악기 중심이어서 역동적인 기운이 넘치고 무용 반주뿐만 아니라 실외에서도 활기가 있다.[13]

대풍류는 무용이나 굿, 탈춤 등의 반주로 사용된다. 염불타령(긴염불, 반염불), 삼현타령, 허튼타령(느린허튼타령, 중허튼타령, 자진허튼타령), 굿거리, 잦은굿거리, 당악 등이 있다. 긴염불은 염불장단, 반염불은 도드리장단, 허튼타령은 타령장단, 굿거리는 굿거리장단이 쓰인다.

줄풍류에서 구례향제줄풍류는 김무규(金茂圭 1908-1994), 조계순(曺桂順 1914-1996), 이순조(李順祚 1933-2001), 김정애(金貞愛 1937-2008)를 거쳐 이철호(李鐵湖 1938-)로 계승되었다. 이리향제줄풍류는 이보한(李輔韓 1916-2002), 강낙승(姜洛昇 1916-2010)을 거쳐 김규수(金虯洙 1924-)로 계승되었다.

여민락(與民樂)은 조선 세종 때 창제되었고 용비어천가(1445)를 노래하던 성악곡이었다. 향피리가 중심이 되어 연주하는 관현합주곡 여민락은 조선시대 중기 이후 전승되었다. 승평만세지곡(昇平萬歲之曲)이라는 별칭이 말해주듯이 '백성들과 더불어 나라의 영원한 평화'를 소망하는 의미를 나타내고자 했다.

현재 전하는 여민락에는 네 종류가 있다. 승평만세지곡 이외에, 당피리가 중심이 되어 연주하는 관현합주 여민락만(慢), 여민락령(令), 해령(解令) 등이 그것이다. 『세종실록』에 전하는 여민락만(慢)이 현행 여민락만에 해당되며 주로 왕의 출궁 때 행악(行樂)으로 쓰였다. 이 곡은 종묘제례악처럼 무패턴 불규칙장단이고 10장으로 구성된다.

수체천(壽齊天)은 고려시대 무고(舞鼓)의 가사인 〈정읍사〉를 노래하

---

13) 문석주, 줄풍류와 대풍류, 국악누리, 2013,7, pp.34-35 참조.

138

던 음악이었다. 조선시대 중기 이후로 관악합주곡으로만 전승되었다. 매우 느리면서 불규칙한 박자 구조는 궁중음악 연주에 일반적으로 나타나는 현상인데, 이는 의식에 치중했던 관례 때문이었다. 무용의 반주나 왕세자의 거동 등에 쓰였다. 현재는 〈처용무〉의 반주에 쓰인다. 주선율을 연주하는 피리가 한 장단을 끝내면, 피리 이외의 악기군이 다음 장단의 시작 전까지를 이어가는 연음형식으로 되어 있어, 마치 두 개의 오케스트라가 연주되는 듯한 효과를 낸다. 장고의 패턴이 선율을 이끄는 주요한 요소가 된다.

동동은 고려시대 궁중의 동동무(『악학궤범』 이후 아박무)의 가사를 노래하던 음악이었지만 수제천과 같이 관악합주의 느린 음악이 되었다. 그 템포는 수제천보다 한결 거뜬하며 박절감이 있다. 8장단의 단악장으로 연음기법이 쓰인다. 가락 중에는 수제천, 관악영산회상 상령산의 선율이 일부 차용되었다.

보허자 및 보허사, 낙양춘, 자진한잎 및 청성자진한잎 등이 전승된다. 보허자는 낙양춘과 함께 중국 송나라에서 들어왔고, 한때 왕세자의 출궁악으로 사용되었으며, 궁중정재의 반주음악으로 연주되었다. 보허사는 관악기로 연주하는 보허자와 달리, 현악기로만 연주한다. 자진한잎은 가곡의 반주음악이고, 청성자진한잎은 가곡 한바탕의 끝곡인 태평가의 가락을 대금이나 단소로 연주하는 곡으로서 청송곡이라 별칭한다.

영산회상(靈山會相)은 불교의 영산회를 상기시킨다. 큰절에 가면 볼 수 있는 불교탱화인 영상회상도(上圖)는 석가모니의 설법회상을 총칭하는 불화(佛畵)이다. 영산회는 좁은 의미로 인도의 영취산(靈鷲山)에서 석가가 설법한 법회의 모임을 뜻하고, 넓은 의미로는 석가의 교설(敎說) 전체를 지칭한다.

『대악전보』(大樂前譜)는 세종시대 음악, 『대악후보』는 1759년에 세조시대 음악을 집대성한 책이다. 전보는 19세기 말에 어떤 이유인지 유실되었다. 『대악후보』에 '영산회상불보살'이라는 불교 가사를 지닌 관현반주의 성악곡(상령산 한곡)이 초기의 영상회상으로 나타난다. 이런 사실을 통해 불교적 의미와 관련된 음악으로부터 기악 영산회상이 발전되어 온 것을 짐작할 수 있다. 17세기부터 가사는 없어지고 순수 기악곡으로 변화했다.[14]

영상회상에는 현악영상회상, 평조회상, 관악영산회상 등 세 갈래의 악곡이 있다. 현악영상회상에서 나머지 두 곡이 조금씩 변조, 이조(異調)된 것으로 알려졌다. 하나로 완결된 곡이 아니라, 작은 곡들의 모음곡(組曲)으로 연결되어 큰 곡을 이루었다. 악곡은 느린 상령산에서 시작해 조금씩 빨라져 타령, 군악에서 마친다.

현악영상회상은 거문고 독주로 시작하기에 거문고회상, 현악기들의 합주이어서 줄풍류, 중광지곡(重光之曲)이라고도 한다. 조선시대 율방(律房, 사랑방음악), 줄풍류에서 자주 연주되었다. 후반부는 흥취를 잃지 않으면서 가락이 조금씩 빨라진다. 평조회상은 유초신지곡(柳初新之曲)이라고도 한다. 관악영산회상은 삼현육각(피리2, 대금1, 해금1, 장고, 북1) 편성이므로 삼현영산회상, 대나무 악기들의 합주이므로 대풍류, 표정만방지곡(表正萬方之曲)이라고도 한다.

영산회상이나 별곡 뒤에 이어서 연주하거나 단독으로 연주하는 곡을 천년만세라고 한다. 별곡은 상령산부터 차례로 연주하지 않고 영산회상에 도드리(장단법의 하나)를 곁들여 여러 가지로 곡의 구성을 달리해서 연주할 때 별곡이라 부른다. 천년만세는 영조 16년(1744) 진연(進宴)에서 연주된 곡이다.[15]

시나위의 역사적 전개과정을 현재로서는 확실히 알 수 없다. 다만 무속음악에서 영혼을 달래는 의식으로부터 유래된 것이라는 학설이 있다.

---

14) 이혜구, 한국음악서설, 서울대학교출판부, 1967, pp.397-400 참조
15) 서한범, 한국음악사전, 대한민국예술원, 1985, pp.371-372 참조

시나위가 연주되는 지역은 한강 이남과 태백산 서쪽으로 한정된 지역
인데 특히 호남지역에서 두르러진다. 과거에는 삼현육각 편성으로 시나
위를 했다고 한다. 그러나 지금은 가야금, 거문고 같은 현악기로 함께
연주한다.

시나위는 전통음악에서 다른 가락을 동시에 연주하며 이루어내는 앙
상블(ensemble)의 개념이 존재하는 유일한 음악이다. 시나위를 가능하게
하는 근본 요소는 계면길 선율의 본청(key)기능이다. 즉 계면길을 이루는
구성음들은 모두 본청에서 안정감을 갖는데, 시나위는 여러 악기가 다른
선율을 연주하더라도 본청기능으로써 동일성을 추구하고 있다. 본래 본
청만 정해져 있고 선율진행과 장단은 연주자들의 현장 호흡으로 맞추는
즉흥음악이므로 고도의 음악성과 기술을 갖추어야 연주가 가능하다.[16]

농악은 풍물놀음, 풍장(風壯), 풍년놀이, 농장, 농부놀이, 꽹매기, 매
구, 매굿, 두레, 상두, 상모, 걸궁, 걸립, 벼까래, 굿물, 굿, 지신밟기, 마당
밟기 등 지역마다 다양한 명칭으로 불리워졌다. 그중에서 오늘날 일반
인들이 널리 사용되고 있는 개념은 농악이다.[17] 그러나 농악이란 명칭
은 농경(農耕)과 관련된 음악(音樂) 또는 의식(儀式)만을 한정하는 개념
이기 때문에 두레의 다양한 의식이나 놀이를 포괄하지 못하는 한계가
있다.[18]

기악양식에서는 미래의 콘텐츠로 주목되는 산조, 농악, 현대국악관현
악 등을 구체적으로 살펴보기로 한다.

---

16) 백대웅, 한국음악사전, 대한민국예술원, 1985, p.239 참조
17) 오청은 농악을 민속예술에 포함시켰다.
   吳晴, 《朝鮮の年中行事》, 朝鮮總督府, 1931 참조
18) 김양기에 의하면, 농악은 《朝鮮語辭典》(1939)과 《朝鮮鄉土娛樂》(1941)을 비교해
   볼 때, 당시에 사용하던 일상적인 용어가 아니라 일본 학자들과 당대의 연구자들에
   의해 새롭게 만들어진 명칭이었다.
   김양기, 신내린 농기와 농악놀이, 전통문화 통권152, 1985, pp.88-89 참조

4.2. 가야금산조(산조)

가야금산조는 재인 집안에서 성장한 김창조(金昌祖 1865~1919)가 늦은 나이인 30대 후반(1890-1895)에 시작한 음악이다. 산조(散調)는 주로 남도소리의 시나위와 판소리의 가락을 장단이라는 틀에 넣어 연주하는 즉흥성이 짙은 음악이다. 장단은 대개 진양조, 중모리, 자진모리가 3개의 큰 기둥이 되고, 중모리와 자진모리 사이에 중중모리가 낀다. 가야금산조는 자진모리 다음에 휘모리와 단모리가 붙는다. 고유어로 허튼가락이라고 하듯이, 산조는 연주자의 내면 심리를 진솔하고 생기 있게 표현해내는 점에서 가장 자연스럽고 순수한 음악이라고 여겨질 만하다. 즉흥성이 짙은 음악이라고 하지만, 그런 고도한 내발력(內發力)을 드러내기 위한 평소의 깊은 정련(精練)이 필수적인 음악이기도 하다.[19]

산조가 가악독주의 면모를 갖추는 데 결정적인 영향을 준 것은 판소리였다. 판소리는 전통음악 모든 장르의 음악어법이 고루 망라된 성악곡이며 전통사회에 크게 유행되었던 음악인데 그 위세가 마침내 기악독주곡으로 승화된 셈이다. 그러므로 시나위는 산조의 씨앗 역할을 했고, 판소리는 그 열매 맺음의 역할을 했다고 할 수 있다. 오늘날 가야금산조는 이중주로 바꾸어 연주하기도 한다.[20]

19세기 말기의 가야금산조는 즉흥연주가 주를 이루었을 것이고 가락은 들쭉날쭉 아직 비고정적이었을 것이다. 이러한 과정에서 타인의 모방이나 답습, 표절 등이 거침없이 이루어졌으며 연주법의 자기 스타일화가 이루어졌다. 양식적인 차이보다는 전승계보나 연주 스타일의 차이에서 구분되는 여러 유파로의 형성이 시작되던 시기이며 귀곡성, 말발굽소리, 비오는 소리 등을 가야금의 연주기교로 표현해 가며 인기를 자

19) 윤미용, 한국음악사전, 대한민국예술원, 1985, pp.205-206 참조.
20) 김해숙, 산조란 무엇일까?, 뿌리 깊은 나무 산조선집, 뿌리깊은 나무, 1989, p.9 참조

142

랑삼던 시기였다. 현재 가야금산조의 음계는 레음계, 솔음계, 미음계 등으로 되어 있다. 곧잘 혼합되어 쓰이며 음계 구분이 모호해지기도 한다.[21]

김창조 음악의 특징은 여러 가지 박자 변화를 통한 긴장과 이완의 조화이다. 한 사설이 끝날 때마다 맺어 주고 다시 서서히 시작하는 가락들은 차면 기우는 역(易)과 음양의 원리에 기초한다. 긴장을 이완시키는 방법으로 가장 단순한 기본음들만을 사용했다. 빌켈만(J.J. Winckelmann)의 '고귀한 단순성과 고요한 위대성'에 비유된다. 또한 시공을 초월한 무한한 경계에서 정신의 자유를 누리려는 장자(莊子)의 천하(天下)에 비유되기도 한다. 다음으로 엇박의 묘(妙)를 통해 참담한 현실로부터 자유를 얻으려는 의지이다. 셸링(F.W. Schelling)의 '주관과 객관'의 해소에 비유된다. 엇박은 모순 같이 보이지만 놀이를 통해 엑스터시를 얻는 최고의 멋의 표현이다. 아울러 잠재력을 조화시켜 무(無)에까지 도달하게 하는 방법이다.[22]

산조의 조(調)는 판소리 용어(길이라는 용어가 바람직하다)를 그대로 쓰고 있다. 우조, 평조, 계면조, 경드름, 강산제, 설렁제(덜렁제) 등이 있는데, 가야금산조에서는 이것들이 모두 쓰여 곡의 다양한 변화를 주고 있다. 거문고 등 다른 악기에서는 우조, 평조, 계면조 등만이 쓰여 비교적 단순한 맛을 준다.

산조의 길바꿈은 다양한 출처의 가락들이 일정한 길의 윤곽을 확보하여 단위단락을 형성하고 있다. 단위단락이란 일정한 음악적 의도가 실현되는 기본 단위를 뜻한다. 그러나 단위단락만으로 설명되지 않는 본청 이동이나 성격 대비가 단위단락 내에서 매우 빈번하게 이루어진다. 내용적으로 그것은 두 개 이상의 중심음성(中心音性)이 한 단락 내

21) 김해숙·백대웅·최태현, 전게서, p.141 참조
22) 양승희, 김창조의 생애와 음악, 산조와 한국음악, 한국산조학회, 2004, pp.5-17 참조

에서 발생하는 현상이기도 하다. 이러한 방법을 다중선법(多重旋法 polymodality)이라 할 수 있다. 이 선법은 ① 돌출음을 출현시켜 일시적으로 선법을 이탈하는 '선법 이탈용법', ② 우조길 단락에서 계면길 요소를 등장시키거나 계면길 단락에서 우조길의 짧은 가락을 출현시키는 '성격 대비용법', ③ 동일한 성격의 길에서 본청만 잠시 이동했다가 되돌아오는 '본청 대비용법', ④ 위와 같은 용법들이 면밀한 구조적 짜임새를 갖고 사용되는 '구조용법', ⑤ 위와 같은 용법들이 다양하게 혼재함으로써 선법의 정체성을 뒤흔들거나 즉흥적 몰입의 정서를 북돋는 '혼선용법' 등으로 달리 정리될 수 있다.[23]

김창조의 가야금산조는 안기옥(安基玉 1894-1974)류, 최옥산(崔玉山 1902-1950)류, 정남희(丁南希 1905-1984)류, 한성기(韓成基)류, 김병호(金炳昊 1910-1968)류, 김죽파(金竹坡 1911-1989), 강태홍(姜太弘)류, 한수동(韓壽同 1895-1940)류, 박상근(朴相根 1905-1944)류로 전승되었다.

한숙구(韓淑求 1850-1925)의 가야금산조는 서공철(徐公哲)류로 전승되었다. 김창조와 같은 시기 심창래(沈昌來)의 가야금산조는 아들 심상건(沈相健)류로 전승되었다. 박한용의 가야금산조는 김완기(金完基)류로 전승되었다. 박학순(朴學淳)의 가야금산조는 신쾌동에게 전승되었다. 현재 남한의 산조는 최옥삼류, 김죽파류, 김병호류, 서공철류가 가락의 특성을 드러낸다. 여러 유파는 음악적 특징을 약간씩 달리한다.[24]

가야금산조(중요무형문화재 제23호)는 김채운(金彩雲 1919-1980), 성금연(成錦鳶 1923-1986), 김죽파, 함동정월(咸洞庭月 1917-1994), 양승희(梁勝姬 1948-), 문재숙(文在淑 1953-), 이영희(李英熙 1938-), 윤미용(尹美容 1946-), 김해숙(金海淑 함동정월의 제자 1954-)[25] 등으로 계승되

---

23) 류형선, 산조의 다중선법에 관한 연구, 산조와 한국음악, 2004, pp.69-110 참조

24) 송방송, 증보한국음악통사, 민속원, 2007, pp.588-589 참조

25) 김해숙(kim Hae-Sook) CD, 김선국 감독, RADIO FRANCE C560247 참조

었다.

　김창조의 산조를 계승하면서도 새로운 산조를 만든 명인이 안기옥이
다. 그의 가야금산조에는 우조길, 평조길로 짜여진 대목이 많아서 계면
길 위주인 남한 산조[김창조 계열]와는 다르다. 남한 산조의 바탕에는
계면조 대목이 거의 80, 90% 정도를 차지한다. 산조의 발생을 아직도
시나위에서 끌어대기도 하는데, 안기옥의 우조나 평조 대목은 시나위에
나타날 수 있는 음악어법이 아니다. 그것은 판소리에 가까운 것이다. 시
나위보다는 차라리 영산회상이 그 음악어법에 가까워진다. 작고한 명고
수 김명환(金命煥 1913-1989)의 말처럼 '사설 없는 판소리가 산조'일지
언정, 산조의 가락형성에 시나위의 영향을 논할 것이 아니라는 사실을,
안기옥의 음악을 통해서 알 수 있다. 또한 그의 음악에는 우조길과 평
조길이 분명하게 구분되어 있어, 이 두 음계를 같은 것으로 보는 편협
한 국악계의 음계론에 명백한 자료를 제공한다.[26]

　안기옥은 식민지시대에 산조의 명인으로 활동했지만 광복 이후 평양
으로 넘어가 활동했기에 그의 음악세계를 알 수 없었다. 그의 월북은
일제강점기 무용가 최승희의 반주를 맡았던 인연과도 관계가 있다.
1929년의 일축조선유성기 음반자료(1993년 서울 음반에서 복각)가 남아
있었을 뿐이다. 연변을 통해 양승희가 구해 온 녹음을 채록해 2004년
8월에 김해숙이 그의 후기산조를 연주했고, 2013년 3월에 이지혜(李智
惠)가 다시 최상일(MBC PD)이 제공한 음원을 채록해 그의 초기산조와
허튼가락을 연주함으로써, 안기옥 산조의 전모가 밝혀지기에 이르렀다.
한편, 최옥삼이 북한에서 만든 것으로 보이는 안땅은 남한의 단모리에
가까운 빠른 장단인데 역시 이지혜가 최근 연주했다.

　안기옥의 산조 전곡은 초기산조(진양조, 중모리, 중중모리, 자진모리),

---

26) 김해숙, 안기옥 가야금 산조의 연구, 산조와 한국음악, 2004, pp.21-33 참조

허튼가락(살풀이, 동살풀이, 단모리), 후기산조(진양조, 중모리, 중중모리, 엇모리, 자진모리, 휘모리)들을 일컫는다. 힘차고 다양하고 빠른 안기옥의 리듬은 종래의 농현이 많은 남한의 산조와 다른, 신선한 창의성을 지니고 있다. 상대적으로 오늘날 한국의 국악계가 처한 매너리즘을 일깨우기도 했다.

황병기(黃秉冀 1936-)는 심상건, 김취란(성금연류), 김병호, 원옥화(강태홍류), 김죽파, 함동정월 등에게 가야금을 배웠지만 정남희의 산조를 바탕으로 황병기류를 만들게 되었다. 지난 30년간 노력한 끝에 다스름, 진양조, 중모리, 중중모리, 엇모리, 자진모리, 휘모리, 단모리 등 8악장이 2014년에 완성되었다. 1962년 최초의 가야금 창작곡 〈숲〉을 낸 이후 〈가을날〉〈춘설〉〈침향무〉(1974)〈미궁〉(1975)〈비단길〉(2012) 등을 발표해 국내외에 널리 유명해졌다.

한명희(韓明熙)는 산조에 대해 다음과 같이 말했다. 한 마디로 산조음악은 접신의 경지를 향한 통과의례적 속성을 지닌 악곡이라 하겠다. 느릿한 진양조 악장에서 시작하여 중모리 악장과 중모리 악장을 거쳐서 결국은 촉급한 자진모리 악장으로 한 판을 짜가는 그 한배(템포)의 구성 자체가 그러하다. 느릿한 한배의 진양조에서는 우리의 속기를 하나하나 덜어내 준다. 산만한 마음을 한곳으로 응집시켜 주고 세사(世事)에 들뜬 마음을 차분히 진정시켜 가며 서서히 우리를 순진 무구한 새로운 지평으로 이행시켜준다. 이렇게 속진을 떨치고 그윽한 음향의 심연 속에 몰입된 우리의 영혼은 어느덧 서서히 중모리와 중중모리의 악장에 이르면 서서히 희열의 율동에 실려 너울너울 춤을 추게 된다. 그러다가 잦은모리에 당도해서는 그야말로 자지러지는 악흥의 절정을 이루며 끝내 통과의례적인 트랜스의 경지에 접어들게 된다.[27]

---

27) 한명희, 접신으로 치달아 소진하는 허튼가락, 교수신문, 제63호 참조

산조는 말 그대로 '흐트러진 가락' '즉흥적인 가락' '허튼 가락'의 한자어이다. 산조가 나타날 당시를 고려하면 기존의 규칙적인 음악에 대해 탈선된 음악, 또는 저항적인 음악이라는 부정적인 인식을 감지할 수 있다. 그러나 산조를 '자유로운 가락' '내면의 진솔한 가락' '역동적인 가락'이라는 진보적인 시각에서 보면 우리 음악사에서 진실로 최초의 음악적인 가락으로 평가할 수 있다. 즉흥(卽興)은 말 그대로 순간순간 멋대로 하는 것이 아니라 깊은 내공이 쌓인 상태에서 독창적인 멋을 내는 표현임을 상기할 필요가 있다. 우리의 삶의 다양성은 선율과 리듬의 역동적인 산조의 표현 속에서 언제나 창조적으로 구현될 수 있다. 산조는 음악적 성과이자 음악적 가능성을 지닌 음악으로 평가된다. 산조의 발전 자체도 추구해야 할 일이지만 산조를 응용한 관현악곡, 무용, 음악극에도 앞길이 창창하게 열려 있는 음악이기도 하다.

4.3. 농악

4.3.1. 농악놀음

농경국가로서 전 국민이 농업에 종사했던 시대의 농민 주체의 음악을 농악이라 했다. 과거에는 농악보다 풍물(風物)이라는 용어가 더 자주 쓰였는데, 풍물은 제의나 놀이 등에서 쓰는 악기나 도구를 범칭한다. 북, 장구, 꽹과리, 징 이외에도 소고, 새납[태평소], 나팔[喇叭] 등이 있다. 새납과 나팔은 선율을 표현하는 관악기이다. 이러한 악기들을 연주하며 어울려 가무와 놀이를 즐기고, 공동체의 평안을 위해 기원하는 공연이 바로 농악이었다.

원시인들이 가장 손쉽게 음악적인 가락을 얻을 수 있는 방법은 마른 나무와 나무를 두드리는 방법이었다. 지금도 절에서 스님들이 사용하는 목탁, 목어(木魚), 관현타악의 합주에서 사용하는 축(柷)과 어(敔) 등은

원시적인 나무악기라 할 수 있다.[28]

수렵에서 쉽게 얻을 수 있는 것이 사냥한 짐승의 가죽이었다. 원시인들은 가죽의 기름을 제거하고 말리면 소리가 잘 난다는 사실을 터득했다. 그들에게 짐승은 토템이기도 했으므로 가죽에는 나름대로 영혼이 깃들어 있다고 믿기도 했다. 북을 존귀하게 여긴 것은 이런 까닭이다. 북은 용도에 따라 장구, 풍물북, 소리북, 좌고(座鼓), 용고(龍鼓), 진고(晉鼓), 절고(節鼓), 소고(小鼓)로 발전했다.[29]

청동기시대에 들어와서 개발된 것이 꽹과리와 징이다. 농악에서 가장 중요한 악기는 손에 들고 치는 꽹과리다. 상쇠, 부쇠, 종쇠 등으로 나누어진다. 징은 점 수에 따라 1채, 2채, 5채 등으로 구분하기도 한다. 채는 징을 치는 도구 또는 채로 악기를 치는 행위를 일컫는다. 징은 손에 들고 치고, 걸어 놓고 치고, 엎어 놓고 치고, 무릎 위에 올려놓고 잔가락을 칠 수 있다. 이상에서 언급한 악기들은 모두 리듬악기다. 청동기시대에 벼농사가 시작되고, 이를 위하여 두레[공동체]가 형성되었으며, 두레를 기반으로 이상과 같은 악기들이 주축이 된 농악놀음이 성립된 것으로 볼 수 있다.[30]

농악놀음의 약칭이 농악이다. 뒤에서 설명 되겠지만 악기로 단순히 연주만 하는 기악양식이 아니라 야외에서 여러 가지 가락을 여러 가지 형태로 연주하고, 아울러 가장한 배우(당시의 잡색, 雜色)들이 가락의 사이사이에서 여러 가지 익살스러운 행위를 보여 주었으므로 '놀음'이

---

28) 목어·나무를 잉어 모양으로 만들고 매달고 두드려 소리를 낸다/축·절구통 같은 나무통을 긴 막대자루로 내려쳐서 소리를 낸다/어·통나무를 호랑이의 형상으로 만들어 그 등줄기를 대나무채로 긁어 소리를 낸다.

29) 퉁구스 샤먼들은 지금도 북에 영혼이 깃들여 있다고 믿는다. 소리북·판소리에 사용한다/좌고·틀에다 걸어 놓고 앉아서 친다/용고·하복부에 고정시키고 북채를 양손에 쥐고 위아래로 친다/진고·나무의 네 기둥 위에 북을 걸어 놓고 친다/절고·네모진 나무 받침대 위에 가죽의 양면이 좌우로 되게 하여 올려놓고 친다.

30) 종묘제례악 중에서 꽹과리는 소금(小金), 징은 대금(大金)으로 부른다.

라는 종합적인 용어가 생긴 것이다. 그러나 오늘날 잡색은 겨우 흔적만 찾아볼 수 있고 주로 기악만을 연주한다.

1966년 6월 진주삼천포농악(제11가호)을 시작으로 농악은 중요무형 문화재로 지정되기 시작했다. 산업사회의 대두와 더불어 급격히 사라지는 농악을 보전하기 위한 조치였다. 뒤를 이어 평택농악(1985,12 제11나호), 이리농악(제11다호 상동), 강릉농악(제11라호 상동), 임실필봉농악(1988,1, 제11마호), 구례잔수농악(2010,10, 제11바호)이 지정되었다. 2014년 12월 농악은 유네스코 문화유산으로 등재됨으로써 세계적인 가치를 인정받게 된 것이다.

진주삼천포농악은 황일백(黃日白 1903-1976), 문백윤(文伯允 1910-1981), 이영우(李永雨 1920-1992), 박임(朴稔), 김선옥(金善玉), 평택농악은 이돌천(李乭川 1919-1994), 최은창(崔恩昌 1915-2002), 김용래(金龍來 1941-), 이리농악은 김문달(金文達 1908-1989), 김형순(金炯淳 1933-), 강릉농악은 김용현(金龍泫 1929-2003), 박기하(朴基河 1920-), 정희철(鄭喜澈 1934-), 임실필봉농악은 양순용(梁順龍 1941-1995), 박형래(朴炯來 1927-2007), 양진성(梁晉盛 1966-) 등으로 전승되었다.

첫째로 농악놀음은 신악(神樂)으로 사용되었다. 신에게 다산, 다획, 풍년을 기원하는 의식악으로서 공연된 것이다. 당산(堂山)굿, 매귀(埋鬼)굿[지신밟기놀이], 풍어굿, 샘굿 등과 같이 축원과 기원의 행사에서 반드시 풍물이 연주되고, 마을 수호신을 모시는 무의(巫儀)에도 풍물패는 구성원으로 참여하고 있다. 그러므로 풍물놀이의 기원은 신을 맞이하고, 신에게 기원하고, 신을 보내는 종교적 제의악이라고 할 수 있다.

중국의 『설문해자』(說文解字)에서, 풍(風)은 팔방(八方)에 근거한 팔풍(八風)으로 분류되고 풍신(風神)으로 숭앙되었으며 풍조(風鳥)와 동일시되었다. 새는 인간의 뜻을 신에게 전하는 사자였다. 이와 마찬가지로 바람은 세상 어디에나 존재하는 신의 뜻이자 신의 목소리로 여겨졌던 것이다. 각종 물체를 두드려서 내는 소리를 풍물이라는 이름한 데서 문화의 시원을 찾을 수 있다. 즉 한국의 풍물은 신에게 소망을 비는 음악, 신의 뜻과 함께 하고자 하는 노래와 춤이었다.[31]

당산굿은 마을의 수호신에게 마을의 풍요와 안녕을 기원하는 풍물놀이다. 일반적으로 동제나 마을굿이라고도 부른다. 동제나 마을굿이란 개념 속에는 의식을 거행하는 주체가 샤먼이라는 의미가 내재되어 있기 때문에, 개념의 중복을 피하기 위해 풍물패 주도하에 마을의 액을 없애고 복을 비는 제의는 당산굿이라고 명명하여 구별하고자 한다. 당산굿의 순서는 지역마다는 다양하지만 대체적으로 다음과 같은 기본적인 구조와 절차로 이루어진다.

농악놀음이 시작되면, 풍물패들이 서낭대, 농기, 영기 등을 들고 마을 수호신이 있는 서낭당으로 찾아간다. 마을의 수호신을 모신 신당은 여러 가지 형태가 있다.[32] 준비한 제물을 서낭당에 풍성하게 차려 놓고, 우선 신을 즐겁게 하는 풍물부터 울린다. 당제를 올리고, 풍물패는 마을로 돌아온다. 보통은 먼저 공동우물에서 샘굿을 벌인다. 그리고 집집마다 돌아다니며 집돌이를 시작한다. 이 집돌이를 지역에 따라서는 마당밟기, 지신밟기라고도 부른다. 집돌이는 문 앞에서 하는 문굿, 샘굿, 마당굿, 조왕굿, 성주굿, 장독굿, 측간굿 등의 순서로 이어진다. 집돌이가 끝나면, 전북 김제나 부안 등지에서는 마을의 큰마당에서 주민들이 참여하는 줄다리기가 이어진다. 지역에 따라서 고싸움놀이, 차전놀이, 사자놀이, 탈놀이 등을 거행하는 곳도 있었다.[33]

둘째로 농악은 군악(軍樂)으로 사용되었다. 풍물놀이에서는 단원들은

---

31) 白川靜, 漢字の世界, 東洋文庫, 平凡社, 1976 참조
　　고인덕 역, 한자의 세계, 솔출판사, 2008, pp.137-152 참조
32) 장주근, 부락제당, 민속자료조사보고서 제39호, 문화재관리국, 1969 참조
33) 조왕은 부엌신, 성주는 집신, 측간은 변소신을 말한다.

영기(令旗)를 세우고, 전립(戰笠)을 쓰며, 진(陣)풀이 형식으로 연주한다. 단원들이 머리에 쓰는 전립을 상모라고 하는데, 상모 위에는 부포를 달거나 채를 달아 연주를 하면서 원형으로 돌리는 경우가 많다. 즉 이렇게 부포상모나 채상모를 사용해 온 것은 뒤에서 따르는 군사들의 표식으로 응용한 것으로 볼 수 있다. 조선시대까지 군대의 조직은 일반 농민이 일단 전쟁이 나면 군졸로 편성되는 방법이다. 따라서 평소의 풍물놀이는 농군(農軍)들에게 진법을 훈련시키는 효과를 거두었다. 물론, 농군의 행진곡으로서도 풍물이 활용되었다. 20세기에 들어와서 서구식 군악대가 창설됨으로써 풍물군악은 사라졌다.

셋째로 농악은 두레악으로 사용되었다. 농악이라는 용어는 여기에 합당하다. 농민들이 농장으로 나갈 때는 행진곡을 연주하거나 농민들이 일을 할 때는 곁에서 연주해 줌으로써 노동의 피로를 덜어 주었다. 두레악은 오랜 세월 지역에 따라 개성적으로 발전했고, 현재도 여러 지역에 전승된다. 두레는 지역에 따라 구성이나 기능이 다르기 때문에 명칭도 다양하여 농사(社), 농계(契), 농청(廳), 농악(樂), 농기(旗), 목청(牧廳), 걕사(醵社), 동네 논매기, 길쌈, 돌개기음 등으로 불렸다. 두레의 유래는 고대의 씨족공동사회에서 찾는 견해가 많다. 삼한시대에 농사의 시작과 끝에 행하던 음주 가무가 두레의 본디모습이라는 의견이 있다. 또한 두레는 지역 공동체의 호칭이었다가 차츰 인위적 공동체로 변하여 근로, 군사, 도덕, 공제(共濟), 신앙, 경기 조직 등의 성격을 띠게 되었으며, 토지소유 형태면에서는 토지가 촌락공동체 즉 두레에 속하였으므로 공동경작, 공동분배를 하였을 것이고, 따라서 모든 주민의 공동 노동조직을 두레로 불리게 되었을 것이라는 견해가 있다.[34]

---

34) 이병도, 두레와 그 어원에 대한 재고찰, 가람이병기박사 송수논문집, 1966, p.388 참조
정병호, 한국의 전통춤, 집문당, 1999, pp.835-855 참조

두레깃발을 농기, 농상기(農桑旗), 용기(龍旗), 용당기(龍唐旗), 용둣기, 덕석기, 서낭기 등으로 부른다. 김을 매러 갈 때 먼저 당에 가서 당굿을 치고 두레기를 앞세우고 흥겨운 가락을 치며 들로 향한다. 지방에 따라서는 노동의 흥을 돋우고 피로를 덜기 위해 김매는 현장에서 풍물을 울리기도 한다. 전라북도 정읍에서는 일꾼들이 논에 들어갈 때는 들풍장을 치고, 김매기가 끝나면 날풍장을 치고, 이동할 때는 재넘이풍장을 쳐준다. 김매기가 마무리될 무렵에는 풍물놀이를 벌이기도 한다. 이것을 호미걸이, 호미씻이, 두레먹기, 질먹기, 풋굿, 술멕이 등으로 부른다.[35]

강화군 송해면에서는 일이 끝나면 두레패들이 농기를 앞세우고 들을 한 바퀴 도는 들돌이[農事巡訪]를 한다.[36] 경남 밀양에서는 김매기가 끝나면 백중(百中)을 전후로 하여 풍악을 치며 하루를 즐기는 꼼배기참놀이라는 백중놀이를 했다.[37] 전북 남원에서도 칠월 백중날에 머슴장원(壯元)을 뽑고, 하루 종일 풍물을 치며 유흥을 즐겼다.

넷째로 농악은 판굿악으로 사용되었다. 넓은 마당에서 관중들을 모아 놓고 풍물패의 뛰어난 기예를 선보이는 풍물놀이를 판굿이라 한다. 놀이판, 판놀이, 판굿은 공연예술이라는 의미와 상통한다. 판굿은 판을 짜서 공연하는 연회이다. 풍물패 전체의 음악적인 조화와 다양한 연행, 개개인의 탁월한 기능, 화동(花童)들의 재치 있는 연행, 그리고 잡색패(雜色牌)의 익살스러운 연극 등이 다채롭게 총체적으로 공연되는 예술공연이다.[38]

---

35) 논으로 들어간다, 논에서 나온다, 고개를 넘어 다른 논으로 이동한다는 의미에서 생긴 용어들.

36) 이보형은 두레굿의 구조를 '농신내리기-들돌이-농신굿-판놀음'으로 보았다.
   이보형, 마을굿과 두레굿의 제식구성, 민족음악학 4, 서울대 동양음악연구소, 1981, pp.16-18 참조

37) 정병호, 밀양백중놀이, 중요무형문화재조사보고서 제138호, 문화재관리국, 1980 참조

판굿은 풍물패의 뛰어난 기예를 자랑하는 것이 우선이었으므로 단체의 예술성을 판가름하는 기준이 되었다. 직업성이 강한 걸립패들이 인기를 모은 것은 이런 까닭이었다. 일반적인 풍물과 달리 풍물패의 특징이 잘 드러나는 것도 판굿이었다. 자신들만의 장기를 위주로 독창적인 판을 짜서 놀이를 진행했기 때문이다. 판굿을 하기 전에 상쇠는 그날 진행할 절차와 예능 종목을 정하였는데, 이것을 '판을 짠다'라고 불렀다.[39]

판굿의 구성형식은 대체로 다양한 가락을 치는 채굿으로 시작하여, 여러 가지 도형의 모양으로 돌면서 가락을 치는 진(陣)풀이가 이어진다. 나선형(螺旋形)이나 원형(圓形)으로 맺고 푸는 멍석말이, 멍석말이를 하면서 오방으로 차례로 움직이는 오방진(五方陣), 이열(二列) 종대(縱隊)나 횡대(橫隊)로 움직이는 미지기(호남농악의 미지기굿) 등이 대표적인 진풀이다.[40] 이어서 구정놀이라고 불리는 개인놀이가 연행된다. 소리굿, 부포놀이, 설장구춤, 북춤, 법고놀이, 무동놀이, 열두발채상놀이 등이 전개된다. 밀양북춤, 날뫼북춤(대구), 진도북춤, 소고춤 등은 독립적인 레파토리로서 유명해졌다.

다섯째로 농악은 걸립액[걸궁액]으로 사용되었다. 이미 사라진 말 중에 절걸립, 제방걸립, 다리걸립, 서당걸립 같은 것들은 걸립악의 존재를 되새기게 한다. 풍물패와 특정한 사찰이 결탁하여 수입을 나누어 가지며 순행공연을 한 것이 절걸립이다. 사찰측에서 명의만 빌려 주는 것이 아니라 염불승[동냥승]이 참여하는 경우에는 사찰측의 배당비율이 높아졌다. 마을의 제방, 다리, 서당 같은 것을 건설하기 위해 풍물패가 모

---

38) 풍물패 전체의 연행과 개개인 기능의 발표는 레퍼토리, 화동(花童)들의 연행은 마임댄스, 잡색패(雜色牌)의 연극은 민속극의 일종으로 정의할 수 있다.

39) 정병호, 전게서, p.131 참조.

40) 임동권, 한국민속문화론, 집문당, 1983, p.247 참조.

금을 위한 순행공연을 한 것이 본격적인 걸립악의 출발이었다. 이 경우 자기 마을의 주체성을 내세우기 위해 서낭신을 동반했으므로 통칭 낭 걸립이라는 용어를 사용하기도 했다.41)

전북 임실군 필봉의 걸립을 보면, 이웃 마을로 걸립을 떠날 때는 영기와 잡색들을 먼저 그 마을로 보냈다. 대표단격인 이들은 상대 마을의 큰 마당에 영기를 꽂고 마을 유지들을 찾아다니며 걸립의 허락을 받아냈다. 이들이 허락을 받고되돌아오면 본격적으로 걸립패가 그 마을로 향해 떠나는 것이다. 김제지방에서는 걸립을 허락할 때 징표로 대포수에게 갈퀴(잡아당긴다는 의미)를 주고, 허락하지 않을 때는 빗자루(쓸어 낸다는 의미)를 주기도 한다. 마을의 동구 밖에서 문굿을 치는데 이것은 자신들의 솜씨를 마을 사람들에 내보이는 절차이다. 마을로 들어가면 들당산굿을 치고, 당산으로 간다. 당산에서 당굿을 치고, 마을의 공동 우물에 가서 샘굿을 친다. 그리고 동네의 집들을 일일이 돌아다니며 집돌이를 하며 마당밟기를 한다. 이렇게 집돌이가 다 끝나면 판굿을 하지 않을 경우에는 날당산굿을 치고 마을을 떠난다. 걸립패가 판굿까지 연행할 때는 마을 사람들이 내놓은 음식과 술을 먹으며 밤이 될 때까지 기다렸다. 이렇게 풍물을 치며 흥겹게 놀다가 밤이 되면 본격적으로 판굿이 벌였다.

잡색(雜色)은 농악놀음에서 가면을 쓰거나 변장을 하여 다른 인물로 분장한 놀이꾼들이다. 넓은 의미에서는 무동(舞童)까지 포함하는 개념으로 쓰인다. 잡색의 유무는 중부 이북지방의 농악과 삼남지방의 농악을 나누는 중요한 요인이 된다. 잡색이 등장하지 않는 지방에서는 다른 놀음들이 발달했다. 평택에서 잡색은 사미(어린 남자 중)와 양반 정도만 등장하는 데 비해 무동(무동타기)의 수는 매우 많은 것이 특징이다. 강

---

41) 서연호, 최은창, 한국 전승연희의 현장연구, 집문당, 1997, pp.303-313 참조.

룽에서 무동 이외의 잡색은 전혀 등장하지 않는다. 무동춤은 보통 어른 들이 배역을 맡아서 춤을 추지만, 3층 높이의 무동타기는 어린이가 담당하기도 한다. 가장 특이한 놀이는 판굿에서 이루어지는 소고와 법고 잽이들의 농사풀이다. 이것은 일종의 춤이자 마임이다. 잽이들이 한 해 동안 이루어지는 농경을 모의적으로 연기한다. 가래질, 논갈기와 논삼기(써래질), 못자리 누르기, 모찌기, 모심기, 논매기, 낫갈기, 벼베기, 벼광이기, 태치기, 벼모으기, 방아찧기 등의 순서로 놀이를 진행한다.

대구 고산, 전북의 필봉과 김제에는 잡색들이 등장한다. 잡색으로는 양반(사대부, 참봉, 구대진사), 대포수(포수, 총잽이), 중(중광대, 조리중, 중애, 거사, 사미), 각시(색시, 큰애기), 할미(할미광대), 창부(倡夫), 비리쇠, 방울쇠, 홍적삼, 질라아비, 봉화지기, 장군, 머슴, 소, 곰, 호랑이, 사자, 말, 거북 등이 있고, 가장 많이 등장하는 잡색의 인물형은 양반, 포수, 중, 각시, 창부 등의 순이다.[42] 고산 판굿에서는 소고잽이들이 농경모의를 하는 농사굿을 한다. 필봉 판굿에서 병영(兵營)놀이와 도둑잽이 굿을 한다. 김제 판굿에서 일광놀이, 도둑잽이 등을 한다. 열두발상모놀이는 열두발이나 되는 긴 상모를 돌리며 풍물패의 기량을 보여주는 놀이로 걸립풍물패가 주로 연행하는 종목이다. 서서 돌리다가 앉거나 누워서 돌리며 곡예적인 놀이를 펼친다. 이러한 잡색놀이와 기예놀이는 활력 있고 진취적인 풍물놀이의 특징을 보여준다.

마을공동체의 안녕과 풍요를 기원하기 위한 농악놀음은 활력이 넘치는 흥겨운 음악이 특징적인 요소이다. 농악패를 이끌어 나가는 우두머리는 상쇠인데, 상쇠는 주로 놀이와 음악을 지휘하는 역할을 한다. 특히 농악은 주로 꽹과리·장구·북·징 등 타악기 위주로 짜여지는데, 그 중에서도 리듬악기인 꽹과리가 제일 중요한 역할을 한다. 상쇠는 이 꽹

---

42) 김익두, 한국풍물굿 잡색놀음의 공연적 연극적 성격, 비교민속학 14, 비교민속학회, 1997, pp.210-211 참조.

과리를 연주하는 자로서 음악을 이끌어 나간다. 그래서 일반적으로 판소리, 산조(散調), 시조(時調) 등에서는 보통 박자를 장단(長短)이라고 부르지만, 농악에서는 장단 대신에 꽹과리의 박자라는 의미로 쇠가락이라고 일컫는다.

또한 타악기인 꽹과리는 선율(旋律)이 주가 되는 악기와 비교한다면, 청자(聽者)들의 감정을 쉽게 자극하고 흥분시키는 특징을 가지고 있다. 더욱이 금속으로 된 동체를 쳐서 내는 꽹과리의 음향은 쉽게 사람들의 감정을 자극시키고 충동적인 움직임을 만들어 낼 수 있다. 이처럼 상쇠의 쇠가락은 흥겨운 축제의 분위기를 자연스럽게 만들어 낼 수 있는 음악적인 특성을 지니고 있다.[43]

4.3.2. 현대농악 및 사물놀음

현재까지 농악놀음은 지역별로 토착적인 제의, 농경활동, 지역의 친목, 단합 등과 관련된 기악연행으로서 다양하게 전승되었다. 그 전승 양상은 경기(京畿)·충청(忠淸)지역, 영동(嶺東)지역, 영남(嶺南)지역, 호남좌도(湖南左道)지역, 호남우도(右道)지역으로 크게 나눌 수 있다.[44]

첫째로 경기·충청의 농악놀음 양식이다. 영남의 아랫다리풍물에 비해 윗쪽에 있다는 뜻으로 흔히 웃다리풍물이라 부른다. 지역적으로는 안성, 평택, 여주, 이천, 용인, 화성, 부천, 김포, 강화, 양주, 광주, 개성 등의 경기 일대와 청주, 영동, 대전, 서천, 대덕, 공주, 논산, 부여, 홍성, 서산, 당진, 천안, 청주, 충주, 단양, 보은, 괴산, 제천, 음성 등지의 충청 일대에 해당한다. 이밖에도 연백, 해주, 곡산 등지의 황해도(黃海道) 지

---

43) 이보형, 쇠가락의 충동과 그 다양성, 문학사상 72, 문학사상사, 1978.9, pp.242-243 참조

44) 정병호, 농악, 열화당, 1986, pp.18-19 참조
   최종민, 농악의 지역별 특징, 전통문화 통권147, 1984.12 pp.87-90 참조

역, 그리고 평안도(平安道) 지역과 경북(慶北) 금천까지 포함한다.

둘째로 영동 농악놀음 양식이다. 강릉, 삼척, 울진, 정선, 평창, 동해, 고성 등 강원도(江原道) 동해안 일부와 동해안지역에 가까이 있는 경북 지방까지 포함한다. 함경도(咸鏡道)지역의 길주와 함주 등의 풍물놀이 에도 그 영향력을 미쳤다. 원주, 횡성, 춘천 등 영서지역은 경기지역과 거의 같은 양식이다.

셋째는 영남의 농악놀음 양식이다. 대구, 달성, 경산, 군위, 안동, 영덕, 영천, 청도, 예천, 김천 등지의 경북 일대와 마산, 진주, 밀양, 창녕, 부산, 김해, 양산, 통영과 고성 등지의 경남 일대에 전승된다. 이 중에서 동해안과 근접한 지역은 강원도 지역의 풍물놀이와 유사한 점이 많다. 또 하동, 진주, 산청 지역의 풍물놀이는 호남좌도 풍물놀이와 유사한 것 이 특징이다.

넷째로 호남좌도의 농악놀음 양식이다. 서쪽의 평야지대 중심의 호남우도 풍물놀이와 동쪽의 산악지대 중심의 호남좌도 풍물놀이로 나뉜다. 호남좌도 풍물놀이는 진안, 무주, 장수, 임실, 남원, 순창 등지의 전북 지방과 곡성, 구례, 화순, 광양, 순천, 보성, 승주 등의 전남 지방 일대에 전승되고 있다.

다섯째로 호남우도의 농악놀음 양식이다. 이리, 익산, 부안, 김제, 고창, 정읍, 군산, 전주 등의 전북 지방과 장성, 영광, 나주, 광주, 함평, 무안, 목포, 영암, 장흥 등지의 전남 지방에서 전승되고 있다.

현재 무형문화재로 지정된 전국의 농악놀음은 다음과 같다. 경기·충청지역은 평택농악, 대전웃다리농악, 광명농악, 양주농악, 안성남사당놀이, 청주농악 등이다. 영동지역은 강릉농악, 평창둔전평농악, 원주매지농악 등이다. 영남지역은 진주삼천포농악, 부산농악, 대구고산농악, 청도차산농악, 금릉(김천)빗내농악 등이다. 호남좌도지역은 임실필봉농악, 구례잔수농악, 남원농악, 화순한천농악, 곡성죽동농악 등이다. 호남우도지역은 익산이리농악, 영광우도농악, 부안농악, 정읍농악, 김제농악, 고창농악, 광주광산농악 등이다.

20세기 후반기에 들어와서 풍물의 가장 큰 변화는 무대공연에 적응하도록 편성된 사물놀이를 들 수 있다. 사물놀이는 꽹과리, 장구, 징, 북을 기본악기로 하여 이루어지는 연주공연 형태를 의미한다. 원래 사물(四物)이란 불교의식에서 사용되던 법고(法鼓)·운판(雲版)·목어(木魚)·범종(梵鐘) 또는 불교음악에 쓰이는 피리·징·목탁·북을 지칭하는 용어였는데 후대에 걸립패의 꽹과리·장구·징·북을 가리키는 용어로 바뀐 것이다.

1978년 2월 「제1회 공간사랑 전통음악의 밤」에서 민속악회 시나위는 웃다리 풍물을 연주했다. 그러나 과거 서서 했던 농악과는 다르게 앉아서 연주를 시작했다. 연주자는 김덕수(장구), 김용배(꽹과리), 최태현(징), 이종대(징)였다. 이후 2개월 후에 민속악회 시나위는 중부지방, 호남지방, 영남지방의 가락을 정리하여 같은 장소에서 다시 공연했다. 이때는 2명을 교체하여, 김덕수(장구), 김용배(꽹과리), 이광수(북), 최종실(징)이 연주했다. 이때부터 본격적으로 사물놀이가 시작되었다.45)

사물놀이의 가락 자체는 예전의 농악 속에 있던 것이지만, 새롭게 가락을 정리하여 실내 공연물로 재구성했다. 넓은 마당에서 역동적인 동작과 춤을 함께 추었던 풍물과 달리, 실내 연주의 형태로 변화한 사물놀이는 흔히 앉은반이라고 부른다. 야외에서 실내로, 역동적인 동작 중심에서 정적인 연주 중심으로, 다수에서 소수로 변화하여 현대적인 공연양식으로 새롭게 정립되었다. 실내공연 양식으로 바뀌면서, 놀이꾼이

---

45) 최태현은 전문적인 해금연주자였고, 이종대는 피리연주자였다. 사물놀이는 최초에는 단체명칭이었는데, 민속학자인 심우성과 상의하여 붙여진 것이다.
강준혁, 전통예술의 현대적 계승사례 연구-김덕수와 사물놀이를 중심으로, 문화경제연구 4, 한국문화경제학회, 2001, p.90 참조.

었던 잽이들은 연주가(演奏家)가 되었다. 또한 함께 놀이에 참여하고 즐기던 마을 사람들은 음악을 듣는 청중(聽衆)으로 바뀌었다. 이와 함께 다수에서 소수로 바뀌었기 때문에 연주자의 탁월한 기량과 기교가 매우 중요할 수밖에 없게 되었다. 결국 풍물놀이가 노작(勞作) → 축원(祝願) → 걸립(乞粒) → 연예(演藝)의 방향으로 형성되어 왔다고 본다면, 바로 그 종착점에 사물놀이가 놓여질 수 있다.[46]

전통문화의 관심 고조와 함께 농악놀음에 대한 중요성이 재인식되었지만, 산업사회의 이행으로 놀음의 존립 기반인 지역 공동체와 노동 공동체가 서서히 무너지고 있는 것도 부정할 수 없는 현실이다. 지역민 모두가 참여하여 즐기던 진취적이고 흥겨운 농악이 거의 사라져버렸다. 지방자치제의 영향으로 전국적인 규모의 농악경연대회(풍물놀이대회)가 왕성하게 개최되고 있지만 그것 역시 지역의 독특한 색깔은 사라지고 획일화되어 가는 문제점이 대두되고 있다.[47] 이러한 상황에서 사물놀이의 등장과 활성화는 풍물 현대화의 새로운 길을 모색하는 가능성을 열어 주었다.

또한 1980년대와 1990년대에 걸쳐 사물놀이의 세계순회공연이 이어지면서, 연주자들은 사물놀이가 한국적 특수성을 가진 음악이면서 세계적인 보편성을 가진 음악이라는 자신감을 갖게 되었다. 미국·독일·스위스·프랑스·일본 등 세계적 음악페스티벌에 참가하여 한국 전통가락의 보편성과 우수성을 확인시키게 된 것이다. 사물놀이의 강력한 리듬은 현대의 비언어적 공연(Non-Verbal Performance)의 유행과 함께 새로운 조류로 세계 공연양식에 큰 흐름을 이끌고 있다. 1997년에 시작된 〈난타〉 공연과 2000년에 시작된 〈도깨비 스톰〉 등은 사물놀이 장단을

---

46) 심우성, 평등과 협화의 사상과 농악의 역사 사회성, 한국의 민속예술, 문학과 지성사, 1988, p.241 참조
47) 정병호, 농악, 전게서, p.32 참조

기조로 한 공연으로 유명하다.

사물놀이패들이 주로 연주하는 가락은 삼도농악이다. 경기도와 충청도의 웃다리가락, 호남의 우도가락, 경상도 삼천포 12차가락 등을 말한다. 짝드름, 설장구놀음, 비나리, 판굿 등의 가락이 유명하다. 경기도 도당굿에서 하는 무속음악의 가락도 연주한다. 사물놀이를 구성하는 질서는 크게 '긴장·이완의 원리'와 '음양조화의 원리'이다. 혼합박자에서 복합박자, 단순박자로 이어지는 점진적 가속의 틀, 또는 완만한 속도에서 급속한 장단으로 이행되는 구조이다. 이러한 구조에서 악기들의 음양적 대립성이 정점을 향해 치닫고 굴러가며 합쳐지는 질서를 만들어낸다.48)

원조 사물놀이는 2008년 3월에 「30년 기념공연」을 세종문화회관에서 가졌다. 1986년에 작고한 김용배 대신 남기문이 징을 잡았고, 김덕수(장구), 이광수(꽹과리), 최종실(북)은 과거와 같은 역동성을 과시했다. 지난 30년 동안 이들이 육성하거나 이들의 영향을 받은 사물놀이는 기성인, 신인, 학생, 외국인을 망라해 숱한 단체로 증가되었다.

이처럼 사물놀이는 전통이 단순히 과거의 연희에 머물지 않고 현대적인 공연양식으로 새롭게 재탄생할 수 있고, 세계적인 공연양식의 주류로 우뚝 설 수 있다는 가능성을 제시했다. 공동체 의식이 희박한 현대인들은 극장에 모여 농악가락을 들으며 쇠가락의 흥겨움과 신명을 맛보고 합일 정신을 느끼게 되는 것이다. 한편, 사물놀이가 실내 공연예술로 바뀌면서 본래 놀음이 지니고 있던 양식적 특징인 극적인 춤과 연기의 흥과 신명, 놀이판의 정신을 일정 부분 버릴 수밖에 없었다는 문제도 남는다. 2013년 3월 현재, 농악과 판굿은 지난날의 우수한 수준에서 취약한 구조로 전락하고 말았다. 그러나 다른 전통 공연예술에 비해서는 전승이 양호한 편이라고 할 수 있다.

---

48) 윤명원, 기악 감상법, 미르(국립극장) 2009,5, p.52 참조

4.4. 현대국악관현악(관현악)

앞서 전통 8음악기의 장단점에 대해 말했다. 우리 음악어법은 악기의 성능과 더불어 독창적인 음악을 이룩했다. 세계적으로는 '한국음악'이라는 민족음악으로 널리 알려졌다. 한국음악은 민족적인 특수음악이자 보편적인 음악을 지향해왔다. 보편음악이라는 관점에서 가장 큰 애로를 안고 있는 것이 국악관현악이다. 악기들의 성능을 향상시키는 문제와 함께 음의 조화를 향상시켜 누구나 감동하는 합주를 창출해내는 것이 중요한 과제로 남아 있다.

전통적인 현악합주곡으로는 궁중음악으로 영산회상, 천년만세, 보허사, 민간음악으로 향제줄풍류와 산조 등을 들 수 있다. 영산회상은 〈영산회상불보살〉이라는 가사가 붙은 성악곡으로 불리다가 17세기 이후 거문고가 중심이 되는 기악곡 형식으로 바뀌었다. 여유와 멋이 가득한 음악이다. 천년만세는 계면가락도드리, 양청도드리, 우조가락도드리를 통칭한다. 도드리란 반복형식의 곡이라는 의미이다. 보통 현악영산회상 뒤에 덧붙여 연주한다. 보허사는 관악곡인 보허자를 현악기로 연주할 때 보허사라 한다. 조용하고 아늑한 실내악 합주곡이다. 향제(鄕制)줄풍류는 경제(京制)줄풍류와 구별하기 위한 명칭이다. 풍류객들이 순수 악기를 타며 즐기던 기품이 있는 음악이다. 산조는 앞서 기술한 여러 가지 산조를 독주하거나 합주한다.

관악합주곡으로는 궁중음악으로 수제천, 여민락, 관악영산회상, 민간음악으로 대풍류, 시나위합주, 산조합주 등을 들 수 있다. 피리, 대금, 소금 같은 관악기가 중심이 되는 수제천은 연례악의 대표곡으로서 〈정읍사〉와도 관련이 있다. 〈용비어천가〉를 노래했던 여민락은 현재 화평한 기악곡으로만 남아 있다. 현악영산회상에서 파생된 관악영산회상은 주로 무용반주에 쓰인다. 대풍류는 대나무 악기가 중심이 되는 편성을 말한다. 시나위합주는 전라도 굿 반주 음악에서, 산조는 판소리 가락에서 발전한 합주곡이다.

타악합주곡으로는 궁중음악으로 대취타, 취타, 취타풍류, 민간음악으로 풍물놀음, 사물놀이, 무악 등을 들 수 있다. 대취타는 임금의 행차 및 군대의식에 쓰였고, 취타는 대취타를 관현악합주로 재구성한 것이다. 취타풍류는 길군악, 길타령, 별우조타령, 군악 등을 일컫는다. 풍물놀음, 사물놀이, 무악은 꽹과리, 징, 장구, 북 등 타악이 중심이 된다.

현대국악관현악은 1960년대 이후 전통을 기반으로 창작된 기악곡을 말한다. 최근에 젊은 작곡가들의 등장으로 매우 활발한 연주활동을 볼 수 있지만 작곡기법이나 수준이라는 측면에서 아직은 시도와 실험의 단계라는 범주를 면치 못하고 있다. 그 동안의 업적으로 미루어 대표적인 작곡가로서는 김희조, 백대웅, 박범훈, 이건용 등을 들 수 있다.

김희조는 동성상업학교 시절 하모니카 합주단원으로서 음악활동을 시작했다. 그 후 김흥조에게 피아노, 안성교에게 비올라, 안병소(安柄玿)에게 바이올린, 임동혁(任東爀)과 김순남(金順男)에게 작곡법을 사사 받은 후 본격적인 음악가로 활동했다. 육군군악대장 시절에 전통음악에 심취해 국악 및 서양음악에 모두 정통한 작곡 및 지휘를 하게 되었다.

1982년부터 1999년 사이에 합주곡 1번부터 11번이 창작되었다. 〈합주곡 1번〉〈합주곡 4번〉 등이 주목을 받았다. 현대적인 시나위라는 평가를 받고 있다. 곡으로는 〈심청가 중 범피중류〉(김소희에 이어 안숙선 창 1960), 〈산조 주제에 의한 합주〉(1977), 〈성금련의 흥을 주제로 한 가야금 협주〉(1995), 〈윤윤석류 아쟁산조에 의한 협주〉 등이 대표곡으로 평가된다.

〈심청가 중 범피중류〉는 안숙선의 창으로 유명해졌는데, 심청이 임당수에 뛰어들기 전에 소상팔경의 비경을 묘사하면서도 중간중간 심청의 심리적인 변화를 드러내는, 서경과 서정의 이중적 장면을 전조(조바

꿈〉의 수법을 구사하며 아주 사실적으로 부각시킨 명장면이다. 아름다운 세상에 눈먼 부친을 남겨두고 자신은 살신해야 하는 운명적 비극성이 진양(세마치)에서 중모리, 자긴모리, 휘모리로 몰아치고 다시 진양으로 되돌아오는 극적인 관현악으로 뒷받침되고 있다.

〈성금련의 흥을 주제로 한 가야금 협주〉는 성금련의 탁월한 독주와 관현악을 조화시킨 흥겨운 곡이다. 자진모리에서 휘모리로 이어지는 가야금의 흥을 더욱 돋보이게 이끌어 올리도록 작곡된 협주이다. 〈윤윤석류 아쟁산조에 의한 협주〉는 아쟁소리가 자아내는 간절하고 절절한 호소력을 바탕으로 한 곡으로 산조를 더욱 돋보이게 하기 위해 관현악을 조화시킨 협주이다.[49]

백대웅은 주선일보주최 신인국악콩클에 〈작은 4중주〉(1962)로 1등을 할 정도로 일찍이 작곡의 재능을 발휘했지만 거의 20년의 공백기를 거쳐서야 본격적인 활동을 시작했다. 그 동안 해병대군악대장, KBS음악 PD로 현장에서 작곡에 대한 폭넓은 소양을 쌓았다. 국악관현악 〈관놀음〉(1981) 〈세 악기를 위한 두 개의 장〉(1981) 〈우조길에 의한 가야금산조〉(1982) 등으로 본격적인 작곡가의 길을 걸었다.

30년 동안 주목을 받은 작품이 여러 곡이지만 여기서는 특히 〈회혼례를 위한 시나위〉(1985)와 이 곡을 국악관현악으로 개작한 〈회혼례를 위한 관현악〉(1986), 산조 〈용상〉(龍翔 1987), 관현악합창 〈성주풀이 및 화초사거리〉(1988), 가야금협주곡 〈길군악 및 쾌지나칭칭〉(1989), 〈17현 가야금을 위한 짧은 산조〉(1991), 교향시 〈천안삼거리〉(1992), 오케스트라 아시아를 위한 〈남도아리랑〉(1994), 〈5월의 노래〉(1995), 〈가산(笳山)을 위한 피리협주곡〉(2002) 등을 대표곡으로 지목할 수 있다.

〈회혼례를 위한 관현악〉은 제목 그대로 회혼례를 축복하는 그윽한

---

49) 윤중강·김용현, 남에는 김희조, 민속원, 2002 참조

마음이 짙게 담긴 곡이다. 처음에는 좀 느린 덩덕궁이(자진모리) 장단으로 밝고 화사한 멜로디가 이어지다가 점차 빠른 가락으로 넘어간다. 각종 악기들이 부드럽게 조화되는 신바람 나는 곡이다.

〈용상〉은 후반부에 가서 좀 빨라지지만 전반적으로 느리게 진중한 분위기로 이어진다. 아울러 음의 조합은 마치 아악을 연상할 수 있듯이 우아하고 고결한 가락이다. 우리 악기들이 낼 수 있는 깊이 있고 늠름한 느낌을 준다. 특히 북과 징소리가 인상적이다. '용이 날다'라는 제목과는 역설적으로 비애와 회한의 느낌을 주는데, 이는 일제강점기에 빛을 빼앗긴 조선왕조의 서글픈 역사를 회상케 한다.

관현악합창 〈성주풀이 및 화초사거리〉는 전통적인 여성창법과 현대적인 남녀혼성 합창이 절묘하게 어울리는 흥겨운 곡이다. 경상도의 〈성주풀이〉와 호남잡가 〈화초사거리〉를 관현악으로 연접시키고, 전통창과 그를 강렬하게 뒷받침하는 혼성합창을 현대적 감각으로 조화시켰다. 아울러 관현악은 반주의 영역을 넘어서 성악 전체를 감싸는 신명을 빚어낸다.

가야금협주곡 〈길군악 및 쾌지나칭칭〉은 길군악과 쾌지나칭칭에 가야금 협주를 혼합하고, 전체를 관현악으로 조화시킨 곡이다. 춤이 덩실덩실 나올 정도로 신나는 대목이 있는가 하면, 매우 섬세하고 기교적인 선율과 장식적인 선율이 멜로디 전체를 감싸고 있는 흥겨운 곡이다.

〈17현 가야금을 위한 짧은 산조〉는 새로 개량된 가야금연주곡으로 창작된 것이다. 폴리(폴리에스터, 나일론 다음으로 강한 섬유)에 명주를 함께 섞어 꼰 줄은 장력이 강해서 명쾌한 음을 낸다. 그러나 12현의 농현에서 우러나는 맛을 잃은 취약점이 있다. 아울러 상투적인 계면조보다는 우조를 살려야 한다고 생각하는 작곡가의 뜻이 밝게 표현된 산조이다.

〈천안삼거리〉는 서양악기로 만든 관현악곡이다. 군악대장 시절을 통해 서양악기의 성능과 멜로디의 특징을 파악하고 그 능력을 작곡에 십분 활용한 느낌을 드러낸다. 처음에는 어떤 멜로디인지 알기 어려울 정도로 느리고 파편화된 음으로 시작된 소리들이 점차 먼 길을 돌아 마치 천안삼거리로 모여 들 듯이, 흥겨운 멜로디로 화음을 이루는 과정이 우아하게 표현되었다.

원래 한중일 3국의 민족악기를 합주하기 위해 조직된 것이 오케스트라 아시아이다. 〈남도아리랑〉은 밀양아리랑과 진도아리랑을 기조로 하여 만들어진 것이다. 피리로 진득하게 엮어가는 밀양아리랑에 이어 신명나게 흥취를 돋우는 진도아리랑의 멋을 앞뒤로 조화시킨 명곡이다. 〈5월의 노래〉는 애초에 박용구(朴容九 1914-) 작사의 관현악합창곡으로 발표되었다. 뒤에 가무악극 〈영원한 사랑 춘향〉(2001)의 단오날 장면에서 삽입되어 젊은이들의 희망과 사랑을 생명력 넘치게 표현했다. 〈가산(笳山)을 위한 피리협주곡〉은 피리의 명인 정재국의 피리를 중심으로 만든 것이다. 피리로 낼 수 있는 전통음악의 장점과 협주의 융합을 돋보이게 한 곡이다.

이건용은 백대웅의 음악을 '비전과 실천으로서의 음악'이라 정의했다. 그의 음악은 실증주의, 합리주의, 이상주의 철학에 바탕을 둔 음악인데, 그는 실천을 하기 위해 작곡도 하고 이론도 했다. 그의 이론적 관심은 관념적이거나 이론적이거나 고증적이지 않고 실제적이고 실용적이다. 그가 대쪽이라면 나(이건용)는 흔들림이다. 그는 자신의 믿음을 끝까지 관철하지만 나는 곧잘 중도에서 다른 것에 마음을 빼앗긴다. 그는 투명하지만 나는 그렇지 못하다. 나는 장3화음을 피하기 위하여 애쓰면서도 첫사랑이었던 슈베르트를 어쩌지 못했는데, 그는 자신의 작품에 화성진행을 사용하면서도 자신이 좋아했던 음악가들에게 한 눈 팔지 않았다. 그는 역시 실천가였다고 논평했다.[50]

박범훈은 양평중학교에서 트럼펫을 불다가 한국국악예술학교에 입학하면서 피리를 불게 되었고, 중앙대학교 음악대학에서 작곡을 공부했다. 1976년 일본 무사시노음악대학에 유학한 것을 계기로 오케스트라아시아를 창단해 동양음악의 전문가가 되었다. 그는 헤아리기 어려울 정도로 숱한 곡을 썼지만 〈신내림〉〈축연무〉〈춘무〉〈관현악 아리랑 합창〉〈김일구 아쟁 협주〉〈사물놀이 협주 신모듬 1~3〉〈염원〉〈춘향가 중 적성가〉〈춤을 위한 나나니〉〈피리를 위한 창부타령〉 등이 대표곡으로 주목된다.

피리 명인답게 그의 곡에는 피리의 기교가 언제나 돋보인다. 아울러 전반적으로 빠른 박자를 선호하는 춤곡에 가까운 특징을 지닌다. 〈신내림〉은 무녀의 신바람나는 한 바탕의 춤을 연상시킨다. 덩덕궁이 장단으로 빠르게 몰아붙이는 풍성한 흥을 불러 일으킨다. 〈축연무〉〈사물놀이 협주 신모듬 1~3〉〈염원〉 등이 유사한 느낌을 준다.

〈춘무〉는 겨울에서 봄으로 전환되는 서정적인 분위기와 새봄에 만물이 소생하는 약동의 순간을 동시에 느낄 수 있는 화사한 곡이다. 〈관현악 아리랑 합창〉은 남녀 합창에 김혜란, 김영임, 신영희, 김성녀가 부르는 각 지역의 솔로 아리랑을 조화시키고, 전체를 관현악으로 담아낸 곡이다. 〈사물놀이 협주 신모듬 1~3〉은 사물놀이를 기본으로 다양한 멜로디와 합창을 포용해 전체를 신바람 나는 관현악으로 담아낸 곡들이다. 전통음악의 원초성을 느낄 수 있는 가락으로 점철되어 있다.

〈춘향가 중 적성가〉는 남원부사로 제수된 부친을 따라 내려온 이도령이 광한루에 올라가 사면의 경치를 살피며 감탄하며 곧 이어 춘향을 만나게 되는 진양조 대목이다. 우조성음의 대표곡으로 치는 이 노래를 안숙선의 창으로 맛을 내며 협주로 우아하게 묘사한 곡이다. 〈춤을 위한 나나니〉는 밝고 어두움, 발랄함과 진중함의 다양한 면모를 그린 관

---

50) 이건용, 백대웅의 음악, CD 가야금을 위한 악상, 작곡가에 관한 글, 저스트뮤직, 2011 참조

현곡으로서 무용적 표현에 어울린다. 〈피리를 위한 창부타령〉은 창부타령의 길을 바꾸어가며 다양한 느낌을 주는 피리 독주에 관현악을 협주하는 곡으로서 박범훈의 음악적 특색이 가장 잘 나타낸다.

이건용(李建鏞 1947-)은 가곡 〈은혼에 바치는 노래〉(1963) 〈마른 강 두덕에서〉(1964) 혼성합창과 피아노를 위한 〈청산별곡〉(1974) 14인의 주자와 여창을 위한 국악실내악 〈분향〉(1974) 등 비교적 이른 나이에 작곡을 시작했다. 아울러 다양한 양식과 형식을 구사하는 장점과 세련되게 다듬어진 음악성을 겸비했다.

지난 52년 동안 주목을 받은 작품이 많이 있지만 여기서는 특히 국악 앙상블을 위한 〈촉상〉(1975) 국악관현악과 합창 〈만수산 드렁칡〉(1987) 국악관현악 〈산곡〉(山曲 1992) 여창과 합창과 국악관현악을 위한 〈청산별곡〉(1995) 남창과 합창과 국악관현악을 위한 〈촉상〉(1996) 오케스트라 아시아를 위한 국악관현악 〈달맞이〉(1997) 강은일 해금 협주곡 〈가을을 위한 도드리〉(2008) 등이 대표곡으로 주목된다.

〈촉상〉(蜀相)은 중국시인 두보(杜甫 712-770)가 촉나라의 승상이었던 제갈량(諸葛亮)의 사당을 방문했을 때 지은 시이다. 이건용은 이 시를 가사로 삼아 1975년(국악앙상블), 1976년(한문시 그대로의 합창곡)에 작곡을 했는데, '시에 나타난 쓸쓸하고 표표하고 추상같은 이미지는 도저히 서양 악기와 가락으로 표현하기 어렵다고 느껴져', 1996년에 다시 창작하게 되었다고 밝혔다.[51]

쿵쿵 울리는 큰북 소리로 시작되는 이 〈촉상〉(1996)은 삼국시대의 어지러운 전쟁터와 무수한 죽음, 영웅들의 지략에 의존할 수밖에 없었던 혼란한 시대로 청중을 이끌어 들인다. 점차 빠르고 힘 있게 이어지는 멜로디는 간절한 그리움과 반복되는 전쟁의 허무를 형상한다. 그 가운

---

51) 이건용, 도전, 혹은 스밈(작곡가 이건용과의 대담), 예종, 2007, p.20 참조

데 남창 가곡으로 뽑아내는 표표한 울림은 제갈량의 모습을 연상케 한다. 남창 솔로는 다른 합창이 떠받들고, 그 목소리들은 다시 현악과 관악의 앙상블이 감싸 안아 황량한 가운데 진중하고 애절하고 영혼을 울리는 소리로 조화된다. 아마도 작곡가는 우리시대의 구원자인 진정한 영웅을 그리워하는 심정을 토로한 듯하다.

〈만수산 드렁칡〉에 대해 작곡가는 '수제천보다는 민요적이고 민속악적인 어법이 두드러진다. 이 곡에서의 중심 화두는 국악 또는 전통으로써 지금 여기의 현실을 이야기할 수 있는가라는 것이었다. 작곡가의 치열한 동시대인식을 담아내고자 했다. 황지우(黃芝雨 1952-)의 이 시는 일제강점기에 만주로 간 사람들의 심정을 기초적인 정서로 택했는데, 이 시를 통해 서로 결합시키기 어려운 것들을 결합시키고자 했다고 밝혔다.[52]

원시는 4장의 담시 형식이다. 우리 주변에서 흔히 찾아볼 수 있는 만수산에 드렁칡이 얽혀 있는 듯한 수난의 역사와 모순된 현실을 시인은 은유적으로 익살스럽게 이야기했다. 이런 시를 작곡가는 풍물놀이 장단에 실어 진한 향토색을 내었고, 마지막에 간절한 합창으로 민중의 뜻을 밝혔다. 시의 낭송과 낭창이 줄기를 이루고 그 싯귀를 받아 남성과 여성의 합창이 마치 화음처럼 반복적으로 이어지며 점차 고조된다. 중간중간 남녀의 구음, 장고 반주, 태평소, 대금의 협주 등과 어울리며, 관현악은 시종 음악 전체를 감싼다. 좀처럼 헤어날 길이 없는 비극적 현실의 소용돌이를 가슴 시리게 표출해낸 감동을 준다.

〈청산별곡〉과 〈산곡〉은 산에 대한 작곡가의 정서와 느낌을 나타낸 것이라 했다. '우리 산들은 각별한 미적 정서를 느끼게 한다. 특히 야산이 보여주는 굴곡과 빛깔과 농담의 섬세함과 자연스러움은 특별한 반

52) 이건용, 실천적이고 탐미적인 작곡가(작곡가 이건용과의 대담), 미르, 2012.10, pp. 6-9 참조

응을 불러일으킨다. 우리 삶의 정서와 미적 감수성이 산과 연관되어 있다고 느낀다.' 이렇게 그는 토로했다.[53]

〈산곡〉은 굿거리의 강렬한 타악과 〈수제천〉 같이 단아하고 온화한 관악, 그리고 높고 거칠게 이어지는 현악을 통해 우리 산의 다양한 아름다움을 묘사한 곡이다. 고려가요 〈청산별곡〉을 남녀 합창이 부르고, 부드럽고 밝은 이미지의 현악 속에 평화에 대한 우리의 지극한 집착을 담은 것이 〈청산별곡〉이다. 수없이 반복되는 '살어리 살어리랏다'의 주제곡은 가곡과 가곡을 현대화시킨 여창으로 뽑아 올리며, 그 솔로를 합창이 조화시키는 유장한 가락으로 이어진다. 북소리와 태평소의 울림은 질펀한 관현악의 여운을 더욱 짙게 한다.

〈달맞이〉는 우리가 통념적으로 생각하는 고요하고 아름다운 달밤의 정경을 묘사한 멜로디가 아니다. 온화한 가운데 강렬한 빛의 파동이 느껴지고 끈질긴 가운데 힘이 용솟음치는 열정이 타오른다. 특히 타악의 음향이 인상적이다. 마지막에 '새애 새야 파랑새야 녹두밭에 앉지 마라' 하는 노랫소리가 메아리친다. 한마디로 작곡가의 의지가 번뜩이는 곡이다.

"하나의 달이 천 개의 강에 비친다고 하는 '월인천강'(月印千江)이라는 화두를 굉장히 좋아해요. '네가 달을 가지려고만 해 봐라. 그러면 진흙탕이건 시냇물이건 어디든 그 나름대로의 방법으로 자신에게 비친 달을 가질 수 있을 것을 왜 너는 그걸 안 가지려고 하면서 어떤 달이 진짜 달이냐 하는 질문만 하느냐'는 것이 나의 답이에요. 그런 의미에서 나는 민족음악과 관련해서 '이것은 양식의 문제는 아니다'라는 확신을 가졌어요. 만일 실천이 중요하다면 백 사람이 다 백 가지 방법으로 자기 위치에서 민족음악으로 나가는 방법을 찾을 수 있을 것이라고 생각해요."[54] 이것은 이건영의 직언이다. 이런 그의 사상을 이해하고 보면,

---

53) 이건용, 전게문, p.8 참조.
54) 이건용, 도전, 혹은 스밈(작곡가 이건용과의 대담), pp.116-117 참조.

〈달맞이〉의 실체를 비로소 짐작할 수 있다.

〈가을을 위한 도드리〉의 착상에 대해 작곡가는 친절한 해설을 남겼다. 프랑스의 시인 보들레르(C. Baudelaire)의 〈가을의 노래〉에서 이 곡이 창작되었다는 것이다. 즉 '힘찬 여름빛'에서 '차디찬 어둠'으로 옮겨지는 시간은 그에게 '몰(沒)의 순간'으로 인식되었는데, 이 몰의 시간이야말로 일상적이고 물리적인 시간인 크로노스(chronos)가 아니라 과거와 미래가 하나로 응축된 초월적 시간인 카이로스(kairos)로서, 그 순간 생의 진실에 대한 어떤 착상을 하게 되었다는 것이다. 몰의 순간에 잡히는 감정은 슬픔이라 할 수 있고, 어떤 사연이나 이유가 있어서 생기는 슬픔이 아닌, 느닷없는 슬픔, 이유 없는 슬픔이라고 했다.[55]

이 곡은 작곡가의 말처럼 시종 일관 해금의 도드리를 통해 어떤 강한 집착을 드러낸다. 이 집착은 이유 없는 슬픔이기도 하고, 새로운 삶에 대한 희망이기도 하다. 노자(老子)가 바라보는 '집착의 허무' 또는 공자(孔子)가 추구하는 '집착의 성실성'으로 비유되기도 한다. 해금 도드리는 여기서 너무 간절하고 애절해서 가슴을 치게 한다. 때때로 빠르게 뒤따르는 관현악은 그런 허무와 집념의 공간을 더욱 확장하면서 가을의 풍광을 물씬 느끼게 한다.

---

55) 이건용, 실천적이고 탐미적인 작곡가(작곡가 이건용과의 대담), p.9 참조

5. 음악극양식

5.1. 음악극양식의 갈래

우리는 음악극시대에 살고 있다. 인간행위의 모방이라는 의미에서 유래한 드라마에는 음악의 요소와 유사한 플롯, 갈등, 성격 같은 특징이 드러난다. 모든 드라마는 일정한 길이로 이어지는 등장인물 사이의 갈등을 집약적으로 다루고, 그 갈등은 높고 낮은 파장을 그리며 전개된다. 또한 인물들의 성격은 때로는 강하고 약하게 때로는 선량하고 교활하게 반복된다. 드라마의 갈등을 주도하는 인물이 주인공이다. 그러나 그 주인공의 주위에서 갈등을 부추기거나 갈등을 와해시키는 보조적인 인물들이 동시에 등장함으로써 갈등의 극적인 긴장감과 사회적인 의미는 더욱 심화된다.

음악과 연극의 공통점 및 유사성에서 지나칠 수 없는 것은 극적 (dramatic)이라는 요소이다. 극적이라는 것은 '마치 드라마의 구조와 같다'는 의미인데, 단일한 시간에 어떤 내용(가락, 줄거리)을 집약해 긴장감 있게 전달하려는 방법을 말한다. 시간의 예술이므로 비록 자연스러운 내용, 서정적인 내용을 표현하고 싶은 경우에도 무작정 길게 할 수 없으며, 일정한 길이에 알맞게 구조적인 통일성을 이루어야 한다. 긴장과 이완, 부드러움과 거침, 선량함과 추악함 같은 상반된 감정과 상황을 반복하며 감동적이고 충격적인 결말을 맺는 긴밀한 짜임새를 극적이라 말하는 것이다. 악보와 희곡의 유사성을 포함해서 이런 특징으로 말미암아 음악과 연극은 고대로부터 동반적인 예술로 성장해 왔다. 연극과 음악에서 현장성이 중시되는 것은 바로 이 극적인 감동을 체험할 수 있는 까닭이다.

음악과 연극이 결합(結合)된 것이 음악극이라는 인식은 일반인들뿐만 아니라 전문가들 사이에서도 통념이 되었다. 그러나 이런 생각은 우리 음악극을 창작하는 데 장애가 되는 경우가 허다하다. 결합이라는 뜻의 오해에서 빚어지는 창작의 오류 및 실패 때문이다. 단순한 결합이 아니라 '작품 전체의 완전한 음악화'를 지향하는 것으로 음악극을 인식해야 하고 아울러 그런 작품을 실천적으로 만들어야 한다. 대사극에서 한두 번 등장인물이 노래를 부르는 것을 음악극이라 할 수 없다.

우리 주변에서 흔히 볼 수 있는 연극 가운데서 삽입되는 노래와 때로는 춤이 상당한 비중을 차지하는 작품들이 자주 눈에 뜨인다. 이런 작품을 사람들마다 노래극, 가창극, 가극, 마당극, 민요극 등으로 부른다. 등장인물들이 부르는 가창곡이 상당한 비중을 차지한다는 것은 이미 그 작품이 음악처럼 만들어지고, 음악화(化)를 지향하고 있는 증거이다. 음악성(音樂性)을 중시하는 구조에서는 그 작품을 이루는 다른 요소들 즉 인물의 성격, 행동, 대사, 의상, 미술, 조명 같은 요소들도 전체적인 음악성과 조화를 이루어야 완성도를 높일 수 있다. 이런 작품을 여기서 통칭 음악극으로 부르고자 한다. 서양에서 뮤직 드라마(Music Drama, Music Theatre, Drama musical)라고 하는 것이 그것이다.

한편, 뮤직 드라마에서 적극적으로 더 나아가 대사가 전혀 없거나 약간 있는 정도에서 작품 전체가 온통 노래와 관현악반주로만 이루어지는 음악극들이 넘치고 있다. 물론 춤을 곁들이는 경우는 허다하다. 서양에서는 일찍이 오페라가 그러했고 20세기에 들어와서는 뮤지컬이 그러하다. 뮤지컬 코미디 및 쇼 뮤지컬에서 유래한 뮤지컬은 오늘날 오페라와 함께 음악극의 대명사가 되었다. 모든 음악극은 노래의 소극적인 활용으로부터 적극적인 활용에 이르기까지, 뮤직 드라마로부터 뮤지컬에 이르기까지의 그 어느 중간 단계에 존재한다고 해도 무방할 것이다.

음악극은 관점에 따라 여러 가지 양식으로 나눌 수 있을 것이다. 필자는 우리 음악극을 성립 순서에 따라 창극, 악극, 여성국극, 오페라, 뮤지컬(현대국악극, 현대뮤지털)로 분류한다. 판소리는 극적인 성격이 매우 짙은 서사가이지만 애초부터 음악극을 지향한 양식이 아니다. 숙련된 창자가 한 편의 이야기를 효과적으로 전달하기 위해 말하고(아니리) 노래하고(창) 몸짓으로 형용한다(발림, 너름새). 이런 요소들로 인해 20세기부터 창자들은 판소리를 그대로 창극으로 만들 수 있다고 여겼고 실제로 그렇게 했다.

창극은 음악극에 대한 본질적인 고찰이 없는 상태에서 너무 쉽게 단순하게 성급하게 만들어진 극이다. 그런 결과는 오늘날까지 창극이 음악극으로서 갖추어야 할 구조적인 부실을 극복하지 못한, 판소리 의존형의 음악극이 되고 말았다. 창극은 음악극이라는 보편적인 양식으로 발전하지 못한 상태에서 판소리의 특수성만을 강조하는 외로운 음악극으로 잔존하고 있다.

1930년대부터 1950년대까지 악극이라는 양식이 성행했다. 연극 공연 도중에 막간의 노래로 출발한 이 양식은 마치 뮤직 드라마 같은 가극이라는 명칭을 사용하다가 뮤지컬 코미디 같은 레뷔, 쇼 같은 명칭으로 바뀌었다. 그 후 트로트(trot) 대중가요가 유행하자 그 멜로디를 바탕으로 한 악극이 자리를 잡게 되었다. 이런 악극의 성립과 전개과정에는 일본 악극류의 영향이 짙게 나타났다.

1917년 12월, 한남기생조합의 기생들이 만든 〈구운몽〉은 동명의 고전소설을 판소리로 부른 창극인데, 여성들만이 출연했다는 점에서 우리 여성국극의 시원으로 볼 수 있다. 그러나 창극이라는 인식을 가지고 여성들이 독립적으로 본격적으로 연극을 시작한 것은 1948년 이후이다. 따라서 여기서 여성국극은 주로 1950년대의 활동을 대상으로 한다.

1948년 이전에 가극이라는 용어로 오페라가 소개된 적은 가끔 있었다. 유명한 아리아를 가곡이라고 해서 독창하거나 아리아 멜로디를 차용해 유사한 노래를 만들어 부른 것이다. 그러나 작품으로서 오페라공연은 볼 수 없었다. 한국정신문화연구원에서 1991년에 편찬된 『한국민족문화대백과사전』에 의하면, 오페라를 가극(歌劇)이라는 번역어로 다루고 있다.[1]

이 가극 항목의 필자였던 이유선(李宥善 1911-?)은 그 자신이 수학했던 과거의 개념 그대로 장르 명칭을 기술한 것이다. 가극이라는 번역어는 물론 20세기 초에 일본에서 사용했던 용어 그대로이다. 그러나 이상에서 가극에 대한 설명은 오늘날의 뮤지컬이나 다른 음악극에도 그대로 적용되는 사례가 많아서, 늦었지만 번역어를 사용하지 말고, '오페라'라는 원어를 그대로 쓰는 것이 오해 및 오역을 줄일 수 있는 대안으로 필자는 생각한다. 일본에서 편찬된 『연극백과대사전』에 의하면, 오페라를 과거의 가극 대신 'オペラ' 그대로 원어로 표기했다.[2]

판소리를 바탕으로 만든 창극을 제외하고 1970년대부터 새롭게 불어 닥친 숱한 음악극들을 어떻게 분별하면 좋을까. 누구도 이 문제에 대해 심도 있게 고민하거나 논술한 글이 없으므로 필자로서도 자기 생각을 피력하는 수밖에 지금으로는 달리 방법이 없다. 한 마디로 세계 공용어로 사용하는 뮤지컬이라는 개념을 사용하는 것이 바람직스럽다고 생각

---

1) 한국정신문화연구원 편, 한국민족문화대백과사전(1), 1991, pp.46-47 참조.
2) 早稻田大學演劇博物館 編, 演劇百科大事典(제1권), 1960, pp.482-485 참조.

한다. 모든 사람들이 현대음악극에 붙이는 보편적인 개념인 까닭이다. 그러나 우리에게는 보편성만 있는 것이 아니라 민족적 특수성도 소홀히 할 수 없다.

서양의 뮤지컬이 수입되는 시장의 한복판에서 우리는 애초에 가무악극(歌舞樂劇)이라는 용어를 써 가며 국악 음악극(약칭 國樂劇)을 시작했다. 현재의 관점에서는 현대국악극이라 할 수 있다. 필자 역시『한국연극사』(현대편 2005)에서 '가무악극의 시도와 전통 음악극의 필요성'이라는 항목을 설정하고 이 문제를 논했다. 그러나 자타가 인정하듯이 우리 음악 자체가 전통 가무악이고, 뮤지컬이 또한 가무악으로 이루어지는데, 가무악극이라는 용어는 적절하지 않다. 이런 줄 알면서도 우리는 과도기적으로 이 용어를 사용해 온 것이다.

21세기의 현실 속에서, 이제 이 개념을 새롭게 정립해야 할 때라고 생각한다. 필자는 뮤지컬이라는 개념을 그대로 사용하자고 제안한다. 아울러 전통음악을 바탕으로 창작되는 음악극은 현대국악극으로 지칭하자고 제안한다. 외국인들에게는 한국뮤지컬(Korean Musical)로 소개하는 것이 좋을 것이다. 앞서 말한 창극(Pansori Opera)과 식별하기 쉬워진다. 그렇다면 서양악 방법으로 창작된 우리 뮤지컬을 어떻게 구별할 것인가. 우리가 사용하고 있는 그대로, 현대뮤지컬을 그대로 사용하고, 외국인들에게는 한국뮤지컬(Korean Musical, Western Style)로 인식시키는 것을 바람직스럽게 생각한다. 여기서 현대국악극과 현대뮤지컬은 우리들의 현실적 오해와 혼돈을 극복하기 위한 하나의 대안으로 삼아 학술용어로 삼기로 한다.

뮤지컬은 양악적 음악어법과 양악기 반주를 위주로 했다. 그런데 한편에서 전통음악적 음악어법과 국악기 반주를 기반으로 한 이른바 국악극이 나타남으로써 음악극의 영역은 점차 넓어졌다. 전통적 성악을 양악기로 반주하는 음악극, 상대적으로 양악적 성악을 국악기로 반주하

는 음악극, 국악기와 양악기를 동시에 반주하는 음악극 등 다양한 방식
이 대두되었다.

　음악극의 대명사가 뮤직 드라마든, 뮤지컬이든, 국악극이든 그것은
형식적인 문제에 지나지 않는다. 분명한 목표는 어떤 음악을 구사하든
훌륭한 음악극을 만드는 일이다. 서양에서 오페라는 이미 훌륭한 고전
적 전통을 쌓았으므로 음악극으로 당당한 위상을 확보했다. 오페라의
음악양식은 인류문화에서 가장 빛나는 창조적 산물이므로 오랜 역사에
도 불구하고 오늘날에도 건재할 뿐만 아니라 오페라를 통해 숱한 다른
음악극들이 새롭게 발전하고 있다.

　음악극양식의 갈래는 현재뿐만 아니라 앞으로도 숱한 혼선이 나타날
것이다. 최근 자주 공연되는 판소리와 다른 전통적 성악을 혼합한 음악
극들, 나아가 전통적 성악과 서양식 성악을 혼합한 음악극들을 무엇이
라 지칭할 것인가 하는 경우이다. 이러한 성악들은 반주악기, 음악어법
의 조합과 더불어 음악극의 다양성을 낳는 요건이 되고 있기 때문이다.
따라서 아래에서 논의하는 음악극들은 어디까지나 현재를 기준으로 한
서술에 지나지 않는다는 점을 전제해 둔다.

5.2. 창극

5.2.1. 전통창극의 방황

　기존의 판소리를 무대 음악극으로 만들고자 한 것이 창극이다. 중국
에서도 음악극이라는 의미에서 경극(京劇)을 창극 또는 창희(唱戲)라 한
다. 창극을 외국인들에게 이해시킬 때에는 고유성을 살려 판소리 오페
라(Pansori Opera)로 하는 것이 적당한 것으로 여겨진다. 20세기 초에 창
극은 연극으로의 자기 발전적인 대안이 없이 피상적인 모방에 의한 극
장편입이었고, 시간적으로는 성급히 운동이 전개되어 기형적 또는 과도

기적 양식이 성립되었다. 당시의 소리꾼들은 서울에서 공연되는 중국의
경극이나 일본 가부키(歌舞伎)를 모델로 삼고 판소리 개량의 당위성을
내세웠다. 경극은 중국 여러 지역의 대표적인 판소리인 성강(聲腔), 가
부키는 일본 판소리인 조루리(淨瑠璃)를 바탕으로 만들어진 사실만을
피상적으로 인지하고, 우리도 판소리로 창극을 만들면 된다고 성급하게
시작한 것이다.

그러나 당시 소리꾼들이 중국 곤극(崑劇)의 곡패(曲牌)와 사공오법(四
功五法), 각색행당(脚色行當)의 원리, 경극의 판식변화체(板式變化體)의
원리를 알았다면 창극에도 다른 변화가 일어났을 것이다. 또한 일본 가
부키의 대사법, 연기법, 무용 및 음악의 원리를 알았다면 창극에도 어떤
제작방법이 수립되었을 것이다. 멀리 거스를 것도 없이, 현재 창극을 만
드는 사람들이라도 중국과 일본의 음악극 제작 방법을 고찰해 본다면,
스스로 무엇을 잘못하고 있는지 어렵지 않게 깨달을 수 있을 것이다.

속수 무책으로 판소리는 음악이니까 그대로 창극이 될 수 있다는 순
진한 생각 하나만 믿고 창극에 뛰어들었다. 이런 여건에서 과도기적으
로 시도된 것이 대화식의 분창(分唱)이었다. 판소리를 해체해 새로운 음
악극을 만드는 것이 아니라, 판소리 더늠과 아니리를 대상으로 한 분창
과 대화를 시도했다. 『만세보』의 기사를 보면, 광무대에서 〈춘향가〉를
개량하기 위해 명창 김창환(金昌煥 1856-1937)과 송만갑(宋萬甲 1865-
1939)을 교사로 정하고, 영남지방에서 13세 연화(蓮花 향단 역)와 11세
계화(桂花 춘향 역)를 선발해 연습에 돌입했다. 소리의 장단절주(長短節
奏)를 조정하고, 창화지절(唱和之節)을 참작해 개량하고, 일주일 후에
공연할 예정이라 했다. 이상에서 장단절주는 음악적 표현, 창화지절은
서로 화답하여 부르는 순서를 정했다는 뜻이다.[3]

---

3) 기사, 만세보, 1907.5.21 참조

또한『매일신보』의 기사를 보면, 오옥엽(吳玉葉)은 9세부터 대구기생조합에서 학습했고 11세에 서울 광무대로 와서 출연하기 시작했다. 그녀는 승무, 춘향가, 방자노름, 잡가 등으로 인기를 끌던 소녀인데, 광무대에서는 옥엽(玉葉)과 산옥(山玉)을 등장시켜〈춘향가〉를 분창시켰다. 당시 이들의 분창을 화답창 또는 병창이라고 했다.[4]

1908년 5월부터 1909년 3월 사이에 연흥사에서 전개된 판소리개량 관련 기사를 보면,〈화용도〉(적벽가의 다른 명칭)를 공연하기 위해 창부 30명을 모집했다. 이것으로 보아 대규모 무대공연이 기획된 것으로 보인다. 같은 방식으로〈배비장타령〉을 공연했으나 흥행에는 실패했다는 내용도 있다. 광무대에서 시작된 분창공연이 이처럼 착실한 준비과정을 거치지 않은 채, 연흥사에서 많은 인물과 배역이 출연하는 창극으로 본격 시도되었던 것이다.[5]

한편 같은 시기에 원각사에서도 창극운동이 시작되었다. 1908년 7월 26일부터 경성내 유명한 가기(歌妓)와 김창환 등의 소리꾼들이 출현한다는 기사가 보인다. 그 뒤 원각사는〈춘향가〉〈심청가〉〈수궁가〉이외에도〈은세계〉〈이소사〉〈천인봉〉등 새로운 소재를 신연극으로 개발한다고 했다.〈이소사〉는 평안감사인 민영휘에게 재산을 빼앗기고 1908년 12월에 소송을 제기했던 안주의 이소사(소사는 과부를 점잖게 이르는 말)사건을 원각사에서 극화하려 했던 것이다. 창극 제작의 의욕이 매우 강했던 정황을 짐작할 수 있다.

한편, 당시 원각사의 공연에 대하여〈춘향가〉〈심청가〉〈홍보가〉같은 3가를 개량한다더니 '의구시(依舊時) 월매의 매여싱(罵女聲)'과 '의구시 놀보의 투제어(妒弟語)'만 들린다는 비판도 있다. 욕소리와 질투하는 소리만 들린다는 비유를 통해 개량의 미진함을 지적했다. 또 구연극을

---

4) 기사, 매일신보, 1913,12,16/ 1914,2,24 참조.
5) 기사, 대한매일신보, 1908,5,6/ 1909,3,23 참조.

개량한다면서 〈춘향가〉만 창한다고 한 지적도 있다. 창극이 관객들의 기대치에 미치지 못한 것을 시사한 것이다.6)

"그때나 지금이나 〈춘향전〉은 극적 구성이 아니고 한갓 옛날 소리 그 대로 토막토막 따서, 한 사람이 하던 것을 여러 사람이 각각 동작과 아 니리라 하는 말과 소리를 섞어서 무대 위에서 움직임에 다름이 없었다. 그리고 그 상연 프로그램은 첫째 과장이 관기춤, 둘째 과장이 걸립(농 악), 셋째 과장에 들어가서 〈춘향전〉〈심청전〉 등 판소리를 하는데 3일 씩 분할하여 연행했다. 또 자신(연극인 玄哲 1891-1965)이 암행어사를 지낸 일이 있으니 〈춘향전〉 중의 어사출도 장면 같은 것을 실제로 (그 들에게) 가르쳐 주기도 했다."7)

한 작품을 분창했을 뿐만 아니라 3일간 나누어 공연했다는 것이다. 원각사 공연에 대한 현철(玄哲 1891-1965)의 이같은 증언은 동시대의 창극이 판소리의 인물 분화와 분창에서 시작되었다는 사실을 입증한다. 이상과 같은 자료들은 초창기 창극의 성립과정을 말해 준다.

1908년 〈은세계〉(일명 최병도타령)를 만드는데 지도적인 역할을 담 당했던 광대는 강용환(姜龍煥 1865-1938)이다. 그의 활동에 대한 이동 백(李東伯 1866-1947)의 증언에 의하면, 당시 서울 광대들은 관수동 남 쪽 청국인 거류지역에 있던 창극관에서 호기심을 가지고 〈삼국지〉 등 을 관람했는데, 강용환은 이런 중국 경극을 모방해 판소리 〈춘향가〉를 창극 〈춘향가〉로 발전시켰다.8) 원각사는 기와집형 구협률사 건물을 붉 은 벽돌 원형극장으로 개보수한 극장이었다. 〈춘향가〉는 새 극장에 대 한 관심과 더불어 남녀 명창이 대거 출연하는 창극이었고, 상당히 비싼 입장료라 할 수 있는 동화 20전을 받았지만 만석이었다.

---

6) 기사, 대한매일신보, 1908.11.8/ 1909.7.3 참조
7) 이두현, 한국신극사연구, p.32 참조
8) 이동백·한성준 대담, 가무의 제문제, 춘추, 1941.3, p.149 참조

최초의 창극이라 할 수 있는 이 〈춘향가〉는 무대장치와 소도구도 없이 무대 뒤에 흰 포장을 둘러치고 백열전구의 불빛에서 공연했다. 작품 전편을 단회에 공연하는 것이 아니라, 남원에서 이도령의 상경까지를 앞과장으로, 어사가 된 후 춘향을 구원하는 장면을 뒷과장으로 나누어 연행했다. 배역은 이동백(이몽룡 역), 강소향(춘향), 강용환(방자), 김창환(이부사), 허금파(월매), 유공열(후배사령), 송만갑(사또), 염덕준(집장사령) 등이 출연했다. 당시 김창환은 배우들의 대표자인 원각사의 주석이었다. 작품해설은 도창(導唱)형식으로 불렀고, 대사는 고작해야 '아니리' 정도에 그쳐, 대사가 없는 창과 연기 위주의 창극이었다.9)

원각사의 〈심청가〉 역시 강용환이 창극으로 개편했다. 심청의 인당수 투신을 앞과장으로, 심봉사의 눈뜨는 장면을 뒷과장으로 나누어 연행했다. 배역은 강소향(심청역), 강용환(심봉사), 염덕준(화주승), 허금파(뺑덕), 이동백(송천자) 등이 출연했다. 뒤에서 상술하기로 하겠지만, 창극 〈은세계〉 역시 이상과 같은 광대들에 의해 창작되었다.

광대들의 기량은 어떠했을까. 김창환은 판소리와 연기에 능란했다. 무대에서 그의 창과 극적 전개가 잘 맞아 떨어지는 데 사람들은 감탄했다. 송만갑은 극창가로 칭송될 만했다. 관객들의 취향에 알맞게 소리의 국면을 잘 조화시켰다. 강용환은 창극을 개발하는 데 뛰어났다. 이동백은 성음(聲音)이 극히 미려하고 각양각색의 목청은 들을 때마다 청신한 느낌을 주었다. 골계로 사람을 웃기고 비곡으로 사람을 으쓱하게 할 때, 만당의 청중은 모두 혼취되었다. 이러한 사실들을 종합하면, 초창기의 창극은 동시대 관객들에게 새로운 형태에 대한 호기심과 기대감을 불러 일으켰던 것이 분명하다.

1908년 11월에 공연된 〈은세계〉를 일본의 영향으로 만들어진 신연극

---

9) 박황, 창극사연구, 백록출판사, 1976, pp.24-26 참조

으로 보는 관점도 있지만, 여러 가지 자료와 당시 상황을 종합해 볼 때 창극이라는 사실을 알 수 있다. 1880년대 김옥균의 지도로 개화주의자가 된 강릉 사람 최병도(崔秉陶)의 일대기를 다룬 이 작품은 현실성이 강한 점에서 전통 판소리의 이야기(설화소)와 구별되며, 그런 현실성이 당대 사회조건 및 환경과 일체감 있게 호응을 이루었다는 측면에서 자생적인 최초의 사실적 음악극으로서 의의를 갖는다. 당시 신연극이라 했듯이 배역의 분담, 구연, 창의 분할, 실내무대의 활용 등에서 일련의 변화가 있었다. 오늘날의 시점에서 지난 시대의 창극을 되돌아보면 〈은세계〉 이후 그와 같은 창극이 지속적으로 추진되지 못한 것이 창극 침체를 가져 온 요인이었다. 자의든 타의든 소리꾼들은 동시대 상황에서 연극적 현실성을 창출해내지 못함으로써 창극의 침체와 퇴보를 부채질해 온 것으로 해석된다.10)

〈춘향가〉 〈심청가〉 〈홍보가〉를 위주로 시작된 창극은 연출방식에 몇 차례의 변화가 보인다. 옥련암(玉蓮菴)과 정북평(丁北平)이라는 필명으로 함께 대본을 만든 〈옥중가인〉(1914)은 〈춘향가〉의 개작으로서 처음 막장(幕場)의 개념을 도입해 전체를 19막 8장으로 구분지었고 사실적인 무대장치와 소도구를 갖추도록 하였다. 〈홍안박명〉(1917,10)은 기존의 신파조극(新派調劇)에 명창들의 판소리를 삽입한 노래극으로 공연되었다. 〈구운몽연의〉(1917,12)는 소설 〈구운몽〉을 한남기생조합의 기생들이 공연한 여성창극으로서 1950년대 여성국극의 출발을 예고한 작품이다.

1925년부터 활동하기 시작한 광월단은 20년대 창극의 대표극단이다. 명창들이 출연한 이 극단의 창극에는 박춘재가 깊이 관여했고, 이른바 재담가극(才談歌劇)이라는 명분을 내세워 대중적 흥미를 중시했다. 1920년대 창극의 형식적인 특성이나 공연방식을 보다 구체적으로 시사

---

10) 서연호, 한국근대희곡사연구, 고려대학교 민족문화연구소출판부, 1982, pp.28-34 참조

해 주는 자료로서 일본축음기상사 제작판(약칭, 일축판) 〈춘향전〉(1926)
을 들 수 있다. 도창은 이동백이, 이도령과 성춘향은 김추월과 신금홍이
각각 배역을 맡았다. 이 일축판 〈춘향전〉은 공연대본을 그대로 녹음한
것이 아니라 당시 공연상황을 가늠할 수 있는 극화 자료로서 가치가 있
다. 〈옥중가인〉과 일축판 〈춘향전〉을 대비하면 〈춘향가〉의 창극화가
보다 발전적으로 이루어진 것을 알 수 있다. 서사성과 극성의 조화를
위해 처음으로 도창의 역할이 비중 있게 설정된 점을 발견할 수 있다.

　1920, 30년대의 전통음악 단체는 조선악연구회, 조선음악협회, 조선
음률협회, 조선악정회, 조선악협회(謠曲部), 조선성악원, 조선음악연구
회, 조선성악연구회로 이어졌다. 조선성악연구회는 1934년 9월에 기존
의 회원들을 기반으로 조직되었다. 창극이라는 용어는 이 연구회에 이
르러 일반화되었다. 연구회로서 5년이 경과한 1939년 5월에 연구회 회
원은 230여 명에 달했다. 1941년 6월까지는 연구회원 명칭으로 활동했
으나 8월부터는 조선성악연구회 직영 창극단(일본식 창극좌로 등록)이
라는 명칭을 사용하기 시작했다.

　조선성악원이 주최한 제1회 명창대회(1934, 5)부터 〈심청전〉공연
(1939,10)까지 연구회의 창극공연은 김용승(金容承)의 대본과 정정렬의
연출이 작품 성향과 완성을 주도했고, 창극계에 큰 영향을 미쳤다. 정정
렬은 전통적인 창법과 양식을 되살리어 계승하려고 노력했다. 조선음률
협회 이래 강조되어 온 학구적인 태도를 실현하려 했다. 뿐만 아니라
연구회는 최초로 작품의 부분 공연이 아닌 전편 공연을 실현했다. 창극
은 장막극으로서 전체적인 완결성이 중시되었다. 대본과 연출의 능력이
중시된 것도 이런 이유였다. 김용승은 신극에 영향, 자극되어 시대감각
에 맞도록 윤색하고 대사를 많이 삽입하여 대본을 만들었다.[11]

---

11) 박황, 전게서, p.80, p.89 참조

동양극장이 개설되자 전속극단인 청춘좌가 창극을 공연했다. 명창들이 출연하는 창극이 아니라 차홍녀(춘향), 황철(이몽룡), 김선영(향단), 심영(방자) 같은 스타들이 출연하는 창극이었다. 그들은 같은 극장에서 공연하는 조선성악연구회 창극과 구별하기 위해 신창극이라는 용어를 사용했다. 대중극 배우들이 사실적인 연극을 하면서 중요한 대목에 찬조 출연한 명창의 더늠을 중간중간 삽입하는 방식이었다. 〈춘향가〉 〈심청가〉 〈흥보가〉 이외에 〈추풍감별곡〉(3막, 1936,2)이 새로 만들어졌다. 어쨌든 1930년대 조선성악연구회와 직속 창극단, 청춘좌의 창극은 대본과 판소리, 무대미술 등이 최고에 달한 수준으로 평가되었다.12)

한국창극운동사에서 동경대학을 졸업한 박석기의 헌신은 특기할 일이다. 그는 화랑창극단(1940,12), 조선창극단(1942,12)을 직접 운영하며 많은 창작 창극을 개발했다. 백낙준에게 배운 후 거문고의 장인이 되는 한편, 창평에 학교를 설립해 한갑득, 김소희를 비롯한 숱한 인재를 육성했다. 또한 임방울(林芳蔚 1905-1961)이 운영한 동일창극단은 〈일목(一目)장군〉(1944,7)을 공연했는데, 고구려의 유장(遺將) 일목(박귀희 역)과 유민인 촌장의 딸 아라쥬(박초월 역)가 당나라에 저항하며 발해국을 건국하는 과정을 그린 작품으로서 여창자가 남성주인공을 맡아 화제가 되었다.

1945년 8월 18일 좌익계 문화인들에 의해 조선문화건설중앙협의회가 결성되었다. 이 협의회 산하의 5개 본부에는 조선음악건설본부가 포함되었고, 이 본부 산하분과에 국악건설본부(부장 咸和鎭 1884-1948)가 설치되었다. 국악건설본부는 일제말기 친일조직인 조선음악협회의 간부진이 '자숙하지 않고' 임원을 차지하여 갈등의 불씨를 안았다. 이들은 10월에 대한국악원으로 재조직되어 세력을 확장하고자 했다. 대한국악

---

12) 홍종인, 고전가극의 재출발, 조선일보, 1936,10,3 참조

원은 직속으로 창극단인 국극사를 두었다.

일제강점기에 이왕직아악부로 계승된 조선의 아악은 해방 후 구왕궁 아악부로 개명되었고, 대한국악원과 쌍벽을 이루었다. 당시 전통음악을 '국악', 창극을 '국극'이라고 한 것은 외세에 대항하는 민족주의 의식과 식민지 유산을 청산하려는 의식에서 비롯된 명칭이었다.

국극사는 정남희와 조상선(趙相鮮)을 대표이사로 하여, 오태석, 신숙, 박귀희, 유리촌, 강장원, 김재선, 김계종, 성순종, 남경홍, 유기룡 등이 이사로 참여했다. 국극사는 1946년 1월 창립공연으로 명동 예술극장에서 〈대춘향전〉을 공연했다. 일제강점기 말기에 활동했던 창극단으로 국극협회(박동실), 조선창극단(정광수), 김연수창극단 등이 있었는데, 이들은 1946년 6월에 국극사와 합동으로 〈대심청전〉을 공연했다. 이듬해 2월에는 대한국악원이 주최하고 군정청 예술과가 후원하는 '제1회 창극제전'이 개최되어 전국의 명창들이 집결하는 일대 축제판을 벌였다. 8일 동안 〈대흥보전〉과 〈대춘향전〉을 양분하여 공연했다.

이 제전에 즈음하여 박영근은 '아악은 외래음악으로, 시조는 귀족계급 음악으로' 몰아 비판하는 한편, '서민들은 창극을 통하여 울고 웃는 사회를 반영했으며, 그들의 소리와 사상을 표현하면서 권력계급의 악정을 규탄했다고 했다. 창극이 종합적이고 구체적인 표현을 가능하게 하는 소이는 이것이라고 하여 사회주의적인 창극관을 피력했다.[13]

유기룡(劉起龍)은 '창극사는 고독한 비사(悲史)이고 만신창이지만 우리 민족음악의 위대한 승리자였다. 이런 의미에서 신민족음악의 수립을 기치로 전국악인이 봉화를 든 이번 행사에 경의를 표한다'고 했다.[14]

국극사는 〈아랑애화〉(1947,11)와 〈선화공주〉(1948,3)를 공연한 이후 1950년 5월에 국립극장 개관기념으로 김일민 작, 박춘명 연출, 채남인

---

13) 박영근, 창극의 특성, 경향신문, 1947,2,13 참조
14) 유기룡, 창극의 회고, 경향신문, 1947,2,13 참조

장치로 〈만리장성〉을 공연했다. 진시황이 만리장성을 쌓기 위해 전국의 장정들을 강제로 부역케 한 사실을 배경으로 만명과 맹강녀의 슬픈 사랑을 그린 작품이었다. 맹강녀를 흠모하는 정도령의 밀고로 만명은 잡혀가 죽게 되고 그녀는 자결하며 마지막에 죽은 영혼을 위한 오구굿을 연출했다. 이러한 대무대의 공연에도 불구하고 대한국악원 직속의 국극사 공연은 축제 분위기 조성을 제외하면, 창극으로서 새로운 창의성을 발휘하지 못했다.

국극협회는 〈고구려의 혼〉(일명, 일목장군)이 실패로 돌아가자 4개월 만에 국극협단(박후성)으로 개편하여 활동했다. 〈춘향가〉〈심청가〉〈흥보가〉 이외에 〈탄야곡〉〈추풍감별곡〉〈예도성의 삼경〉으로 지역을 순회하며 인기를 끌었다. 조선창극단은 〈논개〉〈호동왕자〉, 김연수창극단은 〈장화홍련전〉〈임진왜란과 계월향〉〈단종과 사육신〉 등을 공연했다. 여성국악동호회(박녹주)는 〈옥중화〉에 실패하여 방황하던 중 〈햇님 달님〉(1949,2)을 통해 크게 성공했다. 임방울일행은 〈춘향가〉〈심청가〉〈흥보가〉로 지역을 순회했다.15)

5.2.2. 현대창극의 미래

1962년 2월 국립창극단(초기 명칭은 국립국극단)이 창설되면서 창극은 전환기를 맞았다. 김연수, 김소희, 박귀희, 박초월 등 명창이 주축이었다. 창극을 발전시키려는 노력은 국극정립위원회(1968,12, 후의 창극정립위원회)의 결성, 창작창극 개발, 전속단원계약제, 완창 판소리 공연, 판소리 감상회, 특별기획 공연 등으로 구체화되었다.16) 광주나 전주지역에서도 창극을 발전시키려는 노력이 지속되었지만 창극의 주축은 국

---

15) 박황, 전게서, pp.158-190 참조
16) 백현미, 국립창극단 창단과 운영, 세계화시대의 창극, 연극과인간, 2002, pp.65-86 참조

립창극단이었다. 연출가 이진순과 허규는 왕성한 실험을 보인 대표적인 인물이자 선각자이다.

1970년대 리얼리즘 연극을 바탕으로 한 이진순(李眞淳 1916-1984)의 다양한 시도는 창극의 새로운 가능성과 창극에 대한 대중적 인식을 열어 놓았다. 연극적인 시각화와 소리의 입체화 및 동적인 요소의 확대 방향은 민속극을 포함한 여러 가지 연기의 도입, 사실적인 의상제작, 생략된 무대 장치와 배경화, 안무, 합창곡, 새로운 작곡, 30인에 가까운 생음악 반주, 신속한 장면 변화, 마임 등을 포함하는 각종 요소의 복합 차용으로 나타났다. 연출의 독립성은 그에 의해서 두드러지게 확대되기 시작하였다. 2차에 걸친 〈흥보가〉(1972, 1977) 〈심청가〉(1969, 1982) 〈배비장전〉(1973, 1975), 4차에 걸친 〈수궁가〉(1974, 1974, 1976, 1980) 〈춘향전〉(1971,9) 〈대업〉(1975,9)이 이러한 방법으로 연출된 작품들이다.

1970년대 후반기에 다채로운 드라마 체험을 안고 창극계에 뛰어 든 허규(許圭 1934-2000)는 이진순보다 새로운 세대답게 창극의 실험에 몰두했다. 그는 그간의 리얼리즘에 기조한 연출방향에서 완전히 방향을 바꾸어, 판소리 발생의 기반이라고 생각하는 판굿놀이에 '원형적으로 회귀'하려는 열정을 드러내었다. 이를 위하여 민속극의 관습이 수용되었고, 현대식 확대 과장법이나 합창, 군중무가 이용되었고, 그 자신을 통한 대본 정리와 창작이 진행되었다. 판굿놀이가 다채로웠던 것처럼, 그의 창극도 여러 가지 요소에 의해 새로이 짜여진 다채로운 연희가 되었으며 판소리만의 창극은 이미 아니었다.

광대와 관중과 연희가 하나로 어우러지는 판의 창출이 허규 연출의 꿈이라 할 수 있다. 판소리 명창의 맛과 멋을 즐길 수 있어야 할 뿐 아니라, 그밖의 민속예능이 지닌 잠재적 예술성을 유감없이 그 자리에 쏟아부어 현장성에 맞게 판을 짜는 연출방법이었다. 이를 통해 그는 연희자와 참여자가 함께 공감하는 마당을 만들어내고자 했다.

그는 〈심청가〉(1977, 1984, 1989) 〈춘향전〉(1981, 1982, 1987, 1987, 1988, 1988) 〈흥보전〉(1981, 1984) 〈토끼타령〉(1983, 1983,1987) 〈적벽가〉(1985, 1985) 등을 새로이 만들었다. 아울러 실전(失傳) 판소리로 여겨지는 〈강릉매화전〉(1978,5) 〈가로지기〉(1979,10) 〈배비장전〉(1988, 1988, 1988, 1988) 〈최병도전〉(1980,10)의 복원을 시도했다. 신재효의 생애를 그린 〈광대가〉(1979, 3), 고전소설 〈윤지경전〉을 토대로 한 〈부마사랑〉(1983, 1983), 고전소설 〈이춘풍전〉을 토대로 한 〈춘풍전〉(1989, 3), 고려시대 항몽(抗蒙)전쟁을 배경으로 꾸며진 구월산 장사설화를 토대로 한 〈용마골장사〉(1986, 1986, 1986) 등을 앞서와 같은 방법에 따라 각기 실험적으로 연출해냈다.

1990년부터 허규 주도의 창극에 변화와 반성의 물결이 일었다. 창극 연출이 연극 연출가에서 음악극 연출가로 바뀐 것이 변화의 계기였고, 이 변화는 동시대적인 우리 음악문화의 영향을 수반한 것이었다. 그 동안 창극에서 가장 주목되는 것은 연출가 김홍승(1949-), 지기학(池起鶴)의 대두이다. 연극 연출가 김효경이 무려 7회의 창극 연출을 맡은 사실도 있지만 이진순이나 허규를 능가하지 못했다.

김홍승은 창극의 발전을 위한 방안으로 악보화 및 작곡화, 관현악기법 및 악기 배치의 연구, 발성 개발, 판소리극의 극복, 음악극적인 음악편성, 지휘자 및 연출자의 역할 확립, 새로운 대본, 가사의 현대화 등을 제시했다.17) 김홍승의 창극에 대한 의욕은 〈청〉(2006,9)으로 나타났다. 이 작품은 초연 후 5년 동안 재공연되면서 관객층을 넓혔고 지속적으로 보완되었다.

이 작품은 전반부의 비극적 전개와 후반부의 희극적 전개를 각각 80분 정도로 균형감 있게 구성하고, 오케스트라 반주와 도중에 무용(정은

---

17) 김홍승, 한국음악극으로서의 창극발전을 위한 제언, 세계화시대의 창극, 연극과인간, 2002, pp.155-164 참조.

혜 안무 및 국립무용단)까지 삽입해 대작 음악극을 시도한 것이 특징이다. 도창(안숙선, 염경애), 심봉사(왕기석, 남상일, 임현빈), 심청(김지숙, 박애리, 서진실), 장승상 부인(김경숙, 임향님), 곽씨 부인(김차경, 정미정), 황봉사(윤충일, 김학용), 도선주(김형철, 조영규, 허종열), 대왕(이영태, 우지용), 뺑덕이네(나윤영, 김금미, 이연주) 등을 모두 활력에 넘치는 더블 캐스트로 하고, 그들이 지닌 잠재적 재능을 작품의 전개에 충실히 발휘하게 함으로써 대중적인 즐거움을 제공했다. 창극사에서 이만큼 대중적인 창극은 드물었지만 김홍승이 앞서 제시한 창극의 대안과는 일치하지 않는 측면이 많았다.

1992년 남원에 국립민속국악원이 설립되면서 창극 전문조직을 표방하고 나섰다. 초기부터 단원으로 활동한 지기학은 이전 연극배우의 소양을 바탕으로 한농선의 판소리를 득음하는 한편, 창극 개량에 뛰어들었다. 그는 〈춘향전〉(2001,2005) 〈내 사랑 춘향〉(2009) 〈흥보전〉(2002) 〈흥부 놀부 박타령〉(2007) 〈산수유 내 사랑〉(2012) 등을 연출하면서 우리 창극사에서 거의 유일하게 창극전문의 연출가로서 실력을 갖추었다.

독일연출가 아힘 프라이어(Achim Freyer 1934-)는 〈토끼와 용왕〉(2011,9)을 자신의 전공인 회화적 방법으로 제작해 공연했고, 이 작품으로 독일 부퍼탈 오페라극장까지 투어 공연했다. 여기서 회화적 방법이란 배역 자체가 전신에 가면을 착용하고 등장하는, 말하고 움직이는 그림을 의미한다. 한태숙 연출의 〈장화홍련〉(2012,11)에는 스릴러창극이라는 개념이 붙었다. 고대소설을 정복근이 현대식으로 각색한 이 작품은 사건을 목격한 코러스들이 이채롭다. 모두 대머리를 하고 어둠 속에 등장해 대사와 창을 한다. 공포영화의 장면을 연상시킨다.

최근 공연작으로는 홍창수(1964-) 대본, 연출의 〈도라지꽃〉(2011)과 문순태(文淳太 1941-)의 원작소설 〈도리화가〉를 지기학이 각색, 연출한 〈오동은 봉황을 기다리고〉(2014,10)가 주목된다. 〈도라지꽃〉은 극심한

빈부 격차의 문제를 풍자적으로 다룬 작품으로서 판소리의 발림, 너름새, 도창 등을 살린 활달한 방법이 주목을 받았다. 일인 다역을 맡은 백현호를 비롯 박성우, 이영주, 김보람 등의 젊은 연기가 창극에 새로운 활력을 불어 넣었다.

〈도리화가〉의 작곡은 김백찬이 맡았다. 판소리를 총정리한 신재효의 일대기를 그린 창극으로서 새로운 시도가 곳곳이 드러난다. 현실성을 높이기 위해 신재효는 살아 있는 동명 이인의 연출가(지기학 역)로 등장한다. 그의 가치관은 동시대 최고의 음악으로서 판소리를 창조하는 것인데 그런 소리꾼을 봉황에 비유했다. 젊은 신재효는 백원이라는 청년으로 등장하며 판소리를 수련하기 위해 열심히 명창을 찾아다닌다. 백원은 학문을 익히기 위해 중인 신분을 속이고 서원에서 공부하다가 추방되고, 풍각쟁이들과 어울려 다니며, 관아의 호장이 되었을 때는 가난한 사람들을 위해 재물을 기꺼이 나누어주는 넉넉한 인간성을 드러낸다.

백원이 사랑했던 인물은 가난한 처녀 봉선이다. 그녀는 백원의 도움으로 계향이라는 기생이 되어 살았고, 그녀가 낳은 딸이 진채선(陳彩仙 1847-?)으로 등장한다. 진채선은 백원을 찾아와 몸을 거두어 줄 것을 애원했지만 판소리를 수련시켜 최초의 여류명창으로 만든다. 그리고 서울로 보내 판소리를 널리 알리도록 한다. 그녀가 서울로 떠날 때 백원에게 남긴 소리는 유명한 '도리화가'이다. 오동나무(백원의 아호는 동리)에 앉았던 봉황(진채선)은 마침내 푸른 하늘로 날아 오른다는 상징이다. 명창의 판소리와 작곡음악이 적절한 효과를 자아냈다. 전통악기와 피아노 음악을 사용하고, 코러스(광대들, 마을 사람들)와 인물들의 개성을 조화시켰으며, 해설자인 신재효를 통해 서사성과 극적인 현장성을 높인 수작이다.

비단 음악극에 국한된 문제는 아니지만 우리 음악극의 수준을 향상시키는 일은 매우 어려운 과제임에 틀림이 없다. 어디서부터 논의를 시작해야 할지 착잡하기만 하다. 우선 정책적인 과제로 판소리와 창극을 위한 전용극장의 설립이 필요하다. 전통예술을 진흥한다면서 아직 전용극장 하나 마련하지 못한 것이 우리 현실이다. 아시아 다른 나라의 전통극장을 되돌아보면 정책의 허실이 보일 것이고, 판소리와 창극의 음악적 특징을 고려하면 그에 알맞은 극장의 구조가 발견될 것이다.

언제까지 〈춘향가〉 〈심청가〉 〈흥보가〉 〈수궁가〉에 의존하며 창극을 만들 것인가. 언제까지 이런 명작 판소리의 눈대목을 절단하고 파괴하면서 낡은 창극으로 연명할 것인가. 언제쯤이면 국립창극단은 창극에 적합한 '한국적인 소재와 성악과 양식'을 정립시킬 것인가. 판소리는 특수한 전통음악이지만 창극은 판소리 어법으로 하는 보편적인 음악극이 되어야 한다.

중국 전통극에서 곡패(曲牌)는 일정한 글자 수에 맞게 다른 글자를 바꾸어 넣는 방법으로서 '노래가사 바꾸어 부르기'에 해당한다. 사공(四功)은 노래·대사·동작·무술을 잘하는 것, 오법(五法)은 손짓·눈짓·몸짓·걸음걸이·발성을 잘하는 것이다. 각색행당(脚色行當)은 각자 맡은 역할에 따라 인물의 성격을 잘 표현하는 방법이다. 판식(板式)은 멜로디의 길이에 따라 글자 수를 배열하는 융통성 있는 가사(歌詞)를 일컫는다. 또한 일본 가부키(歌舞伎)의 대사법, 연기법, 무용 및 음악의 원리를 알았다면 창극에도 어떤 제작방법이 수립되었을 것이다. 멀리 거스를 것도 없이, 현재 창극을 만드는 사람들이라도 중국과 일본의 음악극 제작 방법을 고찰해 본다면, 스스로 무엇을 잘못하고 있는지 어렵지 않게 깨달을 수 있을 것이다. 인도의 볼리우드 뮤지컬(Bollywood Musical)을 관찰해 보기 바란다.[18]

---

18) 서연호, 동서 음악극의 성찰, 연극과인간, 2015 참조

5.3. 악극

악극(樂劇)이라는 용어는 1932년 6월 단성사에서 공연한 경성악극단에서 처음 공식적으로 사용했다. 그러나 그 이전에 이미 악극은 시작되었다. 1929년 11월 극단 토월회의 부흥공연이 있었다. 1922년부터 활동을 시작한 유학생 출신자들의 신극(新劇) 극단 토월회는 일시적으로 활동을 중단했다가 대중극단으로 재기했다. 공연 작품들은 대부분 대중적인 성악과 춤을 위주로 한 것이었는데, 사람들은 이를 악극으로 생각했다.19)

그때 토월회가 공연한 〈질거운 인생〉에는 오페라 〈카르멘〉이 극중극으로 도입되었고, 어느 예술가의 인생이 희극적으로 그려졌다. 〈초생달〉은 이탈리아의 한 궁전에서 일어난 기이한 이야기로서 조선극장의 레뷔(revue)단이 조연으로 출연했다. 레뷔는 1920년대부터 유럽에서 대중적인 소재와 노래와 춤을 섞어서 만든 단편적인 음악극을 말한다. 이런 점으로 보아, 전자는 오페라식 성악곡을 일부 차용했고, 후자는 레뷔단의 춤과 노래가 중심인 무대였다. 당시 신문에는 공연기사와 함께 사진이 게재되었는데, 레뷔단 여성들은 몸매가 노출된 개량 한복을 입고 있었다.

악극이라는 용어는 오해, 오용하기 쉬운 말이다. 그러므로 여기서는 1930년대부터 1960년까지, 대중들 사이에서 유행한 노래와 멜로디를 주축으로 재미있는 화소(話素)와 익살스러운 대사, 춤 등을 혼합하여 화려하게 연출한 단편적인 음악극(노래극)에 한정하는 용어로 사용하기로 한다. 동시대에 자주 공연된 가극, 희가극, 레뷔, 희극쇼, 버라이어티 쇼(variety show)라는 것도 악극과 동일한 범주에 속하는, 매우 유사한 양식들이었다.

---

19) 기사, 동아일보, 1929.11.1 참조

동시대의 유행가와 다른 성악을 응용한 음악극에는 소녀창가극(少女唱歌劇)이 있었다. 1927년 2월 서울 중앙기독교청년회관에서 반도여학원의 음악연극대회가 열렸는데, 이 때 소녀창가극 〈인생춘몽〉이 공연되었다. 신기수(申錫基) 피아노의 반주에 맞추어서 극이 진행되었다.[20] 일본에서 수용된 창가는 이미 『보통교육창가집』에 수록되어 청소년들에 널리 보급되고 있었다.[21]

가극(歌劇)은 악극이 성립되던 초창기에 주로 사용했던 명칭이다. 1928년 11월 서울 조선여자학원에서 「극과 가극음악무용대회」라는 기치를 내걸고 오랜 연습 끝에 공연을 올렸다. 가극 〈우리의 자랑〉 풍자극 〈요새 사람들〉 동화극 〈올 일흔 선녀〉, 학창미담 〈눈물의 탑〉 등이 공연되었고, 우미관 객석이 만석일 정도로 성황을 거두었다.

취성좌에서 연극 도중에 하는 막간(幕間)이라는 공연이 처음 시작되었다. 이 막간이 악극을 유행시키는 토대가 되었다. 1927년 5월에 막간으로 군악(群樂), 무도(舞蹈)가 첨가된 각종 레퍼토리를 선보였는데, 당시 무명인이던 이애리수(李愛利秀 1910-2009)를 막간 가수로 등장시켜 〈황성옛터〉(원명 荒城의 跡)를 부르게 했다. 이 공연이 폭발적인 인기를 얻게 되자 막간을 본격적으로 발전시켜 나갔다.[22]

막간을 위해 취성좌에는 가요부와 음악부를 두었다. 이것이 악극의 토대를 마련했다. 본 공연보다 막간을 보기 위해 일부러 극장을 찾는 손님들이 늘어났다. 취성좌가 최초로 상업적인 가극 〈극락조〉를 공연한 것은 이러한 당대의 공연환경과 밀접하게 관련된다. 지방순회 공연을 가졌고, 1928년 7월에 조선극장에서 2개월간 장기 공연에 돌입했다.

---

20) 기사, 조선일보, 1927.2.24 참조.
21) 이유선 · 이상만, 한국음악사, 대한민국예술원, 1985 참조.
22) 기사, 동아일보, 1927.5.5 참조.

악극은 악극전문을 내세운 극단인 삼천(三川)가극단이 창립되면서 본격화되었다. 이보다 앞서 1929년 12월 권금성은 자신의 이름을 차용한 금성오페라단을 창립했고, 이름을 권삼천으로 개명하면서 단체명도 삼천가극단으로 개명되었다. 그녀는 다카라즈카(寶塚 1914년 소녀창가대로 시작) 소녀가극단 단원이었고 남자역을 주로 하는 배우였다는 이야기가 전한다.[23] 그녀는 조선극장의 레뷔에 출연한 적도 있었다. 금성오페라단은 20일부터 우미관에서 남녀 스타 43명의 대집단으로 창립공연을 했다. 작품은 권금성 지도의 무용 〈눈뜨는 봄〉〈인형춤〉〈최뢰스통〉 등을 공연했고, 임생원과 권금성 합창의 가사인 〈소내약〉(笑乃藥)이 불리워졌으며, 가극 〈결혼 일중주〉가 공연되었다.[24]

삼천가극단은 1930년 6월에 50여 명이나 되는 대단원이 총출연하는 공연을 단성사에서 올렸다. 레퍼토리는 조선에서는 아직 시험해 본 적이 없는 레뷔식 가극과 희가극(喜歌劇)이라고 선전했다. 가극 〈크른다이크 칼멘〉, 중국가극 〈웃는 그림〉, 희가극 〈돈과 벙거지〉 같은 제목들이 보인다.[25] 이후에 공연된 작품에는 희가극이라는 장르가 자주 보인다.

여기서 참고로 같은 시기의 일본 사정을 살펴 보고자 한다. 일본에서 악극은 바그너(W.R. Wagner 1813-1883)가 창시한 음악극(Musikdrama)의 번역어이자 바그너류의 악극을 지칭했고, 1920년에 일본악극협회가 결성되었다.[26] 우리 악극에 해당하는 것을 일본에서는 경연극(輕演劇)의 일종으로 규정했고, 경음악극들은 여러 가지 특수한 이름으로 호칭되었다. 에노켄(エノケン)·롯빠(ロッパ)의 음악희극, 무랑·루즈(ムーラン·

23) 황문평, 한국대중연예사, 도서출판 부루칸모로, 1989, p.253 참조 같은 시기의 다카라즈카 소녀가극단 단원명단에서는 그녀의 이름을 찾을 수 없다. 寶塚歌劇團, 寶塚歌劇團80年史, 1994, pp.178-179 참조

24) 기사, 매일신보, 1929.12.20 참조

25) 기사, 매일신보, 1930.6.14 참조

26) 早稻田大學演劇博物館 編, 演劇百科大事典(1), 平凡社, 1990, p.550 참조

194

ル-ジュ)와 같은 공연, 시미킨(清水金一) 등에서 연유된 사생풍자극(寫
生諷刺劇) 등이 그것이다. 여기에 칼을 도구로 응용했던 검극(劍劇), 소
가노가계(曾我迺家系)의 신희극, 서양 멜로디와 재즈를 바탕으로 한 다
카라즈카(寶塚)와 쇼치쿠(松竹)의 소녀가극, 니찌게키(日劇 일본극장의
약칭)의 레뷔, 제2차 세계대전 이후 유행하기 시작한 스트립 쇼 등이 모
두 이런 장르였다.27)

서양의 오페라를 가극으로 번역한 데서 오페라와 악극 사이에 오해
가 빚어졌다. '큰 의미로 보면, 춘향전이나 심청전도 훌륭한 가극의 일
종이다. 그러나 가극의 생명이 되는 음악에 동서의 정조와 악풍(樂風)이
상이하므로, 가극이라 하면, 서인(西人)의 가극(즉 오페라)을 표준할 수
밖에 없다고 홍난파는 지적했다.28) 실제로 악극 활동을 한 황문평(黃文
平 1920-2004)은 가극과 악극의 미묘한 차이점에 대하여 다음과 같이
말했다.

"오페라 형식에 가까운 각본과 비교적 수준 높은 창작곡(독창, 중창,
합창)에 무용을 가미한 작품을 만들었고, 노래나 무용을 반주하기 위한
악단 편성을 다양하게 했다. 무대 앞에 오케스트라 박스를 꾸며 놓고
공연하는 악극 단체가 가극단이라는 명칭을 사용했다. 그러나 악극단에
서는 레퍼토리를 대개 1, 2부로 나누고, 제1부에서는 애정물 또는 코믹
터치의 경연극 내용에 가요곡 형태의 노래나 효과음악을 사용한 드라
마 중심의 연극을 상연했다. 제2부에는 경음악단이 무대를 꾸미고 가수,
무용, 개그, 원맨쇼 등을 뒤섞은 소위 '버라이어티쇼'라는 형식 공연물
을 위주로 했다."29)

<hr>

27) 전게서(2), pp.355-356 참조
28) 홍난파, 가극의 이야기, 개벽, 1923,1, p.27 참조
29) 황문평, 내일을 지향하는 대중예술의 가치관 정립, 문화예술 제119호, 1988, p.57
참조

앞에서, 대중들 사이에서 유행한 노래와 멜로디가 악극의 기조를 이루었다고 지적했다. 한 시대를 유행하는 노래는 자주 변화하는 속성이 있으므로, 악극의 노래에 변동이 잦았다는 것을 시사한다. 그런 점을 고려하더라도 한국 악극시대를 주도해 온 노래는 일본 엔카풍(演歌風)의 유행가였다.

1920년대 중반에 창가풍의 노래들이 쇠퇴하고, 레코드 음악의 시작과 더불어 유행하기 시작한 20년대 후반의 트로트(trot)가 기조를 이룬 엔카풍은 조선에도 짙은 영향을 미쳤다. 처음에는 이런 노래들이 유행가로 통칭되다가 1938년 8월부터 일본 육군부에서 '비상시국에 유행가는 안 된다'는 명령에 따라 막연한 개념인 가요곡으로 바뀌었다. 2차 대전의 상황 속에서는 애국가요 및 국민가요라고 했고, 1945년 이후부터는 대중가요로 오늘날까지 통칭되고 있다.[30]

1930년대의 악극은 삼천가극단을 비롯해 조선연극사, 배구자(裵龜子 1905-2003)악극단, 연극시장, 태양극장, 중외극장, 낭랑좌(소녀가극단), 화랑악극단, 도원경 등이 주도했다. 1940년대는 악극의 전성시대였는데, 전쟁의 불안한 상황 속에서 '대중적인 위안으로서의 공연'이었던 까닭이다. 아세아악극단, 히비키(響)악극단, 라미라(羅美羅)가극단(콜롬비아악극단 개명), 반도가극단, 조선악극단, 반도가극단(빅타가극단 개명), 제일악극단, 신향악극단, 일본인 경영의 성보(城寶)악극단과 약초(若草)가극단 등이 활약했다.

이들 극단의 작품 가운데서 아세아악극단의 김교성(金敎聲 1901-1960)·김용환(金龍煥 1912-1949) 작곡 〈춘향전〉, 라미라가극단의 안기영 작곡 〈견우직녀〉 및 〈은하수〉, 반도가극단의 형석기(刑奭基 1911-1994) 작곡 〈심청전〉은 악극이 거둔 일대 성과였다. 조선악극단의 〈백

---

30) 황문평, 한국대중연예사, pp.13-19 참조

제의 칼〉은 일본 전통곡조 나니와부시(浪花節, 이런 음악극은 浪曲劇)를 절충해서 만들어 주목을 끌었다. 단원 중에 최팔근이 나니와부시를 잘했으므로 그의 기량을 응용한 것이다.[31]

광복 이후 불과 1년 사이에 악극단이 난립했다. 희망악극단(대표 김상진), 태양악극단(이부풍), 반도가극단(고려가극단, 박구), 새별악극단(이익), 백조가극단(전옥), 라미라가극단(김윤주), 자유악극단(김석), 조향악극단(고복수), 박시춘악단(신경균), 조선악극단(방희택), 윤부길악단(윤부길), 무궁화악극단(최남용), 고향경음악단(이장규), 빅토리레뷰단(유경철), 신세계가극단(이붕구), 태평양가극단(김용환), KPK악단(김해송), CMC악단(손목인), 약초가극단(채규엽), 가극단앵무새(김갑기), 백민가극단(박운학) 등 21개 단체이다.[32]

작곡가 별로 작품을 살펴보면 다음과 같다. 안기영의 작곡으로는 〈양귀비〉(1946,2) 〈어밀레종〉(1946,2) 〈콩쥐팟쥐〉(1946,5) 〈꽃까신〉(오페레타 1946,12) 〈장화홍련전〉(1947,9), 형석기 작곡으로는 〈용궁몽〉(1945,11) 〈장타령〉(1946,5) 〈계월향〉(1946,6) 〈천지의 맺은 사랑〉(1948,4), 김형래 작곡의 〈춘희〉(듀마 원작 각색, 1945,12) 〈유충렬전〉(1946,2) 〈이강산 좋을시고〉(그랜드쇼) 〈장장추야곡〉 〈서반아의 밤〉 〈인형의 악단〉 〈세기의 화원〉 〈지구는 돈다〉 등이 다수를 차지한다.

대한민국 수립 이후에는 김해송(金海松 1911-1950) 음악의 〈노래 부르면 행복이 온다네〉(1949,1) 〈행운의 꽃다발〉(1949,3) 〈남편의 고통〉(몰리에르 원작 각색 1949,4) 〈토정비결〉(그랜드쇼 1949,8) 〈어머니의 노래〉(1950,1) 〈자매와 수병〉(1950,6) 등이 공연되었다.

6·25전쟁 이후에는 반도가극단, 백조가극단, 백민가극단, 창공가극단, 대도회악극단, 샛별가극단, 자유가극단, 무궁화가극단, 희망가극단,

---

31) 서연호, 한국연극사(근대편), 연극과인간, 2003, pp.275-277 참조.
32) 예술문화사, 1947년 연감, 1947 참조.

호화선가극단, 악극단KPK 등이 활동했다. 이 시기에 최일·전옥(全玉 1911-1974 영화배우 강효실의 모친) 부부가 운영한 백조가극단은 6·25 전쟁 중에 최고 인기를 끌었다. 서영은 작곡의 〈눈나리는 밤〉〈항구의 일야〉〈목포의 눈물〉 등을 공연했다. 당시 고복수·황금심 부부의 버라이어티 쇼는 최고 인기였다. 김해송·이난영(李蘭影 1916-1965) 부부가 운영한 악극단KPK는 김해성 작곡의 〈풍차 도는 고향〉을 공연했다. 이 작품은 동화 〈플란더스의 개〉를 소재로 한 최초의 본격적인 뮤지컬로 평가되는 작품이었다.33)

악극은 1956년을 하한선으로 급격히 쇠퇴했다. 국산영화 제작 붐을 타고 악극계의 주역들은 모두 영화계로 진출했다. 두 말할 필요 없이 악극은 작곡의 능력이 가장 중요하다. 오랜 기간 많은 단체들이 악극을 했음에도 불구하고 우리 악극의 독자적인 제작 환경을 수립하지 못했다. 영화의 성행을 타고 악극이 밀려났다고는 하지만 근본적인 요인은 우리 악극의 정체성을 수립하지 못한 까닭이다. 대부분 서양음악이나 일본음악이 이룩해 놓은 멜로디를 차용해 공연한 것이다. 이런 측면에서 특히 주목해야 할 작곡가는 월북한 안기영이라 할 수 있다.

5.4. 여성국극

1948년 박녹주를 중심으로 창단된 여성국악동호회로부터 여성국극이 시작되었다. 그때까지 남녀 혼성의 창극단으로 활동해 오다가 여성 판소리꾼들만으로 단체를 결성하자 '여성'에 '국극'을 붙여 여성국극이라는 새로운 양식이 대두되기에 이르렀다. 이들은 〈옥중화〉(춘향전의 각색)로 창단되었지만 크게 주목을 받지 못했다. 국극이라는 용어는 그

---

33) 황문평, 인물로 본 연예사, 도서출판 선, 1998, p.54, p.175 참조

198

무렵 북경에서 타이완으로 분리된 경극(京劇)에 새롭게 붙인 명칭이기
도 했다.

이듬해 김주전이 햇님국극단을 창단하고 〈햇님 달님〉을 공연해 주목
을 받았다. 김아부(金亞夫)가 대본을 만든 이 작품은 푸치니(G. Puccini
1858-1924)가 중국을 소재로 작곡한 미완성 오페라 〈투란도트〉를 번안
한 작품이었다. 이어서 〈황금돼지〉를 공연했는데, 이 작품에는 후일 우
리 여성국극을 주도한 임춘앵(林春鶯 1924-1975)이 출연했다. 1951년
가을, 전남 함평 출신 임춘앵은 광주에서 여성국극동지사(이하 동지사)
를 결성했다. 여성국악동호회 출신의 임춘앵을 비롯해, 그녀의 언니 임
유앵, 김경애, 박초월 등이 주축이었다.

이듬해 1월에 동지사는 조건 작, 연출의 〈공주궁의 비밀〉로 창단공연
을 올렸다. 고대 마한의 소국인 월지국의 왕(임춘앵 역)이 화친을 위해
고비리국 공주와 결혼하려다가 음모에 빠지게 되고, 자신을 구해 준 일
개 시녀(박초월 역)와 결혼한다는 설화를 소재로 한 작품이었다.

1950년대에 활동한 여성국극단은 앞서 서술한 햇님국극단과 여성국
극동지사를 제외하고, 우리국악단(강숙자, 판소리 예능보유자 김연수의
부인), 새한국극단(김경애, 연출가 이원경의 부인), 진경국극단(김진진),
낭자국극단(이일파, 이군자의 부친, 한때 임춘앵과 동거), 삼성국극단(김
복술), 아리랑여성국극단(김재선, 고수), 동명여성국극단(이정순), 송죽
여성국극단(문미나), 아랑여성국극단(이경화), 신신여성국극단(동화춘),
새봄여성국극단(김원술, 조금앵의 부군), 여성국극단화랑(박홍도, 명창
박후성의 부인), 소녀국극단반야(고광태) 등을 들 수 있다.

여기서는 동지사 활동을 중심으로 여성국극의 전개 양상을 살펴보기
로 한다.[34] 장기간 동지사 단원들의 출입에는 변화가 있었지만 창단 초

34) 조영숙, 끄지 않은 불씨, 수필과비평사, 2013, p.127 참조

창기에는 박의숙, 김취선, 이송죽, 김경애, 김진진, 조영숙((曺英淑 1934-현 발탈 예능보유자), 한성숙, 오정숙(춘향가 예능보유자 오정숙과 동명이인), 최정자, 김경수, 지수복(가야금, 예능보유자 지영희의 딸) 등이 연기자로 참여했다. 뒤를 이어 남해성, 박옥진, 조애랑, 정월중선(줄타기 예능보유자 김영철의 부인), 강옥철, 정애란(후일 국립극단 배우), 도금봉(본명 지일화, 후일의 영화배우, 타단체원으로 참여), 김승호(후일의 영화배우, 타단체원으로 참여), 이순희, 고선애, 노신성, 지계순(배우 지두한의 딸), 조금앵(曺錦鶯) 등이 배역으로 참여했다.

악사로는 김세준·신평일(장고), 신쾌동·강동원·김윤덕(거문고), 정달영·성태환(가야금), 한주환·조한중(대금), 지영희(해금), 방태진(태평소), 한범수(단소), 한일섭(남해성의 부군)·정철호(작곡 및 아쟁, 조애랑의 부군) 등이다. 스태프로는 조몽실((曺夢實 1902-1953, 창지도, 조영숙의 부친), 김아부·고려성(대본), 조상선(작곡 및 안무), 박진·조건·이유진·이진순·양백명·박신출(연출)을 들 수 있다.[35]

주연급의 명창들을 제외하고는 대부분의 역할을 연구생들이 맡았다. 연구생에게는 숙식 제공에 겨우 야참비(1일 1백환)가 제공되었다. 보통 8개월 정도 지나야 월급을 주었는데, 제일 높은 급은 2천환을 받았다. 연구생은 무대출연과 연습시간을 제외하고 모든 단원들의 뒷바라지와 단체의 잡일을 도맡아 해야 했다. 노동시간에 비하면 턱도 없는 급료였지만 가장 인기 있던 동지사 주변에는 연구생 희망자가 계속 찾아들었다. 임춘앵은 연구생들을 잘 훈련시키기로 유명한 지도자였기 때문이다.

임춘앵은 무대에서 판소리를 하면서 여러 가지 동작을 하는 발림을 연기로 발전시켰다. 동작이 아름답고 화려한 느낌을 주었다. 전통판소리와 창법이 다른 연극소리(연기자 개개인의 성격과 감정을 표현하기

---

35) 서연호, 발탈재담 예능보유자 조영숙, 전게서, pp.14-15 참조

위해 주고받는 판소리 또는 唱調를 일컫던 용어)를 발전시켰다.

　기존의 조상선(趙相鮮) 같은 작창의 창극은 판소리 장단에 따른 성악이었던 비해, 임춘앵의 성악은 판소리에 민속악인 굿거리, 독경(讀經)소리 같은 것을 첨부해 새로운 분위기를 창출했다. 그녀 자신이 검무, 승무, 살풀이춤, 작곡, 악기 연주, 연기 등 모든 예능에 뛰어났으므로 연구생들에게 가르쳐 주었고, 아울러 그녀의 훌륭한 무대 연기는 모든 출연자들에게 무언의 교육이 되었다. 당시 여성국극하면, 임춘앵의 무대 연기와 매너, 단체운영 방식이 표준으로 인식될 정도로 관심의 대상이었다.36)

　첫 공연은 보통 12시에 시작했다. 훗날 전성기에는 도시에서는 하루에 4회, 시골에서는 2회씩 공연했다. 도시에서는 한 장소에 일주일씩 머물러 공연했으니, 관객의 인기를 짐작할 수 있다. 인기가 없는 단체들은 그녀의 이름을 도용하는 사례도 종종 나타났다.

　1953년 7월에 남북이 휴전을 하고, 그해 가을에 명동 시공관에서 고려성(高麗星) 작, 이유진 연출의 〈바우와 진주목걸이〉를 공연했다. 고구려의 봉상왕이 형을 죽이고 왕위에 오르자 늙은 충신은 전왕의 아들 바우(임춘앵 역)를 데리고 산 속으로 도주한다. 충신의 딸 아랑과 바우는 서로 좋아하는 사이가 된다. 어느 날 왕이 사냥을 나왔다가 아랑에 반해 궁으로 데리고 들어간다. 결국 바우는 친구(조영숙 역)와 힘을 합쳐 왕을 몰아내고 등극한다는 이야기였다. 이 작품은 연일 숱한 관객으로 북새통을 이뤄 경찰기마대가 출동해 인파를 정리하는 사태에 이르렀다.

　동지사가 공연한 작품은 〈공주궁의 비밀〉(조건 작, 연출) 〈구술공주〉(상동 〈선화공주〉의 개작) 〈백호와 여장부〉(고려성 작, 이유진 연출상동) 〈극락과 지옥〉(상동) 〈콩쥐팥쥐〉(상동) 〈여의주〉(상동) 〈청실홍실〉(로미

---

36) 조영숙, 전게서, p.149 참조

오와 줄리엣의 번안, 상동) 〈목동과 공주〉(이진순 연출) 〈귀향가〉(상동) 〈백년초〉(이유진 연출) 〈견우직녀〉(서항석 작, 차범석 연출) 〈대춘향전〉(박진 연출) 〈무영탑〉(현진건 작) 〈춘서몽〉(이광수 원작 꿈) 〈못잊어〉 〈수궁몽〉 등 일일이 열거할 수 없을 정도이다. 임춘앵의 오빠인 임천수가 작곡한 오페라식 〈춘향전〉을 공연해 보았지만 창법이 어렵고 반응이 좋지 않자 다시 공연되지 않았다.[37]

1950년대 무대공연은 여성국극이 중심이었다. 전쟁과 전쟁의 피해로 외국영화의 수입은 물론 국산영화의 제작이 어려워져 대중적인 드라마의 수요가 증대되었다. 또한 비극적 상황 속에서 여성국극은 현실의 고통을 망각하게 하는 오락성이 짙었고, 낭만적인 꿈을 제공하는 심리적인 위안과 호화로운 스펙터클을 보여주었다. 동시대에 여성국극이 대중성을 확보한 이유는 몇 가지로 지적된다.

즉 '과거의 유명 단체가 쇠퇴하여 재미있는 연극이 별로 없는 현실에서 국극은 출연 배우들이 대부분 여성이고, 특히 소녀층이 많으며, 남장 여성 배우에게는 특이한 매력이 있었다. 이것은 일본의 가부키와 유사한 경향이다. 레퍼토리의 내용이 평이해서 파악하기 쉽고, 아울러 노인층의 회고 심리와 잘 호응되는 내용이었다'는 점을 성행의 이유로 지적할 수 있다.[38]

일본과 유사한 경향이라는 것은 온나가타(女形 가부키에서 남성이 여성역을 맡는 것)의 전통과 여성가극단인 다카라즈카(寶塚)의 전통을 전제로 한 것이었다. 이 밖에도 판소리 레퍼토리의 한계, 판소리의 구태의연한 창법에 대하여, 여성국극의 지속적인 레퍼토리 개발, 남창이 하기 어려운 자연스럽고 섬세한 감정 표현, 무대 매커니즘의 변화에 대한 수용 등을 대중 친화력의 요인으로 들 수 있다.[39]

---

37) 조영숙, 전게서, pp.201-202 참조
38) 기사, 창극의 인기는 무엇?, 서울신문, 1956.10.10 참조

1962년 국립극장에 국립창극단(국립국극단의 개칭)이 창설되고, 국내 영화계가 활성화되면서 여성국극은 쇠잔의 길로 들어섰다. 지도자들은 여성국극을 지킬 수 있는 지도력을 잃었고, 스타들이 대거 영화에 발탁 되면서 극단을 떠났다. 고전적인 레퍼토리를 정립시키지 못한 여성국극 이 시대를 초월하는 예술성을 지속시키지 못함으로써 모처럼 성사시킨 대중극의 무대를 다시 볼 수 없게 되었다. 1964년 이후 중요무형문화재 로 지정되지 못함으로써 그동안 여성국극이 이룩해 놓은 음악극의 독 창적인 창법, 연기, 공연방식이 등이 사라진 것은 우리 문화의 커다란 손실이다.

5.5. 오페라

5.5.1. 오페라의 전개

1948년 1월 국제오페라사는 이인선(李寅善 1906-1960)에 의해 베르 디의 〈라 트라비아타〉를 시공관에서 공연했다. 최초의 오페라 공연이었 다. 우리말로 번역해 가사를 노래했고, 알프레도는 이인선, 비올레타는 김자경과 마금희가 맡았다. 연출은 서항석, 합창은 이인선의 아우인 이 유선이 맡았다.40) 의사였던 이인선은 이탈리아에서 세계적인 테너 스키 파(T. Schipa)를 길러낸 체키 교수로부터 8년 동안 벨칸토(bel canto) 창법 을 공부하고 1931년에 귀국해 오페라운동에 나설 수 있게 되었다.41)

이 작품에 뒤이어 1949년 5월 한규동을 중심으로 한불협회에서 구노 의 〈파우스트〉 일부가 공연되었고, 1950년 4월에 국제오페라사에서 비 제의 〈카르멘〉을 공연했다. 이인선의 〈카르멘〉 무대는 〈라 트라비아타〉

---

39) 조영숙, 전게서, pp.174-175 참조

40) 이상만, 국립국악원 구술총서 13, 국립국악원, 2013 참조

41) 한상우, 한국오페라 50년, 한국오페라50년사(1948-1998), 세종출판사, 1998, p.23 참조

에 비해 진일보했다는 평가를 받았다. 미국에 주문한 악보가 도착하지 않아 김희조가 레코드를 듣고 몇일 밤 채보를 해서 공연을 마쳤다는 이야기는 전설처럼 남아있다.42) 1950년에 활동한 오페라단으로는 서울오페라단(대표 김학상), 프리마오페라단(한경진), 한국오페라단(정동윤), 고려오페라단(서영모), 대한오페라단(강상복), 대구오페라단(이점희), 부산오페라단(김창배) 등이 있었다.

최초의 창작오페라는 현제명(玄濟明 1903-1960) 작곡의 〈춘향전〉(1950,5)이다. 6·25전쟁 직전에 부민관(현 서울시의회)에서 공연된 이 작품은 이서구(李瑞求 1899-1981) 대본, 유치진(柳致眞 1905-1974) 연출이고 이관옥, 이금봉, 권원한, 이상춘 등이 출연했다. 미국에서 수학한 현제명은 양악 선율로 작곡해 '한국적인 향취'가 없다는 비판을 받기도 했지만 아리아나 이중창은 당시 사람들이 따라 부를 정도로 관심을 끌었다. 〈춘향전〉은 1951년 7월 대구와 부산에서 재공연되었는데, 낭청 역을 맡았던 곽규석(郭圭錫 1928-1999)이 후일 국내 최고의 코미디언이 된 것은 재미있는 일화이다.43)

다른 분야도 그렇지만 오페라에 관계했던 인사들의 월북 및 납북은 이후의 창작에 적지 않은 영향을 끼쳤다. 〈춘향전〉 초연에 참가했던 성악가들 중에서는 권원한(춘향 역), 정영자(향단 역), 김형로(변사또 역), 최종필(낭청 역)을 들 수 있다. 특히 김형로(金亨魯)는 일본에서 활동하다 귀국한 음악가였는데, 서울음대 교수로 오현명(吳鉉明 1924-2009), 이정희, 조상현이 그의 제자였고, 작곡가 김순애는 그의 아내였다.

전쟁 중에 함흥에서 월남한 김대현(金大賢 1917-1985) 작곡의 〈콩쥐팥쥐〉(1951,10)가 부산극장에서 공연되었다. 이선영, 김영춘, 이인범, 임만섭 등이 출연했다. 현제명 작곡의 〈왕자호동〉(1954,11)은 이해랑 연출,

42) 한상우, 전게서, p.25 참조
43) 한상우, 전게서, p.26 참조

임원식 지휘로 공연되었고 이경숙이 공주로 데뷔했다. 한국교향악협회
는 김생려(金生麗 1912-1995) 지휘로 〈왕자호동〉(1955,11)을 이해랑 연
출로 공연했다. 한평숙, 서경숙, 임만섭, 홍진표 등이 출연했다.

　우리 오페라는 민족 수난과 비극 속에서 뒤늦게 탄생했다. 우익 좌익
의 갈등, 진보냐 보수냐의 갈등 속에서 〈춘향전〉이 작곡되었고, 베르디
(G.F. Verdi 1813-1901)가 수용되었고, 전쟁의 참화와 비극 속에서 구노
(C.F. Gounod)와 비제(G. Bizet)의 작품이 공연된 것이다. 〈콩쥐 팥쥐〉는
전쟁 중에 작곡해 두었다가 자유를 찾아 남쪽으로 내려온 작곡가에 의
해 실연되는 감동을 안겼다.

　한편, 전통음악도 하기 어려운 시대에 오페라까지 해야 하겠느냐, 다
른 음악도 잘 안 되는데 판국에 오페라를 하겠다는 것이냐, 음악 중의
음악인 오페라를 하지 못하는 것, 오페라를 하지 않는 것은 음악인의
자존심으로서 용납할 수 없다 등의 여론이 혼잡한 속에서 오페라는 시
작되었다.

　1962년 2월에 국립오페라단이 출범했다. 초대단장에 이인범(李仁範
1914-1973), 부단장에 김자경(金慈瓊 1917-1999), 간사에 오현명이 위촉
되었다. 창단공연으로 장일남(張一男 1932-2006) 작곡, 오현명 연출, 이
남수 지휘, 안형일·이우근, 김복희·황영금 주연의 〈왕자호동〉(1962,4)
을 공연했다. 오페라단의 출범은 어려운 결단이었지만 본격적으로 세계
오페라와 교류할 수 있는 계기를 마련했고, 국내 관객들에게 작품을 제
시할 수 있는 발판을 열어놓은 데 의의가 있다. 아울러 미미하지만 창
작오페라를 시도할 수 있는 체제를 수립한 것이다. 장일남의 〈왕자호
동〉은 현제명의 작곡에 비해 음악적으로 진일보했다는 평가를 받았지
만 실제 공연은 효과적으로 이루어지지 않았다.44)

---

44) 국립오페라단, 국립오페라단40년사, 2002 참조

〈왕자호동〉에 이어 장일남 작곡, 김정옥(金正鈺 1932-) 연출, 정재동 지휘, 이경숙·황영금, 김금환·안형일 주연의 〈춘향전〉(1966,10)이 공연되었다. 1968년 5월 오페라의 역사에 큰 족적을 남긴 김자경오페라단이 창설되었다. 주위의 만류를 무릅쓰고 본격적인 민간오페라단을 만든 것이다. 김자경은 1997년까지 53회의 정기공연을 기록했고, 9개의 창작오페라와 5백회의 소극장 공연을 해 한국오페라의 토착화에 기여했다.

1970년대에 김은국(金恩國 1932-2009) 원작소설을 제임스 웨이드(James Wade)가 작곡한 〈순교자〉(1970,4), 장일남 작곡의 〈원효대사〉(1971,4), 박재훈 작곡의 〈에스더〉(1972,4), 홍연택(洪燕澤 1928-2001) 작곡·지휘, 오현명 연출, 이규도·정은숙 주연의 〈논개〉(1975,11), 현제명 작곡의 〈대춘향전〉(1976,12), 김동진 작곡의 〈심청전〉(1978,4) 등이 공연되었다. 〈순교자〉는 외국인이 작곡했지만 오페라로서 짜임새도 있을 뿐만 아니라 근대어법의 음악적 흐름이 특별한 공감을 맛보게 했다. 〈논개〉는 창가조(唱歌調) 기법에서 탈피해 바그너 또는 슈트라우스(O. Straus)에 이르는 후기낭만의 내음을 짙게 풍김으로써 창작오페라의 새로운 방향을 제시했다.[45]

1980년대 전반기에 박수길 주연의 〈순교자〉(1982,6) 메놋티(G.C. Menotti) 작곡, 문호근(文昊瑾 1946-2001) 연출, 홍연택 지휘, 남덕우·김순희 주연의 단막오페라 〈무당〉(The Medium)과 남덕우·김순희, 조창연 주연의 〈전화〉(The Telephone 1982,9) 오태석 원작희곡을 박재열이 작곡한 〈초분〉(1983,9) 김달성 작곡, 박만규 대본, 백의현 연출, 유충렬·신영조, 정은숙·곽신형 주연의 〈자명고〉(1985,11) 이강백 원작희곡을 공석준이 작곡한 〈결혼〉(1985,12) 등이 공연되었다. 독일에서 수학

---

45) 국립오페라단, 전게서, p.42, p.49 참조

을 마치고 활동했던 문호근의 연출은 공개 오디션을 통해 가수를 선발했고, 재치 있는 연출이 돋보였다. 1984년 2월 서울오페라단이 현제명 작곡의 〈대춘향전〉으로 미국 4개 도시를 순연한 것은 특기할 사건이다. 민간단체인 서울오페라는 1975년 7월 김봉임이 설립했다.

1980년대 후반기에 박준상 작곡의 〈춘향전〉(1986,6) 오숙자 작곡의 〈원술랑〉(1986,7) 김태영 극본, 백병동 작곡의 〈이화부부〉(1986,10) 장일남 작곡의 〈대춘향전〉(1986,10) 홍연택 작곡의 〈시집가는 날〉(1986,10) 이영조 작곡, 김의경 대본, 백의현 연출, 박성원·김태현, 정은숙·김윤자 주연의 〈처용〉(1987,11) 이건용 작곡의 〈소로몬과 술람미〉(1988,6) 메노티 작곡의 〈시집가는 날〉(1988,9) 장일남 작곡의 〈불타는 탑〉(1988,10) 김국진 작곡의 〈사감과 러브레터〉(1988,12) 홍연택 작곡의 〈성춘향을 찾습니다〉(1988,12) 등이 공연되었다. 〈처용〉은 신화적 내음과 설명이 어려운 부분을 합창으로 대신했는데, 국립합창단 지휘자 나영수는 이를 효과적으로 처리함으로써 완성도를 높여 주었다. 〈소로몬과 술람미〉는 성경의 구약시대를 소재로 한 것으로 합창지휘자인 윤학원이 지휘를 맡아 실내오페라적인 성격을 부각시켰다.[46]

1990년대에는 이강백 원작희곡을 박영근 작곡의 〈보석과 여인〉(1991,9) 이상근 작곡의 〈부산성 사람들〉(1992,10) 장일남 작곡의 〈견우직녀〉(1993,9) 윤이상 작곡의 〈꿈〉(1994,9) 이연국 작곡의 〈오따아 줄리아의 순교〉(1994,11) 류진구 작곡의 〈안중근〉(1995,6) 이종구 작곡의 〈구드래〉(1995,8) 강석희 작곡의 〈초월〉(1997,10) 최병철 작곡의 〈아라리 공주〉(1997,11) 차범석 원작, 정회갑 작곡의 〈산불〉(1999,11) 등이 공연되었다. 1999년 2월부터 소극장오페라축제가 시작되었다.

---

46) 국립오페라단, 전게서, p.73, p.76 참조

5.5.2. 오페라의 미래

2000년 2월부터 국립오페라단(단장 박수길)은 독립법인이 되었다. 여전히 자립성이 부족한 단체임에도 불구하고 예술계의 추세는 자립, 독자성을 추구하지 않으면 안 되는 시대에 이른 것이다. 이 무렵에 제3차 ASEM서울개최 특별공연으로 오영진(吳泳鎭 1916-1974) 원작을 백의현이 연출한 〈시집가는 날〉(2000,10)이 국립극장에서 공연되었다. 메노티의 작곡이었다. 박미혜·유미숙·김금희·신주련·류재광·임산 주연의 이 공연은 세계의 정상들에게 한국오페라의 높은 수준을 공개하는 계기를 마련했다.

이 무렵에 이건용 작곡의 〈봄봄〉(2001,1)이 일본 다카나 킨(中村榮)의 〈호월전〉(虎月傳)과 교류합동공연으로 이루어졌다. 〈봄봄〉은 오현명 연출, 박태영 지휘, 이문옥 안무, 김관동·미쓰모토 스스무(오영감), 최진호·오이와 아쓰로(길보), 신애경·이은순(순이) 추희명·칸다 시즈코(안성댁) 등이 주연으로 참여했다.

박영근 작곡의 〈고구려의 불꽃-동명성왕〉(2002,9) 등이 공연되었고, 톨스토이 원작소설을 프로코피예프(S. Prokofiev 1891-1953)가 작곡한 〈전쟁과 평화〉(2002,6)는 한국 초연이었다. 〈전쟁과 평화〉는 2002년 월드컵기념의 다이내믹 코리아 페스티벌 공연의 하나였다. 윤이상 작곡의 〈배반의 장미〉(2003,1, 도쿄신국립극장)가 한·독·일 공동제작으로 공연되었고, 한국에서는 〈류퉁의 꿈〉(2003,4, 통영시민문화회관)으로 공연되었다. 이 작품은 조태준 연출, 정치용 지휘, 유상훈·마쓰이 코치(류퉁 역)가 주연으로 참여했다.

임준희 작곡의 〈결혼〉 및 〈시집가는 날〉(2006,3)이 공연되었다. 역시 임준희 작곡의 〈천생연분〉(2006,10 예술의전당/ 2007,7 일본)은 일본 작곡가 단 이쿠마(團伊玖磨 1924-2001) 작곡의 〈석학〉(夕鶴 2005,12 서울)과 교류공연으로 실연되었다.

21세에 들어와서 지역 및 사설 오페라단의 활동이 대폭 증가했다. 서울오페라단은 오숙자 작곡의 〈사랑하는 내 아들아〉(2002,5), 광주오페라단은 신동민 작곡의 〈배비장〉(2005,6) 허수현 작곡의 〈김치〉(2005,12)를 공연했다. 영남오페라단에서는 장일남 작곡의 〈녹두장군〉(1999,11) 현제명의 〈춘향전〉(2006,11)을 공연했다. 서울시오페라단에서는 김동진 작곡의 〈심청〉(2003,10) 프랑크 마우스(Frank Maus) 작곡의 〈하멜과 산홍〉(2004,6)을 공연했다. 호남오페라단에서는 장일남 작곡의 〈녹두장군〉(1999,11) 이철우 작곡의 〈동녘〉(2002,5)·〈춘향〉(2003,9)·〈쌍백합 요한 루갈다〉(2004,9), 지성호 작곡의 〈서동과 선화공주〉(2005,9)·〈논개〉(2006,9), 김대성 작곡의 〈심청〉(2007,9) 등을 공연했다.

대전오페라단에서는 홍연택 작곡의 〈시집가는 날〉(2002,6), 오페라단 가야에서는 현제명의 〈춘향전〉(2003,7), 충청오페라단에서는 이병옥 작곡의 〈솔뫼〉(2001,9), 장준근 작곡의 〈성 김대건 신부〉(2003,5) 〈원청리 별주부전〉(2005,4) 등을 공연했다. 한국오페라단에서는 이영조 작곡의 〈황진이〉(1999,4), 한국창작오페라단에서는 이종구 작곡의 〈매직 텔레파시〉(1999,10)·〈사랑을 위한 협주곡〉(2002,12)·〈백제물길의 천음야화〉(2003,9)·〈북관대첩비맞이〉(2005,11)·〈한울춤〉(2005,12) 등을 연속 발표했다.

경남오페라단에서는 최천희 작곡의 〈논개〉(2005,10), 대구시립오페라단에서는 장일남 작곡의 〈원효〉(1998,4) 이영조 작곡의 〈목화〉(2003,8), 한우리오페라단에서는 공석준 작곡의 〈결혼〉(1999,2), 삶과꿈싱어즈에서는 이영조 작곡의 〈손탁호텔〉(2006,11), 서울오페라앙상블에서는 김경중 작곡의 〈둘이서 한 발로〉(1999,2), 세종오페라단에서는 이건용 작곡의 〈동승〉(2004,11), 베세토오페라단에서는 이동훈 작곡의 〈백범 김구와 상해임시정부〉(1999,7) 현제명의 〈춘향전〉(2001,9), 일산오페라단에서는 공석준의 〈결혼〉(1998,7) 등을 공연했다.

인천오페라단은 현제명의 〈심청전〉(2002,10), 성곡오페라단은 루콜라노(N. Lucolano) 작곡의 〈오페라 이순신〉(1998,9)·마주카(G. Mazzuca)와 세멜레(N. Samale) 작곡의 〈오페라 이순신〉(2000,12)·발디슬브(A. Valdislv) 작곡의 〈오페라 이순신〉·디미어리(V. Dimiery) 작곡의 〈오페라 이순신〉 등, 이순신을 소재로 한 창작을 계속했다.

서울그랜드오페라단은 현제명의 〈춘향전〉(1998,11) 황철익 작곡의 〈허난설헌의 불꽃아리랑〉(2001,9), 로얄오페라단은 이호준 작곡의 〈사랑의 원자탄〉(2002,6)·〈손돌 손양원〉(2003,4), 화성오페라단은 김경중 작곡의 〈정조대왕의 꿈〉(2005,1), 빛소리오페라단은 김선철 작곡의 〈무등 둥둥〉(1999,5), 이철우 작곡의 〈춘향〉(2003,11), 이영지 작곡의 〈한국에서 온 편지〉(2005,9) 등을 공연했다.

글로리아오페라단은 메놋티의 〈시집가는 날〉(2002,5) 장일남의 〈춘향전〉(2004,6), 경북오페라단은 이승선 작곡의 〈무영탑〉(2000,9) 현제명의 〈춘향전〉(2001,9) 진영민 작곡의 〈신종〉(新鐘 2003,9)을 공연했다. 기원오페라단은 이건용의 〈봄봄〉(2002,5)으로 전국을 순회했다. 뉴서울오페라단은 백병동 작곡의 〈눈물 많은 초인〉(2002,8) 나인용 작곡의 〈아, 고구려 고구려〉(2005,3), 백령오페라단은 김현옥 작곡의 〈메밀꽃 필 무렵〉(2003,9), 강숙자오페라단은 이영조 작곡의 〈황진이〉(2007,9)를 공연했다.

아산오페라단은 현제명의 〈춘향전〉(2006,9), 화희오페라단은 마우스 작곡의 〈하멜과 산홍〉(2004,6), 전북오페라단은 채만식 원작소설을 각색한 임긍수 작곡의 〈탁류〉(2004,11) 허걸재 작곡의 〈내 사랑 유리의 땅〉(2005,12)·〈귀향〉(2006,10)·〈들불〉(2007,12) 등을 연속 공연했다. 디오페라단은 이승선 작곡의 〈태형〉(2003,12)·〈무영탑〉(2004,11)·〈길〉(2006,9), 이인식 작곡의 〈수로부인의 바다〉(2004,12) 곽진향 작곡의 〈장어선생의 외출〉(2005,12) 등을 공연했다.

고양오페라단은 임긍수 작곡의 〈행주치마 전사들〉(2004,10) · 〈권율〉
(2005,9), 제주도립제주예술단은 김정길 작곡의 〈백록담〉(2002,12), 예술
의전당은 백병동의 〈사랑의 빛〉(1999,5) 윤이상의 〈심청〉(1999,5), 대구
오페라하우스에서는 진영민 작곡의 〈불의 혼〉(2006,8), 고양문화재단은
임준희의 〈천생연분〉(2007,5) 등을 공연했다.

2013년 1월 평창동계스페셜올림픽 세계대회에서는 축하공연으로 이
건용 작곡의 〈봄봄〉이 공연되었다. 같은 해 봄에 서울시오페라단 예술
감독으로 부임한 이건용은 창작오페라의 발전을 위해 '세종 카메라타'
라는 개발사업을 마련하고 곧장 실천에 옮겼다. 11월에 네 편의 작품을
극작가와 작곡가가 조를 구성하고 우선 준비된 대본을 낭독, 검토했다.
1차적으로 선정된 작품이 고연옥 작, 최우정 작곡의 〈달리 물로 걸어오
듯〉이 선정되었다. 이렇게 해서 본격적인 공연준비가 이루어져 2014년
11월 세종문화회관에서 공연되어 호평을 받았다. 창작개발의 선례를 보
여준 것이다.

2015년 1월에 시작되는 국립극장의 제1회 창작오페라페스티벌에서
는 기존의 작품으로 〈춘향〉과 박재훈 작곡의 〈손양원〉, 신작으로 〈배비
장전〉과 〈선비〉가 공연되었다. 소극장오페라축제에 이은 바람직한 행
사이다.

이상에서 서술한 창작오페라는 일부 중복을 피하고, 누락된 작품을
고려하더라도 적은 수효라고 말할 수 없다. 우리 오페라 공연이 지금까
지 대부분 이탈리아 및 유럽 명작의 수용이고, 창작극 공연의 몇 십배
에 달하는 것을 합치면, 매년 오페라 공연의 총수효는 상당량에 달하는
것을 짐작할 수 있다. 우리는 아시아에서 가장 빈번하게 오페라를 공연
하는 이른바 문화국이 되었다.

필자가 권장하고 싶은 한 가지 대안은 소규모의 음악극을 개발하는
작업이다. 극작가 · 작곡가 · 연출가들이 소규모의 여러 조직을 구성하

여 각자의 의도에 따라 작품을 창작, 제작하는 것이 최적의 방법이 아닌가 한다. 무모하게 대형 창작 작품을 만들었다가 한번 실패하면 영영 재기 불능에 빠지고 말 것이 분명하기 때문이다. 음악극 제작이 곧 성공의 보증수표라는 한탕주의의 허황된 장밋빛 환상에 사로잡혀서는 곤란하다. 규모보다는 내실을, 양보다는 질을 먼저 따지는 성실한 노력과 치밀한 전략이 요청된다.

이제는 내수용(內需用)에서 벗어나 질이 좋은 공연을 가지고 지구촌으로 나아가야 한다. 본공연과 실험공연을 병행시킴으로써 젊은 작곡가들을 육성하는 일을 게을리 하지 말아야 한다. 우리는 해외 오페라단에서 훌륭한 기량을 자랑하는 홍혜경, 조수미, 신영옥, 임세경, 고현아, 윤태현(사무엘 윤), 김우경 같은 가수들을 익히 알고 있다. 윤이상, 이건용, 임준희, 진은숙 같은 작곡가들도 익히 알고 있다. 이들만으로도 아시아에서는 단연 최고 수준이다. 이들 밖에도 이미 풍부한 기량을 갖춘 가수와 작곡가와 예술가들이 적지 않다.

5.6. 뮤지컬

5.6.1. 현대국악극(전통양식)

5.6.1.1. 현대국악극의 전개

국악극의 성립은 일제강점기로 거슬러 올라간다. 1941년 4월 아세아 악극단이 공연한 〈춘향전〉과 1942년 1월 라미라악극단이 공연한 〈견우직녀〉에서 국악극의 시도를 찾을 수 있는 까닭이다. 이전의 공연들과는 달리 본격적인 음악극으로 창작되었다. 전자는 김교성의 작곡, 후자는 안기영의 작곡인데 여기서 논의하는 국악극의 시발점에 해당한다. 전통 음악어법과 서양식 창법 및 관현악반주가 병행되었던 고금 병존, 동서

혼합의 음악극이었다.[47)]

1973년 6월 서라벌예술대학은 교성무극(交聲舞劇)이라는 개념으로 〈백의종군〉이라는 창작극을 발표했다. 김동리(金東里 1913-1995) 작사, 이원경(李源庚 1915-2010) 극본, 김대현 작곡, 이원국 편곡, 임만규 지휘, 한성석 합창지도, 송범(宋范 1926-2007) 안무 등 당시 대표적인 예술가들이 대거 참여한 공연이었다. 가야금 및 국악기와 서양 악기를 조합했고, 강강술레 같은 전통무용이 새롭게 삽입되었다. 이순신 장군의 일대기를 백의 종군(白衣從軍)에 중심을 두어 무대화한 드라마, 노래, 춤, 관현악, 합창의 총체극이었다. 〈백의종군〉부터 현대국악극은 시작되었다. 창극, 악극, 여성국극처럼 기존의 성악곡을 차용한 것이 아니라 작곡가에 의해 창작된 악보에 따라 성립된 공연이었다. 당시 작품에 참여한 전문가들은 교성무극이라는 명칭을 사용했다.

극단 민예극장은 오영진 원작, 장소현 각색, 손진책 연출, 김영동 작곡의 〈한네의 승천〉(1975,12)을 공연했다. 원작은 선녀와 나무꾼 설화를 시나리오로 만든 것이다. 이 시나리오를 바탕으로 동명의 국악극을 공연했는데 아직 이런 시도가 없던 시기여서 신선한 감동을 주었다. 한네라는 여인의 고난에 찬 삶을 선녀설화로 재구성하고 만명이라는 현실적인 인물을 등장시켜 동시대적인 주제를 부각시키고자 한 작품이다. 만명에 대한 한네의 지극한 헌신과 사랑을 담았고, 그럼에도 불구하고 그녀가 현실 속에서 억울하게 희생당하는 모습을 그렸다. 종막에서 그녀의 승천은 그녀가 베푼 아름다움에 대한 하늘님의 구원으로 묘사되었다.

민예극장은 허규 작, 연출로 〈물도리동〉(1977,10)을 공연했다. 가면극으로 유명한 하회(河回)의 고유한 지명을 토박이말 그대로 차용하고, 고

---

47) 서연호, 한국연극사(근대편), 2003, pp.275-277 참조.

려시대 가면을 제작한 청년 허도령전설을 무대 드라마로 재구성한 것
이다. 작가는 '보전되어 오는 9개의 하회가면 외에 전해지지 않는 3개
가면(별채, 떡다리, 도령)을 가면의 역할, 성격, 조각수법, 구전자료 등을
참작하여 복원하고, 무당굿의 연극적 기능 실험, 단원들이 창단 이래 익
혀온 판소리, 가곡, 가사, 무가, 탈춤 등 우리 민족의 연극 유산을 바탕
으로 하여 재창조하였다'고 밝혔다.

　무서운 전염병, 마을신의 계시, 가면제작 과정의 금기, 각시와 청년의
금기 위반, 가면 완성과 희생양이 된 허도령, 각시의 절규 등으로 장면
이 전개된다. 그리고 마을 사람들에게 폭행을 당한 각시가 나타나서 '허
도령을 죽게 한, 죄 많은 자신을 죽여 달라'고 절규하는 가운데 막이 내
린다. 허구적인 인물들을 모두 극중의 실제 인물로 등장시켰으며, 특히
각시와 허도령을 부각시킴으로써 원본설화는 사실적인 사건으로 변이
되었다. 이 작품은 아름다운 마음씨, 진지한 삶의 태도, 섬세한 정서, 신
과 인간의 조화, 주민들의 집단의식 등을 시적인 언어와 노래와 춤과
몸짓으로 표현해 놓은 점에서 의의를 가진다. 전체적으로 음악성이 다
소 약한 것이 결함이었다.

　민예극장은 정선 아리랑을 소재로 한 허규 극본, 이상규 음악의 〈애
오라지〉(1980.10), 배뱅이굿을 소재로 한 박성재 극본, 손진책 연출, 안
숙선 작창의 〈배뱅이굿〉(1981.10)을 공연했다.

　자유극장이 공연한 김정옥 작, 연출의 〈바람 부는 날에도 꽃은 피네〉
(1984.2)는 권세가의 딸을 유괴한 상두꾼이 자신이 붙들어 온 그 딸과
가까워지고 결국 딸을 풀어주는 대신 자신은 같은 패거리들에게 추방
돼 광대가 된다는 내용이다. 가면의 응용, 거지들의 노래, 엿장사의 노
래, 이야기 시합, 팬터마임 등 즉흥적인 놀이와 가요, 판소리가 곁들여
진 작품이다. 코러스를 통해 가면의 이미지를 과감하게 부각시켰고 무
언의 서사화를 만들어낸 점은 새로운 시도라 할 수 있다. 국악극으로서

의 통일성보다는 놀이극에 치중된 작품이었다.

88서울예술단이 공연한 오태석 작, 이기하 연출, 김영재・강준일 작곡의 〈새불〉(1987,3)은 88년 서울올림픽을 계기로 각 분야 전문가들의 공동작업을 통해 총체예술이라는 새로운 형태를 시도한 국악극이다. 이 작품은 새날을 밝힐 불을 받을 8도 신부들이 불을 받는 제사를 올리는 데서 시작된다. 그러나 이를 시기한 용왕의 방해로 제주도 신부는 풍랑을 만나 참석하지 못하고 용궁에 남게 된다. 과다한 무용과 대사, 동작 등이 음악과 잘 맞물리지 못해 공감력을 떨어뜨리는 요인이 되었다.

1990년 88서울예술단은 체제를 개편하여 서울예술단이라는 이름으로 새로 출발했다. 서울예술단이 공연한 김용옥 작, 손진책 연출, 박범훈 작곡, 국수호 안무의 〈백두산 신곡〉(1990,10)은 총체예술적 성격을 지닌 국악극으로 시도되었다. 음악, 무용, 연극, 신화를 결합시켜 만든 대서사극 형식으로 전체 2막 18장의 구성이었다. 이 작품은 단군신화 이전의 신화로 거슬러 올라가 우리 민족이 생성된 과정을 그린 것이다. 의욕만큼 무대는 성공적으로 평가받지 못했다. 작품을 펼쳐놓는 데 치중하여 음악적인 요소와 무용, 연극이 제대로 짜임새 있게 집약되지 못한 까닭이다.

서울예술단은 유치진의 〈자명고〉를 원작으로 한 김상열 각색, 김효경 연출, 김정택 작곡의 〈그날이 오면〉(1991,4) 가야금을 만든 우륵의 일대기를 그린 이강백 작, 김효경 연출, 김희조 작곡의 〈님 찾는 하늘소리〉(1993,3) 천지개벽을 내용으로 한 최성철 극본, 서한우 안무・연출, 김종진 작곡의 〈신의 소리-춤〉(1995,5) 방랑시인 김병연의 일대기를 그린 홍원기 극본, 오상민 각색, 박종선 연출, 최종혁 작곡의 〈김삿갓〉(1997,11) 등을 공연했다. 가무악극에 대한 시도가 간헐적으로 지속된 것을 알 수 있다.

1994년은 '국악의 해'라는 목표를 지정하고 발전을 도모했다. 조직위

원회 주최로 총체적인 국악극을 공연한 것이 강준혁 총감독의 〈영고〉
였다. 한상원·한충완·이태백·정치용이 음악을 당당하고, 구히서 대
본, 임이조 안무로 공연되어 주목을 받았다.

올림픽공원의 야외공연에 임시로 설치한 극장무대에서 월드컵 문화
축전의 일환으로 공연한 신선희(辛仙姬 1945-) 극본, 신선희·이병훈
연출, 이준호 작곡, 채상묵 안무의 〈고려의 아침〉(2002,5)은 팔만대장경
을 소재로 한 국악극이다. 평화를 희구하는 고려인들의 염원을 춤과 노
래로 형상화한 이 작품은 여러 면에서 관객들의 시선을 사로잡기에 충
분했다. 만석중놀이를 응용한 그림자연극, 스님이 실제 그대로 실연한
범패의식, 산대놀이패의 사자춤 등 시대적 배경에 대한 충실한 고증을
토대로 전통극의 놀이적 요소가 장면구성에 십분 활용되었다. 판소리와
불교음악에 바탕한 선율 또한 극 전체의 분위기를 잘 살려냈으며, 선무
도를 양식화한 춤은 역사적 고난과 극복의 길항하는 힘을 역동적으로
표현했다. 이러한 가무악의 제요소가 적절히 어우러져 진한 전통의 묘
미를 우려냈다.

이 극의 기본적 구성은 놀이패들이 등장하여 서낭제를 지내는 방식
으로 이루어져 있다. 특히 장면마다 다양한 형태의 연등이 등장하여 고
려인들의 깊은 불심을 표현하고 있는데, 이 연등은 결말부에 가서 관객
들의 손에 나뉘어져 인공의 호수에 띄우는 평화의 촛불이 된다. 이처럼
이 공연은 동제와 연등회의 형식을 빌어 상생과 화합의 대동제적 의미
를 십분 살린 무대였다. 그러나 이 공연의 가장 큰 수확은 무엇보다 야
외무대의 공간활용에 대한 문법을 제시했다는 데 있다. 반원형의 돌출
무대를 중심으로 등퇴장로가 빗살형태로 객석을 가로지르도록 구성되
었다. 객석 깊이 파고든 이러한 무대구성은 배우들의 동선을 사방으로
확장시키며, 이를 통해 관객들의 일방향적인 시선을 다각화시키는 촉매
로 작용했다. 아울러 2층의 누각과 무대 둘레의 호(湖)는 주위의 자연

경관과 조화를 이루며 시간의 힘에 풍화된 유적의 깊은 아름다움을 자아냈다.

객석으로 확장된 수평적 차원의 무대는 몽고의 침입과 고난을 형상화하는 현세적이고 의식적인 세계를 표현한 반면, 수직적으로 확장된 2층의 누각 무대는 대장경의 꿈을 통해 현실을 초극하려는 초월적이고 무의식적인 세계를 표현하는 데 효과적으로 기여했다. 그리하여 무대의 수직적 원심력은 혜명공주의 부활장면을 통해 누각의 꼭대기까지 확장됨으로써 극에 달하였다. 허공에 관세음보살로 떠오른 혜명공주의 모습은 고려인들이 염원하던 보름달 같은 황금빛 화엄(華嚴)의 세계를 상징적으로 구현해냈다.

국립극장이 광복 50주년으로 내놓은 〈하늘에서 땅에서〉(1995,11)는 견우와 직녀의 설화를 토대로 한 국악극이다. 김지일 극본, 손진책 연출, 박범훈 작곡, 국수호 안무에 국립극장 산하단체와 극단 미추단원들이 참여했다. 김성녀가 하늘여자, 박철호가 땅남자를 맡아서 열연했다. 남북통일을 기원하는 주제를 실었지만 음악극으로서 새로움을 제공하지는 못했다.

국립국악원이 제작한 세종의 일대기를 그린 정복근 작, 한태숙 연출, 이상규 작곡의 〈세종 32년〉(1996,11)은 세조의 꿈에 비친 부친의 모습을 재현한 음악극이다. 국악기를 총동원하여 전통 음률을 폭넓게 살리려는 시도를 보였다. 극과 음악의 결합이 부족하다는 평가를 받았다.

인천시립극단이 공연한 김동리 원작, 구히서 극본, 이승규(李昇珪 1939-) 연출, 김철호 작곡, 구경숙 안무의 〈등신불〉(1999,4)은 원작이 미처 다루지 못한 인물의 성격까지 생동감 있게 추구하였다. 초연인데다 종래의 사실주의 방법이 아니라 전통적인 가무희적 요소와 현대적인 영상 이미지를 효과적으로 응용한 공연으로 주목 받았다. 연출자는 대사를 최소로 줄이는 대신 가무희적 요소와 곤두놀이, 인형놀이, 택견,

불교의식 등을 최대로 활용하여 한국적인 정서를 부각시켰다. 전체의 바닥에 깔린 음악은 주인공의 험난한 생애를 멜로디로 집약시키면서 동시에 노래, 춤, 동작, 놀이의 반주가 되었다. 멀티비전은 무대장치의 대용을 넘어서 세속과 불교계의 의미를 이미지로 제공하는 데 기여했다. 불교의식은 작품의 현실성과 그 이면의 주제를 부각시키는 데 하나의 표현요소로서 새롭게 부각되었다. 연기와 의식의 거리를 좁히는 계기가 되었다.

5.6.1.2. 현대국악극의 미래

한국예술종합학교 전통원과 졸업생으로 조직된 영산예술단이 함께 공연한 박용구 원작, 서연호 각색, 김석만 연출, 백대웅 작곡, 양성옥 안무의 〈영원한 사랑 춘향〉(2001,12)은 〈춘향전〉의 고전미를 살리면서 가사를 완전히 현대어로 바꾼 본격적인 국악극이다. 누구나 부르기 쉽고 감정의 변화를 자연스럽게 추구한 가창곡으로서 독창, 합창, 이중창이 조화롭게 배치되었다. 작곡 면에서는 판소리를 비롯한 민요, 가사 등 전통음악의 모든 요소를 활용하여 전체적인 관현악반주와 가창곡이 창작되었다. 작곡을 통해서 한국 국악극의 밝은 미래상을 보였다는 점에서 의미 있는 공연이었다. 캐스트는 남상일(이몽룡), 배성남과 서정민(춘향), 김진희(월매), 허정승(방자), 김현아(향단), 김승덕(변학도) 등 모두 젊은 성악가들이 맡아 신선미를 과시했다. 국악극으로서 본격적인 면모를 보인 작품이다.

한국의 집이 공연한 〈몽유도원도〉(2011,1)는 유영대 총감독, 박성환 대본·연출, 이용탁 작곡, 국수호 안무, 염경애 작창, 임상규 지휘로 안견의 몽유도원도에서 이미지를 차용하고, 유일한 고전비극소설 〈운영전〉을 바탕으로 안평과 운영의 사랑을 그린 음악극이다. 판소리 창법과 현대 발라드의 무리한 결합이 이미지를 방해했고, 비좁은 무대의 한계로 충분한 기량을 발휘하지 못한 아쉬운 공연이었다.

국립극단이 공연한 〈화선 김홍도〉(2011,10)는 배삼식 대본, 손진책 연출, 김대성 작곡, 국수호 안무였다. 김동지(박철호 역)와 손수재(최민철 역)라는 인물이 김홍도 옛 그림의 세계로 들어가 여행하는 미스테리적 전개방법을 차용했다. 그들은 젊은 김홍도(민은경 역)와 함께 어울린다. 그림 한 장, 한 장이 소개될 때마다 그림 속의 현실이 무대 위에 재현된다. 그림의 재현은 무대배경 막에 그대로 확대해 비추고, 그 현실은 무대 위에서 춤, 노래, 너름새, 익살을 실연하는 방법이다. 이것은 마당놀이의 장면구성과 유사하다. 전체적으로 김홍도의 인간성이 집약되지 못한 점에서 산만한 인상을 남기고 말았다.

국립국악원은 나름대로 국악극에 대한 시도를 거듭해왔다. 〈남촌별곡〉(1998) 〈시집가는 날〉(2000, 2002) 〈이어도사나〉(2004) 등의 소리극, 혜경궁홍씨의 회갑연을 재연한 〈태평서곡〉(2001-2012)과 세종의 회례연을 재연한 〈태평지악〉(2009)은 궁중의식의 복원으로 이루어졌다. 은동일 연출의 〈선가자 황진이〉(2004)와 안현정 작곡, 김석만 연출의 〈영원한 사랑-이생규장전〉(2012)은 정가로 표현된 음악극이었다. 김용범 대본, 이지은 구성의 〈황진이〉(2009, 2010)는 경서도소리로 공연된 음악극이었다. 사성구 대본, 정호봉 연출의 〈까막눈의 왕〉(일명 언문외전, 2011, 2012) 서연호 작, 강성우 연출, 이준호 작곡의 〈자갈치 아리랑〉(부산국립국악원 2011, 2013)과 오태석 작, 연출의 〈아리랑〉(2013)은 여러 가지 국악을 응용한 음악극이었다.

최근에 공연된 작품으로는 국립국악원의 〈공무도하〉(2014,12)가 주목된다. 이윤택 대본·연출, 안숙선 작창, 류형선 작곡·지휘, 한면옥 안무의 이 작품은 국악원 소속의 젊은 연기자들의 충분한 기량을 보인 점에서 특히 돋보였다. 명옥 역의 김세윤(부산국악원), 사내 역의 허정승(남도국악원), 순나 역의 박진희(국립국악원)와 방수미(남도국악원) 등이 그들이다. 젊은 연기자들은 우수한 가창력을 발휘함으로써 국악극의 발전을 전망해 주었다. 고조선의 가요 〈공무도하가〉를 소재로 분단의 문제를 부각시킨 해석이 이목을 집중시켰고 노래와 관현악, 춤과 연기를 조화시키려는 실험이 국악원의 새로운 방향을 시사해 눈길을 끌게 했다.

공공지원에서도 지원목표와 방법이 지속적이고 확고해야 한다. 정부가 바뀔 때마다, 담당 장관이 바뀔 때마다 속절없이 변동하는 공공지원은 창작개발이나 수준향상을 위해 아무런 기여를 할 수 없다. 지난 과거를 돌아보면 필자의 이 고언이 무슨 뜻인지 이해될 것이다. 아무리 훌륭한 정책이라도 다른 사람이 정해 놓은 것이라면 따르려 하지 않는 것이 우리의 한계이다. 공공지원금이 총액 얼마라는 생색내기 발표는 의미가 없다. 작품이라는 '결과'가 입증되는 정책이어야 한다.

예술은 경쟁을 통해 발전하는 자생, 자립적인 세계이다. 우리 사회에는 경쟁을 원초부터 가로막는 제도들이 너무 많다. 이런 환경에서 정부의 보조금이나 지원금에 의존하려는 개인 및 단체들은 급증하고 있다. 오늘날 예술비평은 이런 환경 때문에 설 땅이 없어져 버렸다. 작품의 수준에 상관없이 전국 어디에서나 공연비가 지급되고 있기 때문이다. 저질, 졸속, 눈속임, 재탕, 무성의한 공연들이 판을 치고 있는데도 누구 한 사람 '아니다'라고 말리는 사람이 없다. '입에 발린 칭찬'만이 난무하고 있다. 비평이 없는 사회는 '죽은 사회'이다. 관객의 입장료를 통해 자립의 길을 마련하겠다는 생각은 진작부터 사라졌다. 진정 우리 공연예술은 이렇게 절망으로 끝장을 보고 말 것인가 심사 숙고할 일이다.

5.6.2. 현대뮤지컬(서구양식)

5.6.2.1. 현대뮤지컬의 전개
정도의 차이는 있지만 현대뮤지컬에서 서양악과 국악 양식이나 기법은 혼합, 융합된 경우가 많다. 두 가지를 분명하게 구분하기는 쉽지 않다. 기본적으로 작곡방법은 서양식을 추종하기에 국악극이라 해도 멜로디, 리듬, 화성 등은 서양식으로 조합되어 있고, 원천이 국악이라 해도 서양식 악기와의 배합 및 오케스트라의 배열을 기준으로 따르고 있다. 따라서 국악극과 현대뮤지컬의 음악어법을 나누어 논의하는 데는 한계가 있음을 전제하고 여기서 현대뮤지컬에 관해 서술하기로 한다.

우리 뮤지컬의 출발은 미국 영화의 영향이 거의 절대적이라 할 수 있다. 1950년대 6·25전쟁기부터 수용되기 시작한 미국 뮤지컬 영화는 전쟁에 지친 우리 관객들에게 즐거움과 위안, 환상과 꿈을 심어 주었다. 1960년대 중반 무렵까지 〈오클라호마〉〈쇼 보트〉〈회전목마〉〈왕과 나〉〈남태평양〉〈7인의 신부〉〈지지〉〈캉캉〉 등의 뮤지컬 영화가 연이어 수입 상영되었다.

전후 급속도로 파급된 재즈의 물결을 비롯해 미국문화의 유입과 보편화는 뮤지컬이 움틀 수 있는 터전을 마련했다. 즉 1960년대 중반을 기점으로 다양한 뮤지컬의 시도가 이루어진 데는 대중들, 특히 젊은이들 사이에 팽배해 있던 미국문화에 대한 동경이 큰 몫을 했다.[48]

브로드웨이 뮤지컬의 수용은 극작가 유치진에 의해 시작되었다. 뉴욕에서 장기 흥행하는 뮤지컬들을 직접 관람하고 돌아온 유치진은 뮤지컬의 대중적 가치를 체감했다. 그가 제작한 〈포기와 베스〉(1962,8)는 이해랑(李海浪 1916-1989) 연출로 드라마센터 무대에서 공연되었다. 그는 "이번 공연은 우리가 시험해 보려는 명일 음악극의 시금석"이라고 했다.[49] 당시 최신 무대시설을 갖춘 드라마센터의 아레나 스테이지에서

48) 문호근, 한국의 음악극-1971년부터 현재까지, 한국의 공연예술(현대미학사, 1999), p.235 참조

49) 유치진, 〈포기와 베스〉의 연출, 동랑 유치진 전집 8, 서울예대출판부, 1993, pp. 353-354 참조

펼쳐진 〈포기와 베스〉는 일반인에게 서구적인 뮤지컬 양식을 인식시키
는 데 기여했다.

〈포기와 베스〉는 1937년과 1948년에 유치진에 의해 무대극으로 공연
된 적이 있었고, 이때 처음으로 음악극을 의식하여 거쉰(George Gershwin
1898-1937)의 음악을 구사했다. 2개월 동안 배우들에게 노래와 춤을 훈
련시켜 완성도를 기하면서, '우리나라 최초의 뮤지컬 플레이', '뮤지컬
드라마'라고 소개했으나 엄밀한 의미에서 곡수가 너무 적고 음악을 제
대로 살리지 못해 본격적인 뮤지컬로 보기는 어렵다. 대본도 원작이 아
닌 일본의 축지소극장(築地小劇場)에서 상연했던 중역본(重譯本)을 사
용했다.50)

청포도극회는 전세권(全世權) 작, 연출의 〈새우〉(1963,4)를 공연했다.
패기만만하고 재능 있는 20대의 젊은 배우들이 주축을 이루었다. 합창
단과 관현악단이 참여하는 등 뮤지컬의 구성을 모두 지닌 의욕적인 무
대였고, 관객에게 많은 웃음을 안겨주었지만 완성도가 낮고 워낙 짧은
공연기간이라 결국 참담한 흥행 실패를 겪어야 했다.

극단 실험극장에서 상연된 김의경 작, 김형찬 작곡, 한익평 안무, 최
진하 연출의 〈갈대의 노래〉(1964,11)는 서사극형 뮤지컬의 범주에 넣을
수 있다. 브레히트의 〈사천의 착한 여인〉을 모방한 작품으로서 작곡가
김형찬의 연주곡이 15편이나 삽입되었다. 실험극장 창립 4주년 기념작
으로 단원들이 대거 참여했다. 그 후 국립극장 무대에 실험극장이 올린
브로드웨이 최신 뮤지컬로서 허규 연출의 〈동키호테〉(1967,10)가 공연
되었다. 레코드에서 노래를 채록해 박상중(朴相重)이 기타 반주로 노래
한 하나의 시도였다.

---

50) 차범석 · 우에무라 료오스께 · 김상열 대담, 한 · 일 뮤지컬의 가능성, 한국연극,
　　1990,10, p.107.

이 무렵에 서강대학에서 학생들을 중심으로 상연된 〈성춘향〉(1965,4)도 주목된다. 영문과 교수로 이 작품을 연출한 윌리엄 H. 퀴어리 신부는 작사, 작곡까지 도맡아 하며 실험적인 뮤지컬을 시도했다. 방자가 줄거리를 소개하고, 코러스가 군중과 장치의 역할을 겸하면서 가면을 착용하는 등의 이색적인 서사극 기법을 활용해 화제가 되었다. 이 작품에는 기존의 서곡, 민요 등의 뮤지컬 넘버를 제하고도 13곡의 아리아와 합창이 쓰였는데, 동·서양풍이 혼용된 음악이었다. 학생들이 영어로 했다는 제약에도 불구하고, 경쾌하고 재미있는 뮤지컬 작품으로 적잖은 호평을 받았다.[51]

극단 제3극장은 전작 〈새우〉를 개작했다. 전세권 작·연출, 오경일 작곡, 김학자 안무의 〈새우잡이〉(1965,8)를 명동 국립극장 무대에 올렸다. 같은 시기에 시민회관에서 상연된 〈헬로 돌리〉(Hello Dolly, 1965,10)는 뮤지컬운동의 활력소가 되었다. 뉴욕 인터내셔널 컴퍼니의 지원을 받은 대학생들이 동남아 순연 도중 국내에 상륙한 것이다. 본격적인 뮤지컬을 선보였다. 극단 제3극장은 전세권 연출, 황유청 연출, 안길웅 작곡, 이운철 안무의 〈카니발의 수첩〉(1966,7)을 명동 국립극장 무대에 올렸다. 〈헬로 돌리〉를 보고 고무된 전세권은 전해의 실패를 거울삼아 무용단, 합창단, 관현악단을 출연시키며 진일보한 작품을 선보인 것이다.

이 작품은 내용과 형식에서 더욱 서구적인 면모를 추구했고, 환타지한 측면에 역점을 두었다. 예그린악단 출신으로 인기가 높았던 '봉봉 남성 중창단이 참여해 세간의 눈길을 끌었다. 공연 이후 한상일이 부른 '애모의 노래'는 장안의 인기를 모았다. 이 작품은 '무대 변전의 속도, 집중력, 융화감 등의 문제는 있지만 뮤지컬 플레이의 가능성을 다져 가고 있다'는 평을 얻었다.[52]

---

51) 기사, 뮤지컬의 체험, 신동아, 1965,7, p.350 참조
52) 가사, 뮤지컬에의 가능성 다져-제3극장 〈카니발 수첩(手帖)〉, 조선일보, 1966,7,24

극단 가교는 농촌계몽을 소재로 한 이근삼(李根三 1929-2003) 대본, 이승규(李昇珪 1939-) 연출, 이유선 작곡의 〈퇴비탑의 기적〉(1966,7), 사회정화를 소재로 한 이근삼 대본, 김상열 연출, 한양 작곡, 정병호 안무의 〈미련한 팔자 대감〉(1969,4)을 공연했다.

뮤지컬의 본격적인 창작 시발은 2차 예그린악단의 〈살짜기 옵서예〉에서 찾을 수 있다. 3백여 명이 참가한 〈살짜기 옵서예〉(1966,10)는 초대형 서울시민회관에서 모두 7회 공연되었다. 작곡과 지휘를 전담한 최창권(崔彰權 1929-2008)은 이 작품을 본격적인 뮤지컬의 효시로 보는 이유로 대중관객의 반응, 흥행 성적, 규모와 내실 면, 그리고 양식적인 측면에서 현대적인 뮤지컬 양식을 적극적으로 수용하고 있기 때문이라고 밝혔다.53)

1차 예그린악단은 1962년 1월 〈삼천만의 향연〉으로 시민회관에서 출범했다. 이 악단의 공연은 민요, 판소리, 농악, 민속무용에서부터 합창과 양악에 이르기까지 일관된 극적 줄거리 없이 엮은 종합무대 구성이었다. 이러한 공연예술의 발상은 민속예술의 보존 및 육성이라는 국가의 정책과 북한과의 문화대결에서 우위를 목표로 한 것이었다. 김생려가 단장 겸 상임지휘자로 있었던 1차 예그린악단은 뮤지컬도 악극도 아닌 이러한 공연을 6회 상연하고 1963년 5월에 해산되었다.54) 요컨대 이런 과정을 통해서 우리 뮤지컬의 시대는 개화를 맞았다.

시민회관 무대에서 김영수(金永壽 1911-1977) 각색, 최창권 작곡, 백은선·임영웅(林英雄 1936-) 연출, 임성남 안무로 공연한 〈살짜기 옵서예〉는 고전소설 〈배비장전〉을 각색한 것이다. 뮤지컬 전문배우가 없었기 때문에 패티김, 곽규석, 김성원 등 연극, 음악, 무용계의 전문가들과

참조

53) 최창권, 뮤지컬, 한국음악협회 편, 한국음악총람, 1991, p.513.
54) 박용구, 대담 장광열, 20세기 예술의 세계, 지식산업사, 2001, p.73.

인기 연예인이 참여했다. 짧은 공연 기간에도 불구하고 많은 제작비를 상회할 만큼의 흥행 성적을 올렸다. 특히 공연 전에 제작한 작품의 주제가와 뮤지컬 넘버들을 묶은 음반이 발매되었고, 뮤지컬이 상연되기도 전에 각 방송국의 전파를 타고 전국에 알려지도록 기획해 대대적인 성공을 거두었다. 이 작품은 관객들의 열띤 호응 속에 뮤지컬의 토착화와 대중화의 기치를 내건 예그린의 성공적 레퍼토리로 자리 잡았다. 이 작품은 우리 뮤지컬의 전범(典範)이 되었고, 특히 대형의 창작이라는 기틀을 설정하는 데 지대한 역할을 했다.[55]

이 작품이 관객에게 어필할 수 있었던 근본 이유는 우리 정서에 부합하는 고전을 소재로 하여 여기에 국악과 춤의 전통 위에 서구 뮤지컬 양식을 접목하려고 노력한 점에 있었다. 서구식 극구조와 음악어법을 차용하되 소재, 대사, 선율, 율동, 연희, 소품 및 의상 등에서 한국적 색채와 분위기를 덧붙인 노력을 통해 현대적 음악극으로서의 면모를 갖출 수 있었다. 당시는 뮤지컬 전문교육기관이 전무한 형편이었고 자연히 인력 면에서 열악한 상황이었다. 따라서 혹독한 트레이닝과 현장수업을 통해 배우와 스텝을 양성해서 뮤지컬 발전의 초석을 다진 점이 이 작품의 성과로 인정된다. 이 작품은 2013년, 4월 김선영 주연으로 재연되었다.

예그린악단은 〈꽃님이 꽃님이 꽃님이〉(1967) 〈대춘향전〉(1968) 〈바다여 말하라〉(1971) 〈화려한 산하〉(1971) 〈종이여 울려라〉(1972) 〈우리 여기 있다〉(1972) 등 민족정서를 바탕으로 한 작품을 계속 공연했다. 예그린악단은 1972년 문공부 산하단체로 이관되면서 관립단체가 되었고, 1973년 장충동 현 국립극장의 개관에 앞서 국립가무단이라는 이름으로 개칭되면서 정식으로 국립극장 산하로 흡수되고 말았다.

---

55) 유인경, 한국 뮤지컬의 세계, 연극과인간, 2009, pp.183-234 참조.

국립가무단은 1974년 5월부터 1975년 12월 사이에 김희조 작곡의 〈대춘향전〉〈시집가는 날〉〈상록수〉〈태양처럼〉, 최창권 작곡의 〈이 화창한 아침에〉〈이런 사람〉 등을 공연했다. 1977년 6월에 국립예그린예술단으로 개편되었다가 1977년 11월에 서울시립가무단으로 자격이 바뀌었고, 현재의 서울시립뮤지컬단(세종문화회관 소속)으로 계승되었다.

극단 가교는 톰 존스(T. Jones 1940-) 작 〈환타스틱스〉를 신정옥 역, 이승규 연출, 이정희 안무의 〈철부지들〉(1973,10)이란 이름으로 번안, 공연하여 주목받았다. 출연인원이 8명으로 소수인데다 피아노 반주만으로 음악을 해결할 수 있어 사설극단에서 큰 부담 없이 공연할 수 있었다. 가교 초연 이후 극단 뿌리, 대중, 현대예술극장, 서울시립가무단 등 많은 단체들이 이 작품을 공연했다.

미리내 뮤지컬센터는 작곡가 최창권이 사재를 털어 창립한 뮤지컬 전문단체였다.[56] 1975년에 창단되었으며 3년간에 걸친 준비 끝에 세종문화회관에서 첫 공연을 가졌다. 자신의 작품인 〈살짜기 옵서예〉(1978)를 표재순(表在淳 1937-) 연출, 조광 안무로 배인숙·곽규석·추송웅 등을 기용하여 무대에 올렸다. 역시 그의 극본·작곡인 〈땅콩껍질 속의 연가〉(1979)를 송영 원작, 전세권 연출, 이길섭 안무, 염복순·강대진 주연으로 공연하였다. '디스코 뮤지컬'이라는 부제가 붙은 이 작품은 록음악풍으로 전체 곡이 장식되었는데, 당시 젊은이들의 우상 격인 록그룹 '사랑과 평화'가 연주를 맡아 더욱 화제가 되었다. 그러나 미리내는 창작뮤지컬에 대한 의욕에도 불구하고 재정상의 어려움으로 번역극 〈가스펠〉(1980) 공연을 끝으로 해산되었다.

국내 뮤지컬의 역사를 언급할 때 빼놓을 수 없는 극단이 현대극장이다. 극작가 김의경(金義卿 1936-)이 연극의 전문화, 과학화, 직업화를 목

---

56) 최창권, 뮤지컬, 한국음악협회 편, 한국음악총람, 1991, p.327.

표로 창단한 단체이다. 창단 이듬해에 백승규 극본, 표재순 연출, 최창권 음악, 강미경 안무, 윤복희 주연의 첫 세미 뮤지컬 〈빠담 빠담 빠담〉(1977,7)을 공연하여 주목을 끌었다. 당시 현대의 뮤지컬을 저질 상업극으로 이단시하던 일부 연극인들은 이 공연을 계기로 '상업극 시비' 논쟁에 불을 붙이기도 했다.[57]

이러한 논쟁에도 불구하고 현대는 〈수퍼스타 예수 그리스도〉(1980,2) 〈사운드 오브 뮤직〉(1981,4) 〈에비타〉(1981,12) 〈웨스트사이드 스토리〉(1987,3) 〈레 미제라블〉(1988,4) 등 외국의 유명 뮤지컬을 수입하여 공연했다. 현대는 이러한 경력을 기반으로 〈화랑 원술〉(1987,8) 〈들풀의 노래〉(1989,8) 등 우리 정서에 맞는 드라마와 춤과 노래를 통해 창작극을 개발했다. 현대의 뮤지컬 〈해상왕 장보고〉는 1995년 미국 LA에서부터 2002년 프랑스 파리공연에 이르기까지 전 세계 24개국 26개 도시를 순회 공연하였다. 한국 뮤지컬을 처음으로 세계무대에 알리는 대장정이었다. 파리공연 당시 환상적인 의상과 신선한 무대효과가 돋보였다는 호평을 받았다. 위와 같은 공연실적에 힘입어 다음 작품인 〈팔만대장경〉은 여러 나라에서 초청 제의를 받을 수 있었다. 2001년 일본 후쿠오카 공연을 시작으로 2004년 7월까지 해외에서 공연했다.

김민기(1951-)가 작곡한 〈공장의 불빛〉(1978,9)은 당시 노래극이라 했다. 동일방직 노동운동의 현실을 소재로 한 이 작품은 1970년대 민주화운동의 대표적인 음악극으로서 역사적 의의가 있다. 봉제수출공장 여직들이 일으킨 저항은 이른바 남성구사대가 2월에 그들을 탄압하기 위해 똥물을 퍼붓는 사건으로 유명했다. 이 사태를 가까이에서 목격하게 된 김민기는 주제곡 '공장의 불빛'을 작곡해 송창식의 개인스튜디오에서 카세트 테이프에 녹음했다. 이 곡을 토대로 사건의 전말을 해고노동자

---

57) 당시 일간스포츠에서는 1977년 7월부터 8월까지 8회에 걸쳐 이 작품과 관련한 찬반논쟁을 게재했다.

들이 연극으로 만들었다. 9월 22일 서울기독교회관에서 매주 열리는 시국기도회를 이용해 노동자들이 직접 노래극 〈공장의 불빛〉을 공연했다. 5백명의 관중이 참관했다. 이 공연이 이루어지는 동안에 여기저기에서 '유신헙법 철폐하라'는 구호가 울렸다. 또한 어떤 청년은 '박정희는 빨갱이다'라고 외쳤다. 공연이 끝난 후 무대에 섰던 해고노동자들은 경찰서로 연행되는 수난을 겪었다.[58]

1980년대 들어서서 창작 뮤지컬 공연이 늘어났다. 민예극장은 젊은이들의 이기심을 소재로 한 이근삼 극본, 강영걸 연출, 전명찬 작곡의 〈꿈먹고 물 마시고〉(1982,1)을 소극장에서 장기공연하는 이변을 보였다. 1986년 8월에 한국방송공사 산하단체로 출범한 88서울예술단은 문화예술의 세계적 조류에 편승하여 노래와 연기와 무용 등 각 장르의 성격과 특이성이 상호 조화를 이루는 총체예술단을 지향했다. 88서울예술단의 창단 배경은 1985년 9월 정부에서 발표한 「민족 대교류 선언」에서 비롯되었다. 정부의 대북방 정책의 변화에 따라 남북한 간의 문화예술 교류를 활성화하려는 의지의 반영이었다. 예술단의 교환공연은 본격적인 남북 문화교류의 시발점으로, 이산가족의 상봉 못지 않은 큰 기대와 관심을 불러일으켰다.[59]

88서울예술단이 공연한 김진희 작, 김우옥 연출, 김희조 작곡의 〈아리랑 아리랑〉(1988,9)은 아리랑곡을 바탕으로 만들었다. 아리랑의 다양한 변주곡들이 돋보이는 우수한 가무악극이다. 소련 땅 타슈켄트의 방송국에 근무하고 있는 교포3세 이한은 할아버지의 유언에 따라 혈육을 찾을 겸 88서울올림픽을 취재하러 어머니 땅을 찾아온다. 이한은 한강변의 아리랑 축제 전야제에서 순박한 처녀 조연을 만나고, 수소문 끝에 외삼촌을 만난다. 그리고 정선 땅 아리랑 고개에 묻힌 어머니의 애절한

---

58) 이재성, 인천 민중문화운동의 역사, 인천문화재단, 2009 참조
59) 서울예술단 편, 서울예술단 10년사, 1996, pp.13-34 참조

사연과 독립투사였던 아버지의 이야기를 듣고는 오열한다. 한편 체류 기간이 만료된 이한은 다시 조국을 찾게 되리라 굳게 믿고, 사랑하는 조연을 남겨두고 한국을 떠난다. 만남과 이별의 정조를 멜로디로 잘 살린 작품으로 평가 받았다.

1990년 88서울예술단은 서울예술단으로 개명되어 문화부 산하의 재단법인으로 새롭게 태어났다. 서울예술단은 유치진 원작, 윤대성 각색, 김우옥 연출, 김정택 작곡, 박일규 안무, 홍순창 미술의 〈한강은 흐른다〉(1987,12)를 공연했다. 서울과 지방에서 공연하는 것은 물론이고 세계 여러 나라의 국제행사에도 여러 차례 참가하였다. 〈지하철 연가〉(1988) 〈아리송하네요〉(1989) 〈주고 받고 싶은 생〉(1989) 〈영혼의 노래〉(1991) 〈꿈꾸는 철마〉(1992) 〈징게멍게 너른들〉(1994) 〈간도 아리랑〉(1995) 〈애랑과 배비장〉(1996) 〈심청전〉(1997) 〈빅토르 최〉(1997) 〈한네〉(1997) 〈바리-잊혀진 자장가〉(1999) 〈태풍〉(1999 셰익스피어 번안) 등 대부분의 레퍼터리를 창작 뮤지컬로 삼아 뮤지컬 활성화에 크게 이바지했다.

동랑청소년극단은 윤대성 극본, 김우옥 연출로 〈방황하는 별들〉(1985) 〈꿈꾸는 별들〉(1986) 〈이름없는 별들〉(1988) 〈불타는 별들〉(1989) 등 이른바 '별 시리즈'의 본격적인 청소년 뮤지컬을 공연하여 크게 관심을 이끌었다. 우리극단마당은 김상열 작·연출, 유승엽 작곡, 유홍선 안무의 〈님의 침묵〉(1984,3)을 공연했다. 극단 연우무대는 한국음악극연구소와 합동으로 원창연·문호근 작, 연출의 〈구로동 연가〉(1988,6)를 공연했다. 노사분규의 문제를 통해 노동자들의 현실을 고발한 작품으로서 강준일·이건용·김철호·황성호 등 젊은 작곡가들이 대거 참여해 주목 받았다.

시립가무단은 1978년 1월부터 공연을 시작해 〈위대한 전진〉 〈달빛 나그네〉 〈우리들의 축제〉 〈나 어딧소〉 〈사랑은 물이랑 타고〉 〈성춘향〉

〈양반전〉〈용이 나리샤〉〈바다를 내 품에〉〈즐거운 한국인〉〈나는야 호랑나비〉〈산 넘고 고개 너머〉 등을 공연해 왔다.[60]

1990년대에 들어 대형 뮤지컬을 성공적으로 공연하여 가장 주목받은 단체는 에이콤이다. 사립극단으로서 뮤지컬 전문단체임을 표방하고 나선 것은 에이콤이 처음이었다. 창단 작품으로 〈아가씨와 건달들〉을 공연한 데 이어, 〈스타가 될 거야〉(1995) 〈명성황후〉(1996) 〈겨울 나그네〉(1997) 등 창작뮤지컬을 중심으로 공연해 오고 있다. 특히 이문열 원작, 김광림 각색, 김희갑(1936-) 작곡, 윤호진 연출의 〈명성황후〉는 국내 창작뮤지컬 중 가장 많은 공연 횟수와 관객을 동원하여 창작뮤지컬의 롱런 가능성을 열어놓은 공연으로 평가받았다. 또한 1997년 뉴욕 링컨센터와 1998년 로스앤젤레스에서 〈마지막 황후〉라는 제목으로 역사적인 해외 공연을 가진 바 있다. 초연 때는 윤석화가 주연을 맡았다. 브로드웨이 진출을 앞두고 주역은 김원정과 이태원으로 교체되었다.

재정은 취약하지만 공연환경의 변화에 순응하기 위해 사립극단들은 위험을 안고 창작뮤지컬에 도전했다. 1971년 창단하여 91년 뮤지컬 극단으로 변신한 극단 맥토의 경우도 그렇다. 맥토는 〈카르멘시타〉(1991) 〈동숭동 연가〉(1992) 〈번데기〉(1994) 〈결혼일기〉(1995) 〈별아이〉(1996) 등 주로 창작뮤지컬 제작에 힘썼다. 특히 오은희 작, 이종훈 연출의 〈동숭동 연가〉는 1995년도 스포츠조선의 한국뮤지컬시상에서 극본상과 연출상을 수상하기도 했다.

극단 모시는 사람들은 〈우리로 서는 소리〉(1991) 〈꿈꾸는 기차〉(1992), 한민족예술인총연합회는 〈금강〉(1994) 〈백두산〉(1995) 등을 공연했다. 극단 신시는 1988년 창단하여 정극 위주로 공연하다 1995년 신시뮤지컬컴퍼니로 개명하면서 본격적인 뮤지컬 제작에 합류하였다. 〈무애가〉

---

60) 국립극장, 국립극장60년사(자료편), 2010 참조

230

(1991) 〈웨스트사이드 스토리〉(1995,2) 〈그리스 록큰롤〉(1995,3) 〈7인의 신부〉(1995,5) 등 한해에 세 작품을 선보이는 등 왕성하게 활동했다. 이후 〈님의 침묵〉(1996) 같은 창작극을 제외하고는 주로 브로드웨이의 명작들을 수용해 시장의 확장에 열중했다.

뮤지컬 전문 프로덕션 티엔에스(T&S)와 서울뮤지컬컴퍼니는 1995년 창단된 단체로 창작을 공연했다. 삼성영상사업단과 공동으로 아담하고 친근한 분위기를 특색으로 하는 살롱 뮤지컬 시리즈로 〈사랑은 비를 타고〉(1995) 〈사랑에 빠질 때〉(1996)가 관객들의 큰 호응을 받았고, 쉽고 재미있는 뮤지컬로 대중적인 인기를 얻은 〈쇼 코메디〉(1996)를 선보이기도 했다. 이후 독자적으로 분리된 서울뮤지컬컴퍼니는 살롱 뮤지컬의 연장선으로 〈지상에서 부르는 마지막 노래〉(1997) 〈오 해피데이〉(2000)를 올렸다.

극단 학전의 김민기는 브로드웨이 뮤지컬의 번역 상연에 대항해서 뮤지컬의 번안공연을 통해 우리 뮤지컬의 발전을 시도하고 있다. 〈지하철 1호선〉 〈개똥이〉 〈모스키토〉 〈의형제〉 등 현재까지 장기공연을 해온 학전의 뮤지컬은 가벼운 재미에 치중하는 브로드웨이 뮤지컬 형식과 구별된다. 본래 독일 음악극과 영국의 뮤지컬이 원작들이지만, 연출자 김민기가 원곡을 한국적으로 변형시키고 한국적 정서와 문법에 맞게 번안을 시도했다. 이러한 작업을 통해 학전은 작곡가, 작사가, 연출가가 조화로운 협력관계를 이루어내야 하는 뮤지컬 제작의 특성을 잘 살릴 수 있었다. 또한 장기 공연 중에도 계속 작품을 수정해 나가는 실험적인 태도와 잦은 오디션을 통해 스타 없이 신인을 기용함으로써 뮤지컬 배우를 양성한 점이 긍정적으로 평가된다. 이는 장기 공연이 가능한 전용극장이 있기에 가능한 일이었다.

특히 〈지하철 1호선〉은 독일 그립스극단 대표 폴커 루드비히(V. Ludwig 1937-)의 원작 〈Line 1〉을 한국적으로 새롭게 번안한 뮤지컬이다. 김민기는 이 작품을 1994년 초연하여 2000년 1월 1,000회 공연을 돌파하였다. 〈지하철 1호선〉은 소극장 뮤지컬에서 라이브 음악 사용 등 한국뮤지컬의 질적 수준을 한 단계 높인 것으로 평가받고 있다.

한편, 동시대의 문제를 새로운 시각으로 진지하게 접근한 대표작으로 인천시립극단의 〈황금 잎사귀〉(1995,6)와 극단 모시는 사람들의 〈블루 사이공〉(1996)이 주목된다. 박정기 작, 이승규 연출, 전경옥·이병복 음악, 김영숙 안무의 〈황금 잎사귀〉는 난(蘭)을 소재로 하여 환경파괴 문제를 심도 있게 다루어 주목받았다. 〈블루 사이공〉은 고엽제 문제를 포함한 월남전의 비극을 심도 있게 다루었다.

1996년 송승환이 설립한 PMC 프로덕션은 새로운 공연양식으로, 논버벌(non-verbal) 퍼포먼스를 시작했다. 미국의 넌버벌 퍼포먼스 양식에 한국의 풍물·사물놀이를 결합한 〈난타〉(1997)의 성공은 전용극장 개관, 브로드웨이 진출 등의 성과를 낳았다. 이에 영향을 받아 〈달고나〉(2004) 〈뮤직 인 마인 하트〉(2005) 〈젊음의 행진〉(2007) 〈도깨비 스톰〉 〈어린이 난타〉 등의 작품들이 나타났다.

〈난타〉의 모델이 되는 〈스톰프〉(1991) 〈탭덕스〉(1995) 〈델 라 구아다〉(1995) 등은 대사 없이 단순한 스토리를 바탕으로 몸짓의 리듬을 보여주는 말 그대로 '무언의 행위'이다. 뉴욕 오프 브로드웨이에서 하류층 젊은이들의 삶과 시대에 대한 인식을 생동감 있게 표현한 양식이다. 송승환은 이러한 모델에 근거해 결혼 피로연을 앞두고 요리를 준비하는 4인의 배우를 등장시켰다. 칼, 방망이 등으로 요리를 준비하는 이들의 동작은 사물놀이의 꾕과리, 북, 장구, 징을 연상시킨다. 2000년에 난타 전용관이 서울 정동에 생긴 이후 2013년까지 충정로, 명동, 홍대, 제주, 태국 방콕 등에도 생겼다. 영국 에든버러 프린지축제(1999), 북미 55개 도시순회(2001), 브로드웨이 뉴 빅토리극장(2004) 등에서 공연했다. 2009년 7월까지 1만회를 공연했다.

뮤지컬은 날로 증가했다. 연중 대표작으로 수상한 작품들은 다음과 같다. 에이콤의 〈스타가 될 거야〉(작곡상 김형석, 1995) 〈명성황후〉(뮤지컬대상, 연출상 윤호진, 1996) 〈겨울 나그네〉(뮤지컬대상, 김형석 작곡, 1997) 서울뮤지컬 컴퍼니의 〈사랑은 비를 타고〉(작곡상 최귀섭, 1996) 극단 모시는 사람들의 〈블루 사이공〉(극본상 김정숙, 1996) 서울시립가무단의 〈어느 곳에도 나의 발자국은 남아 있지 않다〉(작곡상 최종혁, 1997) 〈한네〉(뮤지컬대상, 연출상 이종훈, 1998) 서울예술단의 〈심청〉(작곡상 최창권·최귀섭, 1998) 〈애니깽〉(뮤지컬대상, 유경환 연출, 김상열 대본, 김정택 작곡, 1999), 삼성영상사업단의 〈눈물의 여왕〉(작곡상 정치용, 1999) 등을 들 수 있다. 세기말의 전환기에 들어와서 전국적으로 공연은 더욱 빈번해졌다.

5.6.2.2. 현대뮤지컬의 미래

21세기는 괴테의 명작을 극화한 〈젊은 베르테르의 슬픔〉(2000)으로 뮤지컬의 문을 열었다. 세계 명작을 국내판 뮤지컬로 재생산하는 계기를 수립한 공연이다. 극단 갖가지에서 시작해 정민선에게 작곡상을 안겨준 이 작품은 2013년 1월 도쿄 아카사카 ACT시어터에 진출해 공연하기까지 무려 14년을 장수하며 제작진, 출연진 등이 교체되었고, 음악 역시 부분적인 보완을 계속했다. 베르테르가 부르는 '어쩌나 이 마음'(조승우 역)과 '내 발길이 붙어서 뗄 수가 없으면'(김다현 역), 롯데와 베르테르의 듀엣곡 '우리는'(조정은, 엄기준 역)과 '하룻밤이 천년'(김소현, 김다현 역), 알베르트와 베르테르의 두엣곡 '무례와 사랑'(김법래, 조승우) 등 명곡을 남겼다.

유명한 문학작품이 뮤지컬로 만들어진 사례는 〈젊은 베르테르의 슬픔〉 이외에도 〈태풍〉(1999) 〈로미오와 줄리엣〉(2002) 〈노인과 바다〉(2012) 〈아르센 루팡〉(2013) 등이 있다. 최일도 목사의 원작 소설이자 청량리 무료급식소를 소재로 한 〈밥 짓는 시인 퍼주는 사랑〉(2013) 조선시대 가상의 왕과 무녀의 애절한 사랑을 그린 〈해를 품은 달〉(진수완 대본, 김도훈 연출 2013)도 공연되었다. 〈태풍〉(이윤택 연출, 1999)은 셰익스피어의 마지막 작품 〈템페스트〉를 번안한 것인데 김대성과 즈데넥 바르탁(Zdenek Bartak)이 작곡에 참여했고, 한국의 정가, 태평가, 범패 같은 곡들도 혼합되었다. 남경주와 이정화의 열연이 주목을 받았다.

민비 시해 1백주년의 해에 공개된 〈명성황후〉(1995)는 이문열 원작, 김광림 각색, 양인자 작사, 김희갑 작곡, 김현숙 의상으로 윤호진의 집념이 이루어낸 결실이었다.[61] 브로드웨이 공연을 보고 백남준이 극찬했지만, 한국측은 선하고 일본측은 악하다는 이분법에 빠졌다는 주제에 대한 평가 및 작곡에 대한 평가는 그리 좋지 않았다.[62] 장중한 내용 전개를 위해 대사를 없애고 노래로만 진행하는 송 쓰루(Song Through) 방식을 활용했고, 무당굿, 검술, 택견 등 전통연희를 응용했다. 6백벌의 의상, 61곡의 넘버, 12억의 제작비는 이 작품의 규모를 말해주고 2012년 관객 130만 돌파, 총 1,100회의 공연을 기록했다.[63] 그 동안 뉴욕의 링컨센터를 시작으로 브로드웨이, 런던 웨스트앤드 아폴로 해머스미스극장(2002), LA 코닥극장(2003), 토론토 허밍버드센터(2004) 등에서도 공연했다. 명성황후 역은 윤석화에서 이태원, 이상은 등으로 이어졌다. 이밖에도 고종(윤영석, 조승룡), 대원군(이희정, 이석), 홍계훈(이필승, 지혜근), 미우라(이종문, 김성기) 역 등이 열연했다.

---

61) 이문열, 여우사냥, 살림출판, 1995 참조
62) 백남준, 기마민족 후예라서 잘 뛰더라, 조선일보, 1997,8/ 관객발언, 한겨레신문, 1997,8,18/ 노영해, 1990년대 후반의 한국의 대표적 뮤지컬의 특징, 음악과문화 3, 2000, p.9 참조
63) 자료, 시사상식사전, 박문각, 2013 참조

〈인당수 사랑가〉(2002~2013)는 단순한 국악극에서 출발해 뮤지컬로 발전한 특이한 사례에 속한다. 박새봄 작, 최성신 연출, 원일 작곡, 김현미 편곡으로 이루어졌다. 춘향의 아버지를 심학규로 개명해서 심춘향(임강희 역), 심춘향이 단오날에 만나는 연인은 이몽룡(송욱경 역), 심춘향을 괴롭히는 인물은 변학도(임현수 역), 이몽룡을 수행하는 익살꾼은 방자(김재만) 등이 출연한다. 이렇게 〈심청가〉와 〈춘향가〉의 복합으로 만들어진 작품이다. 10년간을 공연하면서 계속 다듬어져 한 편의 뮤지컬로 품격을 갖추게 된 것이다.[64]

〈김종욱 찾기〉(2006)는 2013년까지 3천회 이상 공연했고 7년간 58만 명이 관극했다. 상하이의 모리화극장에서도 공연했다. 대본작가 장유정과 작곡가 김혜성이 소극장 워크숍으로 시작한 것이 성공을 거둔 사례이다. 이 작품에서 군인, 할아버지, 할머니, 상대 남자 등으로 수없이 변신을 거듭하는 멀티 맨의 연기는 지속적으로 웃음을 터뜨리는 즐거움을 제공한다. 가사가 아름다운 '오랫동안 꿈꾸던 사람' '데스티니' 등 노래는 명곡이 되었다. 엄기준, 조하랑, 김무열, 오나라 등이 출연했다.

〈광화문연가〉(2012)는 작곡가 이영훈이 작고하기 전에 병상에서 마지막으로 꿈꾸었던 작품이다. 이경섭은 초연시부터 그의 대중가요를 살려 다양하게 편곡해 음악을 제공했고, 이지나의 연출로 마침내 무대화되었다. '난 아직 모르잖아요' '붉은 노을' '가로수 그늘 아래 서면' '깊은 밤을 날아서' '옛사랑' 등 원곡이 투영되었다. 한상훈은 과거와 현재의 더블케스트(조성모, 박호산 역), 다른 남자 강현우(김무열 역), 그리고 두 남자의 첫사랑을 받았던 최여주(리사)의 열연을 보여주었다.

---

64) 정명문, 음악극 〈인당수 사랑가〉 연구, 우리어문연구 제39집, 2011,1, pp.611-645 참조
 윤중강, 창작뮤지컬 〈인당수 사랑가〉, 문화공간, 2013,10, pp.66-69 참조

〈꽃신〉(2014)은 위안부 피해 할머니들의 쉼터인 '나눔의 집'의 협조로 제작된 특이한 작품이다. 혼례날 아버지가 준 꽃신을 신어 보지도 못한 채 일본군 위안부로 끌려간 순옥(강효성 역)과 여동생 금옥, 징용대상자로 끌려간 윤재(서범석, 정찬우 역)의 파란 만장한 일대기를 그린 작품이다. 일본군 장교역에 윤복희가 출연해 작품을 빛냈다. 〈러브레터〉(2014)는 이와이 슌지(岩井俊二) 감독의 동명 일본영화를 윤혜선이 작사하고, 김아람이 작곡한 작품이다. 히로코와 이쓰기의 더블캐스트를 맡은 곽선영의 호연이 보이는 가운데, 서정적이고 섬세한 노래들이 감동을 주었다. 〈달빛 요정과 소녀〉(2015,1)는 요절한 인디 뮤지션 이진원의 노래로 구성된 작품이다. 달빛요정(박훈 역)의 시원한 가창력과 능청스러운 연기가 돋보이는 뮤지컬이다.

여기서 무비컬(moviecal)에 대해 언급해 둘 필요가 있을 것이다. 영화(무비)와 뮤지컬의 합성어인 무비컬은 영화가 뮤지컬로 다시 제작되거나 뮤지컬이 영화로 다시 제작된 경우를 일컫는다. 무비컬 초연을 기준으로 보면 다음과 같은 작품들을 들 수 있다. 즉 〈행진! 와이키키 브러더스〉(2004) 〈왕의 남자〉(2006) 〈싱글즈〉(2007) 〈댄서의 순정〉(2007) 〈색즉시공〉(2008) 〈미녀는 괴로워〉(2008) 〈내 마음의 풍금〉(2008) 〈라디오 스타〉(2008) 〈파이란〉(2008) 〈주유소 습격사건〉(2009) 〈번지점프를 하다〉(2009) 〈마이 스케어리 걸〉(2009 영화 달콤 살벌한 연인) 〈서편제〉(2010) 〈늑대의 유혹〉(2011) 〈완득이〉(2012) 〈공동경비구역 JSA〉(2014) 등을 일컫는다. 또한 TV드라마의 뮤지컬화를 지나칠 수 없다. 강효성 연출의 〈대장금〉(2007), 김도훈 연출의 〈해를 품은 달〉(2013) 등이 대표적인 드라마컬(dramacal)이라 할 수 있다.

그 동안 대표작으로 수상한 작품은 서울예술단의 〈태풍〉(한국뮤지컬 대상, 이윤택 각색·연출, 작곡상 김대성, 2000) 서울뮤지컬 컴퍼니의 〈오 해피데이〉(한국뮤지컬대상, 극본상 오은희, 2001) 주식회사 인터커

뮤니티의 〈더 플레이〉(한국뮤지컬대상, 김장섭 연출, 극본상 김수경, 심상학·홍혜선·강석훈 작곡, 2002) 서울예술단의 〈로미오와 줄리엣〉(한국뮤지컬대상, 뮤지컬대상, 유희성 연출, 김성칠·이해제 각색, 2003) 〈마리아 마리아〉(성천모 연출, 차경찬 작곡, 이란영 안무, 강효성 주연, 2003) 〈여신님이 보고 계셔〉(한정석 대본, 이선영 작곡, 서울 뮤지컬 페스티벌 예그린 앙코르 최우수상, 2012) 등이 있다.

이밖에도 주목을 받은 작품들은 서울예술단의 〈바람의 나라〉(이동준 작곡, 2001) 장영실의 일대기를 그린 〈천상시계〉(방은미 연출, 서후석·박수환 음악, 2004, 2012 재연) 탈북자공연단의 〈요덕스토리〉(정성산 연출, 2006) 〈영웅을 기다리며〉(2008, 2012) 만담적인 노래를 부르며 살롱밴드가 연주하는 〈천변살롱〉(강헌 박현향 대본, 강석란 연출, 하림 음악, 2008) 그룹에이트의 〈궁〉(하울 음악, 2010) 〈영웅〉(윤호진 연출, 오상준 작곡, 2009 초연, 2014,12 하얼빈시 공연, 강태을 주연) 〈완득이〉(윤호진 연출, 박기영·김조한 작곡, 2012) 한국창작오페라단은 이종구의 총연출로 3편의 옴니버스인 손무현 작곡의 〈신들의 정원〉·전종혁 작곡의 〈마지막 세레나데〉·서울대학교 오페라연구회의 〈해구신〉 등이 2012년 9월에 공연되었다. 또한 〈왕세자 실종사건〉(서재형 연출, 2011, 2012) 〈쌍화별곡〉(이난영 연출, 이희준 대본, 장소영 작곡, 2012) 등이 있다.

고 김광석의 생애와 노래로 엮은 〈디셈버〉(장진 극본·연출, 김준수 노래, 2013) 허균의 이야기인 〈균〉(하경진 작, 서병구 연출, 장지영 작곡, 2013) 신라 화랑을 소재로 한 〈풍월주〉(2012, 2013) 청주여자교도소 수감자들의 공연 〈별빛달빛〉(이대형 연출, 2014) 〈완전보험주식회사〉(안병욱 연출, 최재광 극본·음악, 2014) 기생의 일대기를 그린 〈해어와〉(김성희 작, 김영환 연출, 하광훈 작곡, 김선영 안무, 2007) 1994년 이태원의 문나이트를 그린 〈문나이트〉(이상훈 연출, 2014) 명창 진채선의 일대기를 그린 〈운현궁 로맨스〉(경민선 작, 손대혜·박경훈 작곡 2012) 등도 공연되었다.

2012년 8월 제1회 서울뮤지컬페스티벌이 시작되었다. 6일부터 13일까지 충무아트홀에서 9개의 창작극을 위주로 축제가 열렸다. 〈명성왕후〉와 〈영웅〉을 연출한 에이콤인터내셔널 대표 윤호진이 최고의 예그린상을 받았다. 이러한 행사는 창작뮤지컬에도 사회적인 평가가 이루어지기 시작했음을 의미한다.

뮤지컬시대인 오늘날, 뮤지컬은 연극양식의 중심에 자리를 잡았다. 대중이 가장 선호하는 양식이기 때문이다. 그간 뮤지컬 전문극단과 공연은 숱하게 증가했고, 창작에 대한 시도도 끊이지 않았다. 피상적으로 관찰하면, 뮤지컬은 전망이 매우 밝은 분야임에 틀림없다. 지난 10년 동안 뮤지컬은 연간 3천억 원대의 시장으로 증대되었고, 재공연을 포함해 작품은 2500편에 이른다. 그러나 외국 뮤지컬, 특히 브로드웨이 뮤지컬이 빈번하게 직수입되어 국내시장의 점유율이 높아지는 현상은 심히 우려할 사태이다. 상대적으로 국내 창작뮤지컬의 성장을 위축시키기 때문이다. 제작비는 물론, 모든 여건이 불리한 국내 사정에 비추어 뮤지컬의 발전을 단시일에 기대하기는 어려운 것으로 보인다. 창작이라고 하지만 모방에 치우친 경우도 적지 않았다.

음악극의 창작에서는 극작가·작곡가·연출가가 한패[三者協力 trio]가 되어 작품을 만들어가는 체계가 마련되어야 한다. 3인이 서로 창의력을 발휘하고 하나의 완성품을 만들어내는 데까지 최선을 다해야 한다. 말하듯이 노래하고, 노래하듯이 말하는 '드라마 자체가 음악인 음악극을 만들어야 한다. 우리 주변에 만연하는 연극에 봉사하는 음악, 음악을 위한 연극, 연출가 멋대로의 음악극을 만들어서는 일회용의 무대로 끝나고 만다. 지금까지의 사례, 지난 시대의 작품들이 이런 사실을 실증하고 있다.

앞서 말한 '한패체제'와 관련해서 특히 작곡가를 지원, 후원하는 환경과 제도가 마련되어야 한다. 우리는 '작곡가 부재(不在)의 음악극' '음악 수준 미달의 음악극'을 자주 목격한다. 누구나 작곡을 할 수 있는 것이 아니고, 돈이 있다고 작곡이 생기는 것이 아니다. 이런 문제와 관련해 앞서 서울시오페라단 예술감독인 이건용이 시행하고 있는 '세종카메라 타 개발사업'은 매우 바람직스럽게 보인다.

5.7. 백영춘의 소리극

5.7.1. 소리극 자료

명창 이창배는 최경식(崔景植 1874-1949), 박춘재, 원범산(元範山 1883 -1948), 이명길(李命吉) 등으로부터 경서도소리 전반을 배웠다. 1968년 중요무형문화재 선소리산타령의 예능보유자로 지정되었다. 현재 황용 주가 그의 소리를 잇고 있다. 그는 1960년 청구고전성악학원을 통해 최 창남, 박태여, 백영춘, 이춘희, 김혜란 등 제자를 길렀다. 생전에 『가요 집성』(국립국악원 1956) 『증보가요집성』(국립국악원 1959) 『한국가창대 계』(홍인문화사 1976) 등을 편저로 간행했다.

1910년대에 박춘재는 재담소리를 여러 극장에서 공연했다. 〈장대장 타령〉〈장님타령〉〈개넋두리〉〈장사치들의 흉내〉〈무당의 굿소리〉 등 이 그것이다. 이창배는 이런 소리를 배워 그의 『가요집성』에 수록했다. 경기소리 안비취(安翡翠 1926-1997)의 제자인 최영숙(崔永淑)은 1999년 12월 『가요집성』에 수록된 〈장대장타령〉을 재담창극이라는 개념으로 공연해 주목을 받았다. 그후 백영춘(白榮春 1946-)은 2000년 11월 소리 극이라는 개념으로 『가요집성』에 수록된 〈장대장타령〉을 기본 재료로 새롭게 구성해 공연했다. 백영춘은 2008년 서울시무형문화재 재담의 예 능보유자로 지정되었고, 최영숙과는 부부 관계이다.

소리극 〈장대장타령〉은 각색·구성은 백영춘, 연출은 김관규, 대본은 이문근, 고증은 심우성이 맡았다. 등장인물을 보면 동시대의 경서도소리 소리꾼들이 대거 출연했다. 장대장(유창 역), 광대·허봉사(백영춘), 사당·장대장마누라(최영숙), 엿장수(조남일), 만득이(권혁수), 떡장수·8과부·고성댁(노학순), 어멈·8과부·노들만신(한진자), 만신들(박순금, 남궁랑, 김선란, 이유라), 행수(오현숙), 청진현감(박용서), 부용(정옥향), 의주현감(공명오), 청진기생(권금주), 이방(최운상), 의주기생(이소정), 동자승(양슬기), 큰스님(이춘희), 8과부(최은희, 이경연, 최연화, 강연희, 이미숙), 평해댁·8과부(이명희), 할미무당(이명례), 망자들(다수), 합창단(다수), 구경꾼들(다수) 등이 출연했다.

또한 소리꾼들, 춤꾼들 역시 대거 출연했다. 경기놀량·개고리타령(합창단), 선소리(최창남, 이두영, 노학순, 최은희, 이경연, 한진자, 이명희, 정옥향, 권금주, 이소정 등), 닐리리야·양류가(이미숙, 정옥향, 권금주, 이소정), 비나리(이두영), 각설이타령·곰보타령(이두영, 고진은), 노랫가락, 제석거리, 지진난봉가, 병신난봉가, 사설난봉가, 장기타령, 궁초댕기, 엮음수심가, 자진아리, 부용상사곡, 금강유람가, 금강산타령, 회심곡, 배따라기, 자진산타령, 자진배따라기, 자진뱃노래, 대감놀이, 장대장타령, 창부타령, 살풀이춤(진유림), 무희들(다수) 등이 출연했다.

5.7.2. 소리극의 공연

〈장대장타령〉은 모두 7장으로 전개되었다. 제1장은 장대장의 출생지인 남산골에서 벌어지는 정월 대보름놀이로 시작된다. 사람들은 답교놀이와 선소리를 하면서 액운을 물리치고 소망을 빈다. 장대장의 부모가 아들을 낳게 해 달라고 기원하러 가는 재담과 닐리리야, 양류가를 부른다. 제2장은 부모가 회심곡조의 비나리, 정선아리랑조의 메나리로 부처님께 비는 대목이다. 부모는 장대장을 득남해 기르다가 세상을 떠난다. 사람들은 영가천도의 소리로 부모의 명을 길라 주고, 왕생극락을 빌며,

240

살풀이춤으로 한을 달랜다.

　제3장은 부모가 죽고 가세가 기울자 장대장이 걸식을 다니며 각설이 타령을 부르는 대목이다. 운 좋게 벼슬 한자리를 얻어 만포첨사로 떠나는데, 부임길에 홍제원에 당도해 떡장수와 희롱한다. 곰보라서 도망가려던 떡장수와 경기잡가 휘모리 중에서 곰보타령을 같이 부르다 그녀는 혼자 도주하고 만다. 제4장에서 장대장은 경기도 장단의 객관을 찾아간다. 도중에 굿판을 만나 아름다운 무녀에게 마음을 빼앗긴다. 굿판에 뒤섞이어 놀다가 그녀와 사랑놀음을 벌이고 구경꾼들도 어울려 굿판이 잔치판이 된다.

　제5장은 만포첨사로 부임한 장대장이 관기 부용과 사랑을 나누다 부인에게 발각되어 부부싸움을 벌인다. 귀향을 앞두고 만득이를 낳는다. 송별연이 벌어진다. 장기타령, 궁초댕기에 흥취가 일어나고, 엮음수심가로 이별의 아쉬움, 잦은아리로 마음을 달랜다. 제6장은 만포진을 떠나 금강산을 구경하며 금강산타령을 부른다. 명경대를 지나 만물상에 당도해 동자승과 화답한다. 상사별곡, 금강산유람가, 회심곡을 부른다. 과부들이 앉아서 신세타령을 부르며 장대장을 유혹한다. 지난날 곰보였던 고성댁을 만나 마음을 빼앗긴다. 장대장이 고성댁과 도주하자 과부들은 만득이에게 한턱내라고 조른다. 과부들이 잦은 배따라기를 부르는 가운데 장대장은 고성댁과 하룻밤 인연을 맺고 떠난다.

　마지막 제7장은 부부가 다시 한양으로 돌아와 살게 되었지만 아들 만득이가 병이 들어 장대장마누라는 허봉사를 찾아가 점을 친다. 덕담경으로 점을 치던 허봉사는 장대장마누라에게 마음이 끌려 수작을 부린다. 허봉사의 신풀이에 흥분한 장대장마누라는 감추어 두었던 신이 오르고 스스로 굿판에 뛰어들어 춤을 춘다. 그녀의 미친 듯한 춤에 만신들이 감동한다. 허봉사는 그녀를 유혹하기 위해 장대장에게 '당신 부인이 무당'이라고 이르겠다는 협박을 한다. 장대장마누라는 비밀을 숨

겨 주면 허봉사에게 몸을 주겠다는 약속을 한다. 허봉사는 마누라와 한
바탕 어울리다가 〈심청전〉의 심봉사처럼 갑자기 눈을 뜬다. 기쁜 마음
에 장대장굿판이나 열자고 하며, 사람들과 어울린다. 다 함께 창부타령
을 부른다.65)

　이상의 소리극은 현대음악극으로서 후진성을 면할 수 없다. 그런데
도 여기서 자료를 소개하는 것은 지난날 재담창극의 실상과 오늘날 우
리 소리꾼들의 소리극에 대한 인식과 수준을 살피기 위함이다. 이 작품
은 장대장과 장대장마누라의 상습적인 탈선을 과감하게 보여준다. 익살
스러운 성행위를 통해 봉사가 눈을 뜨는 결말은 골계(滑稽)로 위로를
받았던 과거 서민들의 삶을 투시하게 한다. 서양의 넌센스 코미디에 해
당한다. 기존의 다양한 민요를 응용해 극적인 이야기를 소박하게 엮었
던 재담창극(소리극)의 구조를 이해할 수 있다.

---

65) 백영춘 편저, 소리극 장대장타령, 예인국악예술원, 2000 참조

6. 기생의 공연양식

6.1. 기생의 역할과 이미지

이 책은 한국 공연예술을 양식별로 서술하려는 목표를 지녔다. 공연의 연행자(담당자)를 중심으로 한 탐구가 아니다. 그럼에도 불구하고 여기서 기생(妓生)이라는 연행자를 대상으로 한 것은 그들의 특별성 때문이다. 기생은 신분적으로 특별하고 연행자들 가운데서도 특별하다. 기생은 기적(妓籍)에 올라 있는 사치노예(奢侈奴隷), 즉 천민이었다.[1] 그러나 최고의 벼슬아치나 지식인들과 마주 앉아 시와 대화를 나누고 풍류를 즐길 수 있는 여인이기도 했다. 이런 점을 고려해 기생의 역할과 이미지를 잠시 고찰해 보려는 의도이다. 그들의 공연예술 역시 '양식별' 서술에서 동시에 다루어지는 것은 두 말할 필요가 없다.

기생이라는 말을 공용어로 사용하기로 한다. 문학과 공연, 풍류, 인격과 타인에 대한 배려의 마음을 두루 갖춘 전문적인 예술가를 가리키는 뜻을 지녔다. 기녀(妓女)라고 할 때는 궁중이나 관청에서 소속된 의녀

---

1) 신분, 한국민족문화대백과사전(13), 한국정신문화연구원, 1991, pp.817-818 참조

(醫女 약방기생), 옷을 만드는 침선녀(針線女) 같은 특별한 능력을 지닌 여성을 지칭했다. 이런 여인들은 필요에 따라 여령(女伶)으로 동원되어 공연에 출연했다. 궁중이나 관청에 소속되어 노래하고 춤추고 악기를 연주하는 여성을 여령, 여기(女妓)라 했고, 이런 기녀, 여령, 여기에 더하여 관장의 수청을 맡은 여자들까지 포함해 통칭 관기(官妓)라고 불렀다.2)

신분사회에서 특별한 존재였던 만큼, 그들의 역할이나 품격을 구분하는 용어도 있었다. 조선시대 말기에 일패(一牌)는 태의원(太醫院)의 의녀나 상의원(尙衣院)의 침선녀, 미모와 능력이 탁월한 예기(藝妓) 등을 가리켰다. 이들은 시기에 따라 결혼생활[有夫妓, 대부분 남자는 武士]을 하거나 연인과 동거한 사례를 보여주기도 한다. 그러나 일생 혼자 살아야 하는 운명이었으므로 가끔 대식(對食, 여성들끼리의 호머 관계) 사건이 일어나기도 했다.

이패(二牌)는 관기로서 은퇴한 여성, 예기로서 능력이 좀 모자라는 기생을 가리켰다. '기생의 환갑은 서른'이라는 속담처럼 나이가 좀 들면 퇴기(退妓)가 되거나 노기(老妓)가 되어 외롭고 고달프게 살아야 했다. 다행이 결혼 또는 동거인(기생서방, 기둥서방)을 만나 행복한 인생을 보낸 여성들도 있었다. 가끔은 몰래 몸을 파는 여인[密賣淫女]에 비유되었다.

삼패(三牌)는 기술이나 예능보다는 매음을 하는 여성을 가리켰다. 창기(娼妓)나 창녀(娼女)가 그것이다. 과거 창녀의 집을 '꽃을 감상하는 곳'이라 해서 상화실(賞花室)이라 했다. 다른 생계 수단이 없으니 창녀노릇을 하거나 술을 팔며 때로는 뭇 남성들과 어울려 살았던 여성[酌婦, 酒母] 등을 일컫는다. 직업적인 창녀를 인정하지 않았던 제도 속에서 이

---

2) 한희숙, 이름을 남긴 유명한 의녀들, 월간문화재, 2014.12 참조

들은 언제나 타인의 지탄을 받으며 외계인, 주변인(경계인), 탈선인 같은 관념 속에서 삶을 살았다.

연화(煙花)는 봄날의 경치에 기생을 비유한 말이다. 환상적으로 아름답지만 쉽게 사라지는 이미지를 비유했다. 매화(梅花)로 기생을 비유한 경우도 많다. 아름다운 여인, 고고한 여인, 성적으로 풍만한 여인을 상징한다. '은근짜'(隱君子)는 고고한 기생에 창녀라는 복합적인 의미가 들어 있었다. 또한 노매(老梅)는 늙은 기생, 양매(楊梅)는 매독에 걸린 기생, 이도매(二度梅)는 재혼한 여인을 비유한다. 조선 중중 때의 명기 황진이(黃眞伊)의 문학은 역사에 빛나고 있다. 아전의 딸로서 허균의 연인이었던 이매창(李梅窓 1573-1610)은 매화를 아호로 사용했다. 황해도 아니면 평양 기생으로 알려진 매창은 '매화 옛 등걸에 봄철이 돌아오나'라는 시조를 통해 자신을 노매에 비유하기도 했다.[3]

6.2. 조영규의 협률사 연구(1902-1907)

조영규는 협률사(協律社)가 존속되었던 시기의 각종 신문 및 자료를 모아 협률사에 관련한 연구를 진행했다. 이러한 연구 가운데 기생에 관한 자료들도 포함되어 있으므로 검토할 필요가 있다.

1902년 8월 15일에 고종황제 등극 40주년기념 칭경예식을 위해 봉상시(奉常寺) 내에 중국을 모방한 극장인 희대(戲臺)를 설치한다는 발표가 있었다. 주무를 맡았던 장봉환(張鳳煥)은 한성(현 서울시) 내에서 노래 잘하고 춤을 잘 추는[善歌善舞] 여성 예능인[女伶]을 선택해 여러 가지 공연[演戲諸具]을 준비하고 있는 중이라 했다. 이것이 협률사(協律社)에 관한 최초의 기록이다.

---

3) 기생, 한국민족문화대백과사전(4), 한국정신문화연구원, 1991, p.464 참조

열흘이 경과한 뒤에 협률사에서는 공연을 위해 출연자 창기[脚色娼妓]를 조직하는 기사를 발표했다. 태의원 소속의 의녀(醫女)와 상의사 소속의 침선비(針線婢)를 관기(官妓)라 칭하고, 이름이 없이 자유롭게 떠돌던 삼패(三牌)를 예기(藝妓)라 칭하며, 관기로 지원해 새로 들어온 사람을 예기(預妓)로 칭해서 모집했다. 이러한 내용은 기존의 소수 관기만으로는 출연자를 감당할 수 없어 자격이 모자라는 여성들을 대폭 모집해 공연연습을 시킬 계획이었음을 알 수 있다.[4]

그해에 전염병이 일어나 칭경예식은 이듬해로 연기되고, 고종황제의 등극기념일을 그대로 지나칠 수 없어 12월 3일에 덕수궁 중화전에서 외진연(外進宴), 7일에 내진연(內進宴), 10일에 내진연 재회작(再會酌)을 설행했다. 사태가 이렇게 되자 기왕에 만들어 놓은 협률사는 방치할 수 없어 준비한 공연을 하기로 한 것이다. 그해 12월 4일부터 일반인들을 위한 소춘대유희(笑春臺遊戱)라는, 말 그대로 봄날의 즐거운 무대공연을 시작한다는 기사가 보인다. 입장권의 가격도 비싼 편이었다. 구체적인 레퍼토리의 내용은 알려진 것이 없다.[5]

1904년 3월 중순경에 협률사는 일단 폐지되었다. 그 동안 협률사는 대관공연을 했고, 소속된 기생들은 극장내에서 공연이 없는 경우 생계를 위해 개인적으로 야외공연[消暢]이 허가되었다. 야외공연은 화계사에서 가장 많이 했다. 2년이 지난 뒤 1906년 3월에 협률사는 다시 복설되었다. 복설된 협률사는 단지 궁내부 소관인 극장을 빌려 쓴 것에 지나지 않은 회사(會社) 성격이었음에도 불구하고 궁내부 고문 가토(加藤)와 같은 통감부 세력의 비호 아래 '궁내부 소속을 칭탁하고' 궁내부 영업표까지 발매하며 궁내부와 정부를 속이는 영업을 했다. 봉상시 부제조 이필화(李苾和)의 상소가 가납되어 1906년 4월에 고종황제의 '협률

---

4) 조영규, 바로잡는 협률사와 원각사, 민속원, 2008, pp.54-57 참조.
5) 조영규, 전게서, p.55, p.61 참조.

사 폐지의 칙령'이 내려진 것은 사실이지만 회사 성격으로 사사로운 영업이 계속되었다. 협률사는 1908년 여름까지 극장, 영화관, 관인구락부 등으로 사용하다가 개조공사를 마치고 그해 가을부터 극장 원각사(圓覺寺)로 변신했다.[6]

1908년 여름, 협률사가 공연이 어려워질 무렵부터 기생들은 '협률사'라는 지명도를 가지고 다른 극장에서 공연했다. 기존의 극장 광무대(光武臺) 공연에 대해 이 무렵부터 '광무대 협률사'라는 기사가 나타나는 것이 이를 증명한다. 동대문 서쪽 건너편 전차 차고지 내에 있던 광무대에서는 기생들이 중심이 되어 궁기남무(宮妓男舞), 지구무(地球舞), 가인전목단, 검무, 항장무, 이화무(梨花舞), 승무, 한량무, 성진무(性眞舞), 시사무(矢射舞), 무고, 전기광무(電氣光舞), 무동 등을 공연했다. 기존의 춤에 새로운 춤이 추가된 것을 알 수 있다.[7]

또한 협률사가 원각사로 변신하고, 다시 일제강점기에 들어섰을 때 이런 극장에서 공연했던 명창 김창환, 송만갑, 강용환 등은 지방으로 다니며 공연했다. 이미 협률사가 폐지된 마당에 이 명창들의 단체명은 김창환협률사, 송만갑협률사, 강용환협률사였다. 서울에서만이 아니라 지방에서도 협률사의 이름은 마치 공연예술의 대명사처럼 사용되었음을 시사한다.[8]

6.3. 김영희의 「매일신보」 연구(1904-1921)

조선시대까지 기생은 사적으로 활동했을 뿐만 아니라 관청에 소속되어 있었다. 직제상 교방사(敎坊司) 소속의 관기(官妓)가 폐지된 것은

---

6) 조영규, 전게서
7) 서연호, 한국근대희곡사연구, 고려대학교 민족문화연구소출판부, 1982, p.12 참조
8) 서연호, 전게서, p.27 참조

1907년이었다. 예조에 소속되었던 장악원은 1895년 궁내부 장례원으로 이속되었다. 1897년에 장악원은 교방사로 바뀌었다. 1907년 교방사는 장악과로 개칭되었고 궁내부 예식과에 소속되었다. 아마도 이런 개편의 과정에서 관기제가 사라진 것으로 보인다. 교방사에서는 소속 태의원의 의녀, 상의사의 침선비 등도 함께 폐지되었다. 의녀와 침선비를 당시에는 기녀로 통칭하기도 했다.9)

교방사는 폐지되었지만 궁내부가 남아 있었고, 일제강점기에는 이왕직아악부(아악대)가 있었기에 공식행사의 필요에 따라 관기를 완전히 없앨 수는 없었던 듯하다. 그래서 1907년 이후에도 정부에서 발탁한 관기라는 여성들의 공연이 가끔씩 눈에 뜨인다. 그해 12월에는 경성고아원의 운영비를 돕기 위해 1백여명의 기생들이 공연한 기록이 나타난다. 이 공연에는 궁내부 행수(우두머리)기생 계옥, 태의원 행수기생 연화, 상의사 행수기생 금화·죽엽·계선·앵무·채련 등이 중심 역할을 했다. 레퍼토리는 평양날탕패 공연, 환등, 창부의 땅재주, 승무, 검무, 가인 접목단, 선유락, 항장무, 포구락, 무고, 향응영무, 북춤, 사자무, 학무 등이다.10)

1908년 9월에 통감부는 「기생 및 창기 단속령」을 발표했다. 이 단속령에 따라 해당 직업에 종사하고자 하는 여성은 경시청에 신고하고 인가증을 받아야 했다. 또한 이들을 통합관리·교육하고 영업세를 징수하기 위해 기생조합을 설치하도록 했다. 특히 매음을 목적으로 한 창기(창녀의 당시 명칭)들은 정기적으로 성병검사를 받도록 했다.

1908년 말에 한성기생조합(기생조합소라는 명칭과 혼용)과 평양예기조합이 결성되었고, 이어서 전국의 도시에 기생조합이 늘어나기 시작했다. 각지의 기생들은 기생조합을 결성하기 위해 모금공연을 벌였다. 기

9) 김영희, 개화기 대중예술의 꽃 기생, 민속원, 2006, pp.13-14 참조
10) 김영희, 전게서, p.18 참조

생조합을 결성한 이후에는 앞서 지적한 대로 이웃돕기 공연을 주기적
으로 실시해 사회적인 존재성을 확립하고자 노력했다. 1911년 12월에
한성기생조합은 시간제로 기생의 수수료(화채, 화대, 연주비)를 정해 다
른 조합의 모범이 되었다. 1913년 2월에는 서울에 광교기생조합(서울·
경기·관기 등 有夫妓 출신 중심, 무용지도 장계춘·최춘서·황종순)
과 다동기생조합(각 지역에서 상경한 無夫妓 중심, 무용지도 황종순),
1916년에는 신창기생조합, 1917년에는 한남기생조합이 새로 생겼다.
1917년부터 기생조합은 일본식으로 권번(券番)으로 명칭이 바뀌었다.[11]

1909년에 예술인들은 조양구락부를 만들었다. 1911년에는 이를 후원
하기 위해 정악유지회를 만들었다. 이 두 조직은 1911년 6월 조직을 개
편하여 조선정악전습소를 만들었다. 홍난파는 이 전습소 성악과(3학기
제)의 2회 졸업생이었다. 이 전습소는 1년 뒤에 다동에 여악분교실(女樂
分校室)을 만들었다. 하일규가 운영했던 이 교실은 1913년에 다동기생
조합의 모체가 되었다. 통감부가 들어서면서 여악을 통제했으므로 여악
의 가치를 알고 있던 하일규는 교실을 내고 직접 강습을 담당했던 것
이다. 무용교사로는 이병문과 함화진이 있었고 주로 무부기(無夫妓)들
이 수강자였다.

분교실의 학습 내용을 보면 가사, 국어, 수신시조, 잡가, 법무, 승무,
거문고, 가야금, 양금, 생황, 단소, 습자, 도화, 내지춤(일본춤), 사미센(일
본악기) 등을 가르쳤다. 다동기생조합으로 전환된 이후 다른 기생들은
조선정악전습소에 입학해 학습한 사례가 나타나고, 또한 해주, 평양, 함
흥 등지에 여악분교실이 늘어나는 사례도 보인다.[12]

1912년 4월 단성사에서는 강선루의 공연이 있었다. 강선루(降仙樓)는
'선녀 같은 아름다운 무녀들의 무대'라는 공연명칭이었던 것으로 보인

---

11) 김영희, 전게서, p.27, p.57 참조
12) 김영희, 전게서, pp.35-43 참조

250

다. 장생보연지무, 가인접목단, 향령무, 항장무, 검무, 무고(이상은 조선
시대의 정재), 안락무(일명 서민안락무, 정재의 개량), 승무(민간무), 팔
선녀무, 전기호접무(창작), 현금, 가야금, 양금합주 등이 공연되었다. 강
선루에 이어서 시곡기생조합(신창조합의 전신)의 공연이 있었는데, 가
인접목단, 포구락, 검무, 무고, 팔선녀무, 승무, 승진무, 성진무, 남무, 남
무박지, 앵접무, 전기무, 좌창 등 레퍼토리가 보인다. 아울러 평양날탕
패와 환등(금강산 및 도쿄 사진)을 했다. 여기서 남무란 궁중별감으로
남장한 기생과 몽두리를 입은 기생의 대무를 일컫는다.13)

　1924년 5월 기준 통계에 의하면 조선인, 일본인 기생의 수효는 아래
와 같다. 조선인으로 기생은 1,303명, 창기는 1,040명, 작부는 931명으로
총수는 3,274명이다. 일본인으로 기생(게이샤)은 1,651명, 창기는 2,406
명, 작부는 834명, 총수는 4,891명이다. 일본인들의 한반도 이주가 늘어
나면서 기생들이 동시에 증가하는 현상이 주목된다.14)

6.4. 다나베 히사오의 조선여행기(1921)

　일본의 음악학자 다나베 히사오(田邊尙雄)는 1921년 4월 1일부터 13
일까지 당시 조선을 여행했다. 불과 13일간이지만 그는 부지런히 당시
음악과 무용에 관해 조사했고, 자료 수집과 영상 촬영을 실시했다. 이런
결과가 그의 저서 『조선중국음악조사기행』(1967)에 수록되어 출판되었
다. 여기서는 그가 남긴 공연기록을 요약해 보기로 한다.

　4월 2일은 단성사에서 변사의 설명으로 무성영화 〈곡마단의 비밀〉과
무용을 관람했다. 무용은 20세 전후의 기생이 장고춤을 춘 것인데, 노래
하며 조용히 몸을 구불거리며 좌우로 걸어가듯 하는 춤으로서 '발놀림

13) 김영희, 전게서, pp.65-68 참조.
14) 서연호, 한국연극사(근대편), 연극과인간, 2003, p.143 참조.

이 재미있게' 보였다고 했다.15)

4월 3일은 이왕직아악대(李王職雅樂隊)16)의 소재지인 서대문의 당주동 봉상소(奉常所)를 방문했다. 일요일인데도 봉상소에서는 미리 약속한 대로 20여명(소속 악수 50명, 무용인 36명)이 출근해 연주를 들려 주었다. 아악(文宣王廟祭禮樂)의 헌가와 등가, 제악(宗廟祭禮樂)의 초헌과 아헌 등이었다. 오후에는 본정통을 걷다가 2층 유곽에서 3인의 기생(갈보)이 창문에 얼굴을 내밀고 부르는 노래 소리를 들었다. '이것은 당당한 남자의 소리라 할 만큼 힘찬 저음이며, 그 음색도 사내 소리 같아 여자의 소리라고는 생각되지 않았다'고 했다.17)

4월 5일 오전에는 봉상소에서 악생들의 여민락 합주를 들었다. 오후에는 단소와 양금으로 연주한 영상회상을 들었다. 밤에는 단성사에서 관기의 춤, 13세 동기 백오(白五)의 승무, 춘향가의 '이별의 노래' 심청가의 일절, 평양의 수심가, 2인 기생의 검무, 기생들의 잡가, 마지막으로 창극 춘향가의 '이도령이 남원으로 가는 장면' 등을 관람했다.18)

4월 10일 오전에 대동강에서 뱃놀이를 했다. 배에 탄 기생들은 아름다운 목소리를 냈다. 기생은 장학선, 김경심, 이행화, 문기화 등 4인이었는데, 장학선의 노래가 그중 뛰어났다. 그들은 배의 측면에 걸터 앉아 강 건너 모란봉을 바라보며 노래했다. 소리의 아름답고 절묘함은 경성의 기생들에게 듣지 못했던 소리였다.19)

---

15) 田邊尙雄, 박수관 역, 조선·중국음악조사기행, 갑우문화원, 2000, pp.41-42 참조
16) 김천흥의 증언에 의하면 조선조의 장악원(掌樂院)은 1910년 이왕직아악부로 개편되었다. 1918년에 아악생 양성을 위해 제1기생 9명을 선발했고, 1922년에 김천흥을 포함한 제2기생 18명이 선발되었다. 봉상소는 1926년 돈화문 운니동으로 이사했다.
   김천흥, 심소 김천흥 무악70년, 민속원, 1995, pp.28-29 참조
17) 田邊尙雄, 박수관 역, 전게서, p.45, p.47 참조
18) 田邊尙雄, 박수관 역, 전게서, pp.49-51 참조
19) 田邊尙雄, 박수관 역, 전게서, pp.91-92 참조

그날 오후에는 평양기생학교를 방문했다. 시내 차관리 기생권번에 있는 이 학교의 공식 명칭은 평양기성권번(箕城券番)학예부라 했다. 정식 3년 학교의 교육제도로서 졸업증을 받아야 기생으로 인정해 주었다. 대동문 근처의 이 학교에서는 학생을 학기(學妓)라 불렀다. 이 학교에서 학기들의 연주, 노래, 4인의 검무, 2인의 승무를 보았다. 고깔과 옷은 순백색에 소매는 아주 넓었다. 승무는 일본 뇨(能)의 오키나(翁)를 연상시켰다. 승무가 끝나자 2인의 학기가 비슷한 복장을 한 채 우스꽝스런 모습으로 춤을 추었다. 제목을 물으니 '무지개처럼 아름다운 깃옷춤'(霓裳羽衣舞)이라 했다.[20]

4월 11일은 삼청동 송병준(宋秉畯)의 별저에 초대를 받았다. 조선시대 아악소였던 장악원(掌樂院) 소속의 건물이어서 더욱 의의를 느끼게 했다. 여러 곡의 관현합주에 이어 관기의 춤을 공연했다. 1인의 춘앵전, 7인의 장생보연지무, 8인의 검무, 5인의 사고무(四鼓舞)를 추었고, 사고무 도중에 일본 민요인 이소부시(磯節)에 맞추어 춤을 춘 것이 이채로웠다. 술을 나눌 때는 관기가 권주가를 불러 주었다.[21]

4월 12일은 돈의동에 있던 명월관에서 가서 기생들의 춤을 영상 촬영했다. 1인의 춘앵전, 1인의 무산향, 2인의 승무, 4인의 검무, 4인의 사고무 등이고, 이 밖에도 종묘와 문묘에서 문무와 무무를 각각 촬영했다.

6.5. 김천흥의 조선권번 기생양성소 회고기(1940)

이왕직악악부 제2기생인 김천흥은 1922년 겨울 춤을 처음 배웠다. 김영제(金寧濟 1883-1945), 함화진, 이수경(李壽卿 1882-1955)이 교육을 맡았다. 몸가짐새, 발딛음, 팔을 들고 내리는 것, 보법(步法)에 대한 기

---

20) 田邊尙雄, 박수관 역, 전게서, pp.80-84 참조.
21) 田邊尙雄, 박수관 역, 전게서, pp.58-59 참조.

초를 가르쳤다. 그리고 전진과 후퇴의 거듭 연습, 좌우 선회(旋回), 두 무릎을 앞뒤로 굽히는 법, 여러 가지 팔동작 등을 가르쳤다. 당시 연습실에는 거울이 없어 자신의 모습을 볼 수 없었고, 동료나 선생이 자세를 고쳐 주었다.[22]

1940년 여름부터 김천흥은 조선권번 기생양성소에서 사무를 담당하게 되었다. 그는 당시 교육과정을 자세히 밝혔다. 학생 수는 80명, 학과는 성악으로 여창가곡(교사 하일규, 이병성), 가사, 시조, 남도소리, 서도소리(양석진), 경기십이잡가(최정식), 잡잡가(雜雜歌) 등을 가르쳤다. 악기(기악)는 거문고(김윤덕), 가야금(조영학 산조), 양금, 장구, 사미생(일본여교사) 등을 가르쳤다. 춤은 궁중무, 민속무, 서양댄스(윤은석)를 가르쳤다. 이밖에도 서화(김기두), 예절 등을 가르쳤다.

일제 말기 서울에는 조선권번, 한성권번, 종로권번이 있었다. 기생의 총수는 9백여 명이었다. 태평양전쟁이 일어나자 서울의 권번은 하나로 통합되어 삼화권번이 되었다. 당시 권번 기생들이 주로 한 춤은 승무(이강선의 명무), 살풀이춤, 소고춤, 봉산탈춤, 춘앵전, 무고, 검무, 연화대무, 사고무(四鼓舞)가 있었고, 회갑연에는 장생보연지무를 추었다.[23]

기생이 불려나가는 것을 '놀음 나간다' 했고 요리점이 아닌 일반 가정집으로 나가는 것을 '사랑놀음 간다'(일본어 出花)고 했다. 여름에는 오후 6시, 겨울에는 오후 5시부터 일이 시작되었다. 권번의 사무실에는 기생들의 이름과 행선지, 인력거꾼들의 번호를 적는 출화장(出花帳)이 있어 사항의 변화를 일일이 기록해 두었다. 재능은 없지만 미모가 뛰어난 기생은 화초기생, 예능에 뛰어난 예기, 일본어를 잘하는 기생, 일본어를 못하지만 일본노래를 잘 부르는 기생 등 여러 부류가 혼재했다. 화대(놀음차)는 시간당 1원 50전, 보통 오후 5시부터 11시까지 6시간 단위로 계

---

22) 김천흥, 전게서, p.35 참조
23) 김천흥, 전게서, pp.120-121, pp.126-127 참조

산했다. 놀음차는 손님에게 직접 받는 것이 아니라 요정에서 시간표(확인증)를 받아오면, 권번에서 월말에 결산하는 방법이었다. 권번은 여러가지 서비스를 해 주고 일정한 수수료를 받는 것으로 유지했다.24)

6.6. 기생공연양식의 역사적 의의

기생의 공연양식을 살펴보기 위해 그들의 공연활동과 관련된 사항들을 간략히 서술했다. 지난날 기생들은 모든 공연예술에 관여하고 또한 실연했다. 그들이야말로 실로 만능의 탤런트였다고 할 수 있다. 흔히 일제강점기를 문화적인 암흑기로 생각하기 일쑤인데, 기생의 3 · 1만세운동, 공연을 통한 각종 사회자선활동(이웃돕기 공연으로 고아원, 노인, 병자, 산파, 거지, 장애인), 독립운동자금의 후원, 극장에서의 발표공연등을 했다.

특히 1921년 3월 14일에는 서울의 모든 기생권번이 참가하는 '경성악대를 살리자 공연이 있었는데, 경영난에 빠져 해산될 위기에 놓인 경성악대를 지원하려는 놀라운 공연이었다. 당시 한성 · 대정 · 대동 · 한남 · 경화 등 5대권번이 자진 참가했다. 뿐만 아니라 대정의 김금량, 대동의 고산옥이 각 20원씩, 한성의 최금홍 · 백소춘 · 강연월, 대정의 권경란 · 김도화가 각 10원씩 기부금을 냈다. 또한 단성사 주인 박승필이 10원, 한규식(유일관 주인) · 김덕인(화평양화점 주인) · 채인석(통의동포목상)이 각 5원씩 기부금을 냈다.25) 이런 기부행위와 여러 예술양식의 보전 및 전승 등을 고려하면, 실로 놀라운 저항과 봉사와 창조의 희망을 심어준 기생들의 문화적 저력을 확인할 수 있다.

---

24) 김천흥, 전게서, pp.123-127 참조.
25) 기사, 조선일보, 1921,3,16 참조.

총독부의 어용지 「매일신보」는 '예단일백인'(藝壇一百人)이라는 특집으로 1914년 1월 28일부터 6월 11일까지 1백인의 기생과 예술인들을 취재해 연재했다. 이 특집에서도 주목되는 것은 기생들의 능력과 탁월한 활약상이다. 기생 누구나 그러했던 것은 아니겠지만 식민지시대 지식인들이 하지 못했던, 할 수 없었던 일을 그들이 해냈다.

부도덕한 여성, 탈선한 여성, 몸이나 파는 여성으로 지탄 받던 그들은 조국의 문화가 탄압 받고 말살되던 어두운 시기에 민족문화를 계승하고 지키고 창조하는 데 앞장을 섰다. 누가 그들에게 돌을 던질 수 있을까. 참고로 여기서는 하일규의 제자 기생 김자야, 기생학교에서 예능을 배운 양소운과 묵계월의 경우를 소개하는 데 그치고자 한다.

성북동 언덕에 아담한 돌담으로 둘러싸인 길상사가 있다. 이 절은 작고한 김자야(金子夜 1616-1999) 여사를 생각하게 한다. 작고하기 바로 전에 이 사찰부지와 전재산을 법정 스님에게 기증하여 길상사를 짓게 한 한 분이기 때문이다. 오랜 세월 김여사는 이곳에서 산막식(山幕式) 음식점 대원각을 경영하여 유명해진 분이다.

그녀는 한 때 기생이었다. 그리고 시인 백석(白石 1912-1995)의 평생 애인이었다. 여사가 쓴 자서전『내 사랑 백석』에는 가곡의 명인 하일규 선생의 교육을 받게 된 내력을 기술해 놓았다. 1936년 함경도 함흥권번에 의지하여 잠시 일을 하고 있을 때, 당시 영생고보의 영어선생 백석을 처음 만나게 되었다. 두 사람은 첫눈에 어이없이 사로잡히고 말았다. 함께 중국으로 망명하기로 했지만 가족의 생계를 위해 백석과의 약속을 저버린 그녀는 평생 백석을 그리며 살다 작고했다. 여사는 1996년에는 백석문학상을 제정했다.[26]

1990년 12월 10일 밤, 서울 예술의 전당에서는 북한에서 온 예술인단

---

26) 김영한, 내 사랑 백석, 문학동네, 2011 참조

의 공연이 있었다. 분장실에 앉아 있던 서도명창 김진오(金振鳴 당시 79세) 옹은 뜻밖에도 봉산탈춤의 예능보유자인 양소운의 예방을 받았다. 1948년 초가을에 황해도 연백군 청단에서 헤어진 후 처음 보는 김 선생 앞에서 양소운은 통곡하였다. 집안이 몹시 가난하여 11세에 마을 부자 이씨의 수양딸이 되면서 장양선 선생에게서 춤을, 김진오 선생에게서 서도소리를 배운 그녀였다.

1936년에 양소운은 해주권번 기생양성소에 입학하였다. 그곳에서 장양선(張良善)에게 〈승무〉〈한량춤〉〈팔선녀무〉〈가인접목단〉〈포구락〉〈성인인상무〉(成仁人常舞) 〈강령탈춤〉을 배웠다. 장양선의 소개로 이름 모를 노기에게 가사와 〈해주검무〉, 김진오와 양희천에게 〈초한가〉〈공명가〉〈영변가〉 12잡가와 서도소리를 배웠다. 문창규에게 〈배뱅이굿〉과 〈병신재담〉을 배웠다.[27]

장양선의 〈성인인상무〉는 승무의 일종으로 장삼놀음과 북놀음, 허튼춤, 독경(회심곡)과 바라춤 등으로 구성된다. 북 치는 대목이 끝나면 장삼을 벗어 던지고 바지 저고리 차림으로 허튼춤을 추다가 부처님의 뜻을 깨달은 듯 퇴장한다. 정갈한 모습으로 꽹과리를 들고 나와 회심곡으로 판을 정리하고 바라춤을 춘다. 춤이 끝나면, 무대 뒤에서 가지런히 포개놓은 장삼과 가사를 받아 경건하게 들고 나와 공손하게 인사하고 끝난다.[28]

양소운은 유정철에게 가야금, 당시 해주권번에 지도를 하러 왔던 조택원, 한성준을 통해서 춤을 더욱 배웠고, 2년 뒤에는 권번조교로서 후배들을 지도하는 위치에 놓였다. 장양선(張良善)극단에 들어가 순회공연을 다니기도 했다. 1967년 양소운은 봉산탈춤의 예능보유자로서뿐만 아니라 해서지역의 모든 민속예능에 능통한 최고위 명인으로서 추앙을

27) 김영희, 고 양소운 선생 추모공연, 몸, 2010,12 참조.
28) 김영희, 전게문 참조.

받기 시작했다.29)

경기잡가, 특히 〈삼설기〉(일명, 며느리의 소리)의 명인 묵계월은 우리에게 친숙한 이름이다. 서울 토박이로 자란 그녀는 일찍이 아버지를 여의고 열한 살에 묵씨의 수양딸이 되면서 소리를 배우게 되었다. 이광식 선생에게 여창 지름, 남창 지름, 시조, 가사 등을 배웠다. 13세에 조선권번 기생양성소에 들어가자, 주수봉 선생이 지도하는 경기잡가에 몰두하였다. 그 후 김윤태, 최정식 선생을 찾아다니며 경기잡가를 더 수련하였다.

묵계월은 상, 중, 하청을 자유자재로 구사한다. 특히 중, 상청 부분에서 꺾어 올려치는 끝막음소리는 그녀만이 낼 수 있는 특기다. 경기민요 중 적벽가, 출인가, 선유가, 방물가로 기능보유자 문화재로 지정되었다. 그녀가 부르는 강원도 민요도 일품이다. 이규원의 지적처럼, 애틋하면서도 홀로 서려는 기개가 확실한 슬픈 다짐이어서 그렇다. 이상의 세 사람 이외에도 현대 가무악의 명인 명창 가운데 권번 출신이 허다한 것은 알려진 사실이다.30)

29) 양소운 증언, 2006년 6월 1일, 서연호 면담 참조.
30) 류의호, 묵계월 경기소리연구, 깊은샘, 2003 참조.
　　이규원, 우리 전통예인 백사람, 현암사, 1995 pp.204-208 참조.

찾아보기

한국 공연예술 개론(1)

초판 1쇄 인쇄 · 2015년 5월 26일
초판 1쇄 발행 · 2015년 5월 30일

저 자 · 서 연 호
발행인 · 박 성 복
발행처 · 도서출판 연극과인간
　　　　서울특별시 강북구 노해로25길 61(수유2동 252-9)
등 록 · 제6-0480호
등록일 · 2000년 2월 7일
전 화 · (02) 912-5000
팩 스 · (02) 900-5036
www.worin.net

ⓒ 서연호, 2015

ISBN 978-89-5786-543-9　93680
ISBN 978-89-5786-542-2　（세트）

값 14,000원